Helmut Krusche

Spontan Ihr Gegenüber erfassen: Menschenkenntnis intuitiv

Ariston Verlag · Genf

CIP-Kurztitelaufnahme der Deutschen Bibliothek

KRUSCHE, HELMUT:
Spontan Ihr Gegenüber erfassen:
Menschenkenntnis intuitiv/Helmut Krusche. –
Erstaufl. – Genf: Ariston Verlag, 1987.
ISBN 3-7205-1453-6

© Copyright 1987 by Ariston Verlag, Genf

Alle Rechte, insbesondere des – auch auszugsweisen – Nachdrucks, der phono- und photomechanischen Reproduktion, Photokopie, Mikroverfilmung sowie der Übersetzung und auch jeglicher anderen Aufzeichnung und Wiedergabe durch bestehende und künftige Medien, vorbehalten.

Gestaltung des Schutzumschlages:
H. + C. Waldvogel, Grafik Design, Zürich

Gesamtherstellung: Carl Ueberreuter Druckerei Ges. m. b. H.,
Korneuburg bei Wien
Erstauflage August 1987
Printed in Austria 1987

ISBN 3-7205-1453-6

Inhalt

EINLEITUNG..	9
Wozu brauchen Sie Menschenkenntnis?.............	9
Was wollen Sie erfahren?...........................	9
Wie ist die Situation beschaffen?...................	10
Intuition verhilft zu spontaner Menschenbeurteilung ...	11
1. MENSCHENKENNTNIS BEGINNT BEI IHNEN SELBST.........	13
Um den anderen zu erkennen, müssen Sie sich selbst kennen...	13
Worauf ist Ihre Antenne gerichtet?.................	18
Viele Fehler können Sie vermeiden.................	21
2. DAS VERHALTEN DES MENSCHEN.....................	27
Das Verhalten ist nicht starr.......................	27
Beobachten Sie das Verhalten in verschiedenen Situationen...	28
Die Bedeutung der Rolle für das Verhalten...........	34
Es gibt einen konstanten Anteil charakteristischer Eigenschaften......................................	36
3. WAS PRÄGT DIE PERSÖNLICHKEIT?...................	37
Der wesentliche Kern des Menschen................	37
Prägungen vor der Geburt und in den ersten Lebensjahren......................................	39
Lebensstufen und Weltbild.........................	44
Lebensenergie – Kraftquell der Persönlichkeit.........	47

4. DIE STRUKTUR DER PERSÖNLICHKEIT 51
   Typen als erste Annäherung zur
   Persönlichkeitserfassung 51
   Die alte Lehre von den Temperamenten 53
   Körpersäfte bestimmen das Temperament 56
   Körperbautypen und Konstitutionstypen 56
   Einstellungstypen und Bewußtseinsfunktionen 61
   Das Struktogramm: grün, rot oder blau 65
   Der sensible Mensch 68
   Individuelle Eigenschaften drücken die wesentlichen
   Charakteristika aus 72
   Die Zahl der charakteristischen Eigenschaften ist
   begrenzt 75

5. WAS DER KÖRPER VERRÄT 77
   Der Charakter drückt sich im Körper aus 77
   Studieren Sie die Karte des Körpers 81

6. DIE PHYSIOGNOMIE 87
   Wie sicher ist die Gesichtsausdruckskunde? 87
   Die Qualität der Merkmale 89
   Die Achsen des Kopfes 91
   Die drei Prinzipien 92
   Die Stirn zeigt Art und Grad des Bewußtseins 94
   Die Aussagekraft der Augen und Augenbrauen 96
   Die Nase drückt die Persönlichkeit aus 98
   Mund und Kinn – Gefühl und bewußtes Wollen 100
   Im Ohr zeigen sich seelische Kräfte 102

7. AUCH DIE HÄNDE GEBEN AUSKUNFT 105
   Die Chirologie gibt hilfreiche Hinweise 105
   Der Händedruck – erster körperlicher Kontakt 107
   Drei Grundformen der Hand 111
   Die Finger der Außenhand 113
   Ein Blick in die Innenhand 120

8. Farbe und Charakter ... 128
Was Farben uns bedeuten ... 128
Was können Sie aus den Farben deuten? ... 130
Farben und ihre Grundbedeutungen ... 134

9. Durch Intuition das Wesen des Menschen erkennen . 141
Was ist Intuition? ... 141
Das rechte Gehirn ... 147
Wie zuverlässig ist Intuition? ... 151
Auch Sie können intuitiv werden ... 154

10. Die Schulung der Intuition ... 157
Die Vorbereitung erfolgt in zwei Stufen ... 157
Warten heißt reifen lassen ... 159
Die Trauminkubation ... 161
Meditation verstärkt intuitive Fähigkeiten ... 163

11. So bereiten Sie sich vor ... 167
Durchbrechen Sie alte Denkgewohnheiten ... 167
Stärken Sie Ihre Wahrnehmungskraft ... 168
Stellen Sie sich auf die Wellenlänge des anderen ein ... 173
Sie ganzheitlich Erfassen ... 179
Erweitern Sie Ihr Bewußtsein ... 184

12. Praxis der intuitiven Menschenkenntnis ... 189
Zuerst das Bewußtsein verändern ... 189
Intuition im Traum ... 190
Kommt Körperintuition für Sie in Frage? ... 194
Mögliche zukünftige Verhaltensweisen imaginieren ... 199
Das Wissen fließt Ihnen einfach zu ... 203
So gelingt die intuitive Farbdiagnose ... 205
Symbole als Schlüssel zur Intuition ... 208

Schluss ... 211

Literaturverzeichnis ... 215

Einleitung

Wozu brauchen Sie Menschenkenntnis?

Von allen Fähigkeiten, die dazu beitragen, daß Sie Ihr Leben erfolgreich und sinnvoll gestalten können, ist die Menschenkenntnis sicherlich eine der wichtigsten. Sie hilft Ihnen im beruflichen Bereich ebenso wie im Privatleben. Ob Sie als Führungskraft den richtigen Mitarbeiter für eine Position aussuchen wollen, das Risiko einer neuen Geschäftsverbindung abschätzen, als Therapeut, Arzt und Heiler Menschen helfen oder im privaten Bereich Ihre Beziehungen zu anderen Menschen verbessern wollen – in allen Fällen wird Ihnen gute Menschenkenntnis von Nutzen sein. Ihr Urteil wird sicherer werden, Ihre Entscheidungen werden eine bessere Grundlage haben, und dort, wo Sie vielleicht im Privatleben immer wieder Enttäuschungen erlebten, wird Ihnen verbesserte Menschenkenntnis den Weg zu einem positiveren Zusammenleben zeigen. Je mehr Sie andere Menschen in ihrem Wesen erkennen, um so besser werden Sie ihr Verhalten verstehen und eine zwischenmenschliche Kluft überbrücken lernen.

Was wollen Sie erfahren?

Bücher über Menschenkenntnis können umfangreich, kompliziert und theoretisch, aber auch sehr oberflächlich gehalten sein. Das vorliegende Buch ist für den Praktiker geschrieben; es soll Ihnen ermöglichen, praktischen Nutzen aus diesen Zeilen zu ziehen. Trotzdem ist es keine Sammlung von »Kochrezepten«, das heißt, es liefert Ihnen keine fertigen Anleitungen, die Sie auf die verschiedensten Situationen ganz übertragen könnten. Um Menschen wirklich erkennen zu können, muß man sich Gedanken über die menschliche Persönlichkeit im allgemeinen machen. In diesem Buch wird aber nur das Wesentliche dargestellt, und zwar so, daß Sie es praktisch verwerten können.

Was heißt eigentlich Menschenkenntnis? Was wollen Sie über einen Menschen erfahren, was von ihm wissen? Genaugenommen interessiert doch in erster Linie das Verhalten des anderen. Wie wird sich der andere weiterhin verhalten? Die Fragen, die Sie in dieser Hinsicht stellen, sind inhaltlich allerdings recht verschieden.

Je nachdem, über wen Sie etwas erfahren wollen, werden andere Eigenschaften wichtig sein. Ist es ein Partner, Freund, Mitarbeiter, Geschäftsfreund, Rivale, Vorgesetzter oder eine Partnerin, Freundin, Mitarbeiterin, Geschäftsfreundin, Rivalin, Vorgesetzte? Wie ist der konkrete Fall gelagert, wo und wie wird sich Ihre Erkenntnis auswirken?

Menschenkenntnis ist wichtig bei der Personalauswahl, für Personalberater, bei der Mitarbeiterbeurteilung, der psychologischen Beratung, in den helfenden und heilenden Berufen, im Bankwesen, wenn es um einen Kreditnehmer geht, auf dem pädagogischen Sektor, für Lehrer und für Schüler, natürlich auch im privaten Bereich, bei der Partnerwahl, aber auch beim Einsatz im Sport. Es gibt kaum ein Gebiet, auf dem Menschenkenntnis nicht wichtig wäre. Sie sollten sich aber im klaren darüber sein, was Ihr spezielles Ziel ist.

Wie ist die Situation beschaffen?

Das Vorgehen hängt wesentlich von den Bedingungen ab, von der Situation, in der Sie einen Menschen kennenlernen. Es ist ganz entscheidend, ob Sie sein Verhalten längere Zeit und wiederholt beobachten können, oder ob Sie ihn nur einmal sehen und gleich zu einer Entscheidung kommen müssen. Welche Folgen hätten Beurteilungsfehler? Können Sie einen längeren Erfahrungsprozeß vollziehen, oder würde sich jede Fehleinschätzung katastrophal auswirken?

Wenn Sie Zeit haben, einen Menschen in verschiedenen Situationen zu beobachten, dann können Sie von seinem konkreten Verhalten Schlüsse auf sein zukünftiges Verhalten ziehen. Wenn Sie dann noch alle anderen Hilfsmittel der Menschenkenntnis und zusätzliche Hilfsmittel wie den Lebenslauf, einen Test, das graphologische Gutachten und so weiter einsetzen, ist die Chance, zu einem richtigen Urteil zu gelangen, größer, als wenn Sie Ihr Gegenüber nur kurz sehen und den Menschen aufgrund der Physiognomie, des Körperbaus oder der Körpersprache taxieren müssen. Leider ist eine sorgfältige Beobachtung über einen längeren Zeitraum in den meisten Fällen nicht möglich. Aus diesem Grund müssen Sie Möglichkeiten finden, um zu einer schnellen und doch richtigen Beurteilung zu kommen.

Intuition verhilft zu spontaner Menschenbeurteilung

Die beste Möglichkeit dazu ist die Intuition. Wenn die notwendigen Informationen, zum Beispiel aus einer längeren Beobachtung des Verhaltens, nicht oder nicht rechtzeitig vorliegen, oder auch, wenn Sie an deren Gültigkeit zweifeln, dann setzen Sie mit Gewinn Ihre Intuition ein. Intuition heißt nicht, daß Sie auf alle anderen Möglichkeiten, einen Menschen zu erkennen, verzichten. Im Gegenteil! Genaue Beobachtung, Ausnutzung aller Informationsquellen, verstandesmäßiges Erkennen und der Versuch einer Einordnung, all dies sind wichtige Voraussetzungen für eine richtige Intuition. Die Intuition ergänzt die übliche Art, einen Menschen zu erkennen, kann aber in ihrer Aussagekraft noch weit über diese hinausgehen.

Es gibt vermutlich keinen erfolgreichen Menschen, der sich nicht zumindest zeitweise auf seine Intuition verlassen hätte und damit die besten Ergebnisse erzielte. Die Biographien großer Persönlichkeiten zeigen uns, daß es oft die Intuition war, die ihnen neben dem klaren analytischen Verstand und ihrer Tatkraft zum Erfolg verhalf.

Intuition heißt, daß Sie etwas gleichsam reflexartig, ohne Nachdenken erkennen können, daß Sie es einfach »wissen«. Dieses spontan abrufbare Wissen kann eine Eingebung sein, ein Gefühl, vielleicht auch nur eine Ahnung. Über Intuition verfügt zwar jeder Mensch, aber nicht jeder Mensch hat sie gleichermaßen entwickelt und trainiert. Sie erfahren in diesem Buch, was Sie tun müssen, um intuitiv zu werden.

Intuition schwebt allerdings nicht im luftleeren Raum, auch wenn das manchmal so aussieht. Sie hat durchaus eine reale Grundlage. Bei der Menschenkenntnis ist die Quelle der Intuition das grundlegende Wissen über Menschen im allgemeinen und die im Laufe der Zeit gesammelten Erfahrungen mit ihnen. Wenn Sie ein guter Menschenkenner werden wollen, ist es deshalb wichtig, daß Sie möglichst viel über den Menschen an sich wissen. Üben Sie sich im Beobachten, ziehen Sie Schlußfolgerungen, tun Sie alles, um Ihre alltäglich geübte Menschenkenntnis zu verbessern. Ein großer Teil der erworbenen Informationen wird aus Ihrem Bewußtsein auf eine unbewußte Ebene sinken und dort zwar ruhen, aber doch potentiell verfügbar sein.

Wenn Sie dann einem Menschen gegenübertreten und es notwendig ist, daß Sie sofort zu einer Beurteilung dieses Gegenübers gelangen, dann wird aus diesem Speicher gewissermaßen der Rohstoff für Ihre intuitive Erfahrung kommen. Intuition ist also kein zusätzliches Mittel, um Menschen zu erkennen, sondern durch Intuition potenzieren Sie Ihre Fähigkeit der Menschenkenntnis.

KAPITEL 1

Menschenkenntnis beginnt bei Ihnen selbst

Um den anderen zu erkennen, müssen Sie sich selbst kennen

Menschenkenntnis ist eine sehr persönliche Angelegenheit. Wenn Sie einen Menschen erkennen wollen, dann müssen Sie eine Beziehung zu ihm eingehen. Sie nehmen Kontakt mit ihm auf, sehen ihn an, berühren seine Hände, sprechen mit ihm, hören ihn, spüren seine Gedanken; es ist, als würden zwischen Ihnen und ihm unzählige Verbindungen wie Fäden geknüpft. Über diese Fäden nehmen Sie viele Informationen auf, sowohl auf der bewußten als auch auf der unbewußten Ebene. Diese Informationen verbinden Sie mit Ihrem Wissen über Menschen, Ihren Gedanken und Bewertungen. Stellen Sie sich einen Webstuhl vor, dessen Kette aus vielen Fäden besteht. Durch diese Kette fliegt mit großer Geschwindigkeit der Webschütz und webt das Gewebe. So werden auch die Informationsfäden von Ihnen geistig zu einem feinen Gewebe verknüpft.

Die nicht gerade einfache Aufgabe der praktischen Menschenkenntnis wird von vornherein durch zwei Probleme erschwert. Das erste ist die selektive Wahrnehmung. Darunter ist zu verstehen, daß man aus der Vielzahl möglicher Informationen über einen anderen Menschen nur bestimmte Informationen aufnehmen kann. Der Mensch filtert die Informationen heraus, die für ihn interessant und wichtig sind. Alle anderen bleiben im Filter hängen.

In vielen Fällen wird dieser Vorgang gar nicht bewußt. Die meisten Menschen glauben, ihre Wahrnehmung sei vollkommen. Wenn Sie erkennen, daß Ihre Wahrnehmung keineswegs vollkommen, sondern im Gegenteil selektiv ist, das heißt, daß Sie immer eine Auswahl treffen, dann sind Sie schon auf dem Weg zu einem guten Menschenkenner.

Das zweite Problem ist, daß eine Information an sich noch keine Aussagekraft hat. Jede Information muß bewertet oder beurteilt werden. Ein guter Menschenkenner ist also genaugenommen ein guter Menschenbeurteiler. Da sowohl bei der Wahrnehmung als auch bei der Bewertung individuelle Eigenschaften des Beurteilers neben anderen Einflüssen eine große Rolle spielen, ist es verständlich, daß die gleiche Information von verschiedenen Menschen manchmal unterschiedlich bewertet wird. Dies kann natürlich auch zu einer Verfälschung des Ergebnisses führen.

Der Wahrnehmungsfilter bedeutet für uns Menschen einen Schutz vor zu vielen Reizen. Wenn er aber zu eng wird, läßt er auch die für uns wichtigen Informationen nicht durch. Unsere Aufmerksamkeit richtet sich vor allem auf Dinge, die uns interessieren oder die eine besondere Bedeutung für uns haben. Unsere Erwartungshaltung, Vorurteile und vorgefaßte Meinungen beeinflussen unsere Wahrnehmung ganz wesentlich. Am stärksten wirken sich Gefühle unmittelbar auf unsere Wahrnehmung aus. Wenn wir uns gut fühlen, ausgeglichen und guter Laune sind, dann neigen wir dazu, positive Eigenschaften stärker wahrzunehmen als negative. Umgekehrt wirkt es sich aus, wenn wir uns depressiv fühlen, frustriert sind oder einfach schlechte Laune haben. Beobachten wir in einem solchen Gefühlszustand einen anderen Menschen, so fällt uns an ihm besonders das auf, was unserer niedergedrückten Stimmung entspricht.

Es gibt aber nicht nur solche Einflüsse, die Ihre *Wahrnehmung* verändern können. Sie müssen sich im klaren darüber sein, daß gerade die *Beurteilung* der Wahrnehmung von vielen Faktoren maßgeblich beeinflußt wird. Zuerst einmal können Sie den Menschen nicht leicht von seinem Umfeld trennen. Je nach Situation, in der Sie ihm begegnen, werden Sie dazu neigen, ihn unterschiedlich zu bewerten.

Mit der Beurteilung von Menschen ist es ähnlich wie mit der Beurteilung eines Kunstwerks. Wenn ein Künstler möchte, daß sein Bild besonders unmittelbar auf den Betrachter wirkt, dann verzichtet er auf den Rahmen. Ein kostbarer Goldrahmen zum Beispiel

Um den anderen zu erkennen, müssen Sie sich selbst kennen

gibt einen Teil seines Glanzes an das Bild ab, das er einfaßt. Ein häßlicher Rahmen raubt auch dem schönsten Bild einen Teil seiner Schönheit. Der Rahmen, aber auch die Wand, an der das Bild hängt, beeinflussen den Betrachter. Diese Beeinflussung erfolgt unabhängig davon, ob der Mensch, der vor dem Bild steht, dies merkt oder nicht.

Es ist auch sehr schwer, sich unabhängig vom sozialpsychologischen Hintergrund ein Urteil zu bilden. Wenn man die Umgebung ausschalten kann, fällt ein objektives Urteil auf jeden Fall leichter. Wenn zum Beispiel ein Kriminalkommissar einen Verdächtigen in dessen sehr vornehmen Villa verhört, kann er sich unter Umständen von dem Luxus, der ihn umgibt, beeinflussen lassen. Verhört er denselben Verdächtigen dagegen in seinem eigenen, einfach eingerichteten Büro, dann macht er sich weitgehend frei von der Beeinflussung durch die Umgebung. Andererseits verhält sich jeder Mensch in seiner gewohnten Umgebung am natürlichsten. Das Verhör bei der Polizei könnte dann dazu führen, daß der Verhörte eine Rolle spielt, die sein wahres Wesen schwerer durchschaubar macht.

Wenn Sie eine Information bewerten, dann hängt die Qualität Ihres Urteils von Ihnen persönlich ab. Sie müssen sich deshalb fragen, wodurch Ihre persönliche Beurteilungsfähigkeit womöglich beeinflußt wird. Erst wenn Sie sich selbst kennen, mit all Ihren Möglichkeiten und Begrenzungen, können Sie hoffen, auch andere Menschen ohne allzu große Fehlerquoten zu erkennen.

Dieses Buch kann Ihnen nicht einfach den Weg zur Selbsterkenntnis zeigen. Vielleicht kann es Sie aber dazu anregen, sich mit der so wichtigen Aufgabe der Selbsterkenntnis eingehender zu befassen. Die Ausführungen über die menschliche Persönlichkeit in den späteren Kapiteln gelten nämlich nicht nur für die anderen! Selbsterkenntnis ist für die Menschenkenntnis unerläßlich; sie ist aber ebenso eine wichtige Grundlage der Selbstverwirklichung.

Zweifellos kennen Sie das Gefühl der Sympathie ebenso wie das der Antipathie. Falls Sie sich nicht darüber klar werden können, warum Ihnen eigentlich ein Mensch sympathisch ist oder nicht, sondern wenn Sie einfach dieses Gefühl als gegeben akzeptieren, dann wird die Sympathie oder die Antipathie in Ihre Wertung mit einfließen. Das heißt nicht unbedingt, daß Ihr Urteil dadurch falsch würde. Vielleicht haben Sie den anderen intuitiv richtig erfaßt – und dies drückt sich in Sympathie oder Antipathie aus. Es kann aber ebenso sein, daß diese Gefühle unberechtigt sind. Dann würde Ihre Bewertung entweder zu positiv oder zu negativ ausfallen.

Zum Beispiel hat man häufig ein starkes Gefühl der Sympathie für Menschen, die einem selbst ähnlich sind: Entweder haben sie die gleichen Interessen und die gleiche Art zu denken, oder man ist gefühlsmäßig mit ihnen auf einer Wellenlänge. Menschen, die aber anders sind als wir, sind uns häufig unsympathisch. Sympathie und Antipathie sind menschliche Gefühle, die sich keineswegs unterdrücken lassen. Worauf es jedoch ankommt, ist, daß Sie lernen, diese Gefühle zu hinterfragen, um zu einer treffenden Beurteilung zu kommen.

Bis auf wenige Ausnahmen gehört jeder Mensch einem bestimmten sozialen Verband an, einer Familie, einer Schulklasse, einem Berufsstand, einer Konfession, einer Clique. Wer gänzlich einer Gruppe zugehören will, muß mit den Werten und Überzeugungen dieser Gruppe übereinstimmen. Diese Übereinstimmung in einer Gruppe macht das Wirgefühl aus. Sie ist die Bedingung für die Zugehörigkeit.

In jeder Gruppe oder Gesellschaft haben sich Stereotype herausgebildet, die die Einstellung der Gruppe oder der Gesellschaft zu bestimmten Dingen ausdrücken. Stereotype sind feste Vorstellungen und Verhaltensmuster. Sie ermöglichen es dem einzelnen, Zeit und psychische Energie zu sparen, da er sein Verhalten nicht immer wieder neu überdenken muß. Sein Leben wird von solchen Stereotypen bestimmt und reguliert – und, besonders im alltäglichen Umgang, durch sie erleichtert. Sie vereinfachen aber auch die Wirklichkeit, sind starr und können Vorurteile sein.

Jeder kennt solche Stereotype als Vorurteil: Frauen können nicht logisch denken. Frauen sind schlechte Autofahrer. Wer lügt, stiehlt auch. Wer lange schläft, ist faul. Wer häßlich ist, ist auch böse. Die Deutschen sind arbeitsam. Wer keinen Anzug mit Schlips trägt, kann kein guter Politiker sein ...

Diese Einstellungen werden von den Eltern auf die Kinder übertragen und sind in der Regel gesellschaftsgültig. Es ist schwer, sich von solchen Regeln zu distanzieren, weil man sich dadurch gleichzeitig von der Gruppe, die solche Regeln aufgestellt hat, entfernt. Die Einstellungen, die wir sehr früh erworben haben, sind gewöhnlich am starrsten.

Ältere Menschen ändern weniger leicht ihre Einstellungen, weil sie mit diesen Einstellungen ihre Erfahrungen gemacht haben. Sie sind ein Teil ihres Lebens geworden und haben ihr ganzes Wesen mitgeprägt. Nur wer bereit ist, neue Informationen auf sich einwirken zu lassen, und ihnen nicht aus dem Weg geht, kann seine Einstellung ändern. Bei jeder Beurteilung eines Menschen sollten wir uns deshalb fragen, ob unser Bild nicht durch starre Einstellungen verfälscht wird.

Jeder Mensch hat von sich selbst ein genaues Bild. Dieses Selbstbild entsteht aus dem Wunsch, ein bestimmter Mensch zu sein, aus der Selbsteinschätzung, wie weit dieser Wunsch Wirklichkeit geworden ist, sowie aus der Reaktion anderer Menschen. Das Selbstbild muß keineswegs der Wirklichkeit entsprechen. Vielleicht stellt jemand nur sehr hohe Ansprüche an sich selbst, zu hoch für sein Leistungsvermögen. Daraus resultieren zwangsläufig wiederholte Erlebnisse von Mißerfolgen, die auf Dauer zu einem Gefühl der Unzulänglichkeit, zum Minderwertigkeitsgefühl, anwachsen können. Das hat aber mit objektiver Minderwertigkeit überhaupt nichts zu tun.

Gerade am Beispiel des Minderwertigkeitskomplexes kann man erkennen, wie das Selbstbild das Urteilsvermögen beeinflußt. Menschen mit Minderwertigkeitsgefühlen und mangelndem Selbstvertrauen sehen andere Menschen häufig in einem zu positiven Licht und neigen dazu, sie zu überbewerten. Jeder, der unter einem negativen Selbstgefühl leidet, sollte sich den schönen Spruch von WILHELM BUSCH über das Bett hängen:

> Früher, als ich unerfahren und bescheidner war als heute,
> hatten meine höchste Achtung andre Leute.
> Später traf ich auf der Weide außer mir noch andere Kälber,
> und nun schätz ich sozusagen erst mich selber.

Zur Selbsterkenntnis gehört die Frage, ob man seine eigenen Fähigkeiten richtig einschätzt. Manche Menschen unterschätzen ihre Fähigkeiten. Sie trauen es sich nicht zu, einen anderen Menschen zu beurteilen. Vielleicht haben sie es in der Vergangenheit versucht und dabei Fehler gemacht. Statt nun aber aus diesen Fehlern zu lernen und Erfahrungen zu sammeln – resignieren sie. Solche Menschen wissen nicht, daß sie sich selbst im Weg stehen. Sie verhalten sich defensiv, verlassen sich auf das Urteil anderer, übernehmen Klischeeurteile, nehmen einfach nicht zur Kenntnis, was sie persönlich betreffen könnte, was unangenehm oder bedrohlich ist oder was zu Konflikten führen könnte.

Andere Menschen überschätzen ihre Fähigkeiten. Das kann damit anfangen, daß sie ihrem ersten Eindruck bedingungslos vertrauen, da sie davon überzeugt sind, ein besonders psychologisches Einfühlungsvermögen zu haben. Selbst wenn das zutreffen sollte, ist der erste Eindruck trotzdem häufig falsch. Vielleicht merken diese Menschen auch nicht, daß sie durch ihre eigene Haltung beim anderen erst ein bestimmtes Verhalten auslösen. Wenn man zum Beispiel einem Menschen offensichtlich mißtraut und ihn dies spüren läßt, dann provoziert man dadurch leicht ein Verhalten, das dieses Mißtrauen rechtfertigt. Auch wenn das eigene Urteil damit bestätigt wird, so ist es dennoch falsch. Wenn Sie ein guter Menschenkenner werden wollen, sollten Sie sich auf jeden Fall fragen, wie weit Sie sich auf Ihre Fähigkeiten verlassen können.

Worauf ist Ihre Antenne gerichtet?

Ich habe Ihnen dargelegt, daß wir einen anderen Menschen in der Regel nur einschränkend erfassen. Wir betrachten und beurteilen ihn unter einem bestimmten Blickwinkel. Auch wenn uns das häufig nicht bewußt wird, so sind unsere Wahrnehmung und unsere Einschätzung doch meist zweckgerichtet.

Es ist so ähnlich wie beim Kauf eines Hauses. Ich habe mich früher immer beim Spazierengehen gefreut, wenn ich schöne alte Häuser sah: Häuser mit Charakter, umgeben von einem malerischen, farbenfrohen Garten. Solche Häuser hatten auf mich eine starke gefühlsmäßige Wirkung. Ich empfand ihre harmonische, positive Ausstrahlung und fühlte mich bei ihrem Anblick wohl. Die gleichen Häuser schaute ich mir plötzlich ganz anders an, als ich selbst ein Haus bauen oder kaufen wollte. Mir fielen Einzelheiten auf, ich überlegte, ob diese Häuser für meinen Zweck geeignet wären, wie man sich denn in ihnen fühle, ob sie praktisch wären – und so weiter. Mein Beobachtungsvermögen wurde noch genauer, als ich Häuser besichtigte, die zum Verkauf standen. Die Vorstellungen von dem Haus, in dem ich leben wollte, waren recht konkret. Deshalb fielen mir die Details auf, die mit meiner Vorstellung zu tun hatten. Ich hatte jetzt einen ganz bestimmten Grund, die Häuser anzuschauen und für meine Zwecke zu bewerten.

Ebenso habe ich einen bestimmten Grund, wenn ich einen Menschen beobachte und einschätze. Vielleicht möchte ich wissen, ob er sich für den vorgesehenen Arbeitsplatz eignet. Paßt er in ein bestehendes Team? Ist er ein guter Vorgesetzter? Wird er sich mir gegenüber fair verhalten? Kann ich ihm vertrauen? Wird er mich nicht bloßstellen, wenn ich ihm meine seelischen Nöte anvertraue? Je gezielter ich meine Antenne auf ihn richte und mich frage, was ich wissen möchte, desto zuverlässiger werden meine Informationen sein.

Bei der betrieblichen Personalbeurteilung ist es selbstverständlich, daß man mit Beurteilungsbögen arbeitet. Selbst geschulte Personalfachleute haben Schwierigkeiten, stets die richtigen Ausdrücke zu finden, um zum Beispiel ein Persönlichkeitsprofil zu erstellen. Solche Beschreibungen können für jeden sehr hilfreich sein, der sich bewußtmachen will, welche charakteristischen Eigenschaften einem bestimmten Zweck entsprechen. Man sollte also immer, wenn man sich von einem Menschen ein Bild machen will, die wichtigen Fragen ganz spezifisch stellen.

Nehmen Sie an, Sie haben Ihren Wohnsitz gewechselt und suchen jetzt einen neuen Hausarzt. Beim ersten Besuch stellen Sie fest, daß er sehr vital wirkt. Dieser Punkt ist für Ihre Beurteilung wichtig, denn er zeigt Ihnen, daß er vermutlich selbst gesund ist und so lebt, wie er es von seinen Patienten erwartet. Seine Untersuchungsweise ist schnell, aber sicher. Sie haben den Eindruck, daß er sich durch nichts aus der Ruhe bringen läßt.

Dann aber reagiert er impulsiv und unwillig auf eine ungeschickte Bewegung seiner Sprechstundenhilfe. Für Sie entsteht die Frage, worauf diese impulsive Reaktion hindeutet. Ist er ungeduldig, ungerecht, ohne Verständnis für die Fehler anderer? Können Sie dann Geduld und Verständnis für Ihre Probleme erwarten? Vor einer übereilten Beurteilung sollten Sie sich natürlich hüten. Die Reaktion an sich sagt ja noch gar nichts aus. Aber sie gibt Ihnen einen Hinweis.

Worauf achten Sie also in diesem Fall? Es interessiert Sie, wie vital und belastbar er ist, denn Sie möchten am Abend, nach einem langen Arbeitstag des Arztes, noch genauso gut behandelt werden wie am Morgen. Sie möchten wissen, ob er für andere Menschen, nämlich seine Patienten, menschliches Gefühl empfindet oder ob er innerlich unbeteiligt im Patienten nur eine Nummer sieht. Steht das wirtschaftliche Interesse für ihn im Vordergrund? Wie groß ist sein Verantwortungsbewußtsein? Ist er unabhängig im Denken, ist er Neuem gegenüber aufgeschlossen, ein einfühlsamer Diagnostiker, in komplizierten Fällen kreativ, manuell geschickt? Eine Vielzahl von Fragen, aber gezielte Fragen, auf die Sie eine Antwort finden müssen. Schließlich geht es um Ihre Gesundheit, um Sie, und Sie machen sich nicht gern zum Gegenstand eines Experiments.

Jeder Fall liegt anders, und deswegen wird auch die Fragestellung unterschiedlich sein. Einige Eigenschaften aber werden häufig eine Rolle spielen. Der Körper: vital, voller Lebenskraft oder müde, ohne Energie. Das Geistige: intelligent, eigenes Urteil, kreativ oder geringe Intelligenz, kein eigenes Urteil, ohne schöpferische Einfälle. Das Selbstwertgefühl: selbstsicher, kennt seinen Wert, selbstkritisch. Seine Emotionen: ruhig, beherrscht, gelassen. Das Verhalten anderen gegenüber: sozial, kontaktfreudig, anpassungsfähig, warmherzig, aber auch fähig zu führen, starke Persönlichkeit. Das Leistungsverhalten: konzentriert, systematisch, zielbewußt, leistungsorientiert.

Die Zahl der Eigenschaften läßt sich ohne Mühe vervielfachen. Um aber einen anderen Menschen zu charakterisieren, genügt im allgemeinen eine begrenzte Zahl wesentlicher Charakteristika. Der amerikanische Psychologe GORDON W. ALLPORT (1)* glaubt nach ersten Experimenten, daß die Zahl der wesentlichen Charakteristika, mit denen man einen Menschen erfassen kann, zwischen fünf und zehn variiert.

Viele Fehler können Sie vermeiden

Wenn man bei einer mathematischen Aufgabe gleich am Anfang einen Fehler macht, dann kann man später noch so genau rechnen – das Ergebnis wird jedoch zwangsläufig falsch sein. Ähnlich ist es bei der Menschenkenntnis. Wenn Sie einen Menschen zum ersten Mal sehen und der erste Eindruck Sie täuscht, dann wird es sehr schwer, dieses falsche Ergebnis zu korrigieren.

Die Erfahrung zeigt aber gerade, daß der erste Eindruck, der auf wenigen Anhaltspunkten beruht, sehr leicht täuschen kann. Wodurch entsteht diese Täuschung? Die Menge an Informationen ist klein. Aus der Wahrnehmungspsychologie weiß man, daß der Mensch dazu neigt, fehlende Teile der Wahrnehmung selbst zu ergänzen. Der Mensch sieht immer das ganze Bild, die ganze Gestalt. Wenn eine Person in einer bestimmten Weise wirkt und einen bestimmten Eindruck macht, dann neigen wir zum Beispiel dazu,

---

* Die in Klammern gesetzten Zahlen verweisen auf das Literaturverzeichnis am Ende des Buches.

diesen Eindruck auf die ganze Person zu übertragen. Ebenso schließen wir sehr leicht vom Äußeren auf Charaktereigenschaften. Ein junger Mann mit ungepflegten langen Haaren wird von vielen Menschen negativ beurteilt. Begriffe wie arbeitsscheu oder drogensüchtig sind dann sehr schnell bei der Hand. Manch ein Manager, der Karriere machte, mußte erleben, daß sein Sohn oder seine Tochter sich durch Kleidung und Haarschnitt bewußt von ihm distanzierte. Erst da wurden ihm seine bisherigen Vorurteile bewußt.

Die wenigen Informationen werden unter Umständen noch durch Vorinformationen verfälscht. So können Gerüchte über einen Menschen dazu führen, daß man ihm mit Voreingenommenheit begegnet.

Der erste Eindruck wird auch durch das subjektive Wahrnehmungsvermögen beeinflußt. Wir wählen nicht nur Informationen aus, wir neigen auch dazu, nur das zu sehen, was wir sehen wollen. Das, was wir zum Beispiel für wichtig oder größer halten oder was größer sein sollte, sehen wir auch größer. Jeder, der zeichnen lernt, macht diese Erfahrung. Deswegen haben Anfänger fast immer Schwierigkeiten mit den Proportionen.

BETTY EDWARDS empfiehlt in ihrem Buch *Garantiert zeichnen lernen* folgenden Versuch: »Stellen Sie sich so vor einen Spiegel, daß Sie ihn mit ausgestrecktem Arm berühren können. Wie groß ist das Bild Ihres Kopfes im Spiegel? Ist es ebenso groß wie Ihr Kopf? Nehmen Sie einen Filzschreiber oder ein Stück Kreide, strecken Sie Ihren Arm aus und markieren Sie mit zwei Strichen auf dem Spiegel den höchsten und den tiefsten Punkt des Umrisses Ihres Kopfes. Messen Sie den Abstand zwischen diesen beiden Strichen. Er wird durchschnittlich etwa zwölf bis dreizehn Zentimeter betragen. Mit anderen Worten: das Spiegelbild Ihres Kopfes ist nur halb so lang wie Ihr wirklicher Kopf. Dennoch: Wenn Sie die Markierungen vom Spiegel entfernen und noch einmal hinschauen, möchten Sie schwören, daß das Abbild Ihrem Kopf in den Maßen genau entspricht. Sie sehen also, was Sie glauben, und nicht, was Sie sehen.« (14)

Sollte Ihnen bis jetzt noch nicht klargeworden sein, wie gefährlich es ist, dem ersten Eindruck zu vertrauen, so brauchen Sie sich nur einmal an eine Gelegenheit zu erinnern, als Sie schlechter Laune oder depressiv waren und in diesem Zustand einen anderen Menschen kennenlernten. Die eigene Stimmung überträgt sich in einem solchen Fall fast zwangsläufig auf das Bild desjenigen, den man beobachtet. Man sieht ihn wie durch einen Filter, und je dunkler dieser Filter ist, desto negativer wird der erste Eindruck sein. Ist man aber freudig, glücklich, voller positiver Erwartungen, dann gewinnt man einen verklärten Eindruck, der jedoch auch böse Folgen haben kann.

Warum haben zum Beispiel manche Heiratsschwindler so großen Erfolg? Die Frauen, die ihnen auf den Leim gehen, sind in einer starken positiven Erwartungshaltung. Deshalb nehmen sie ein Bild wahr, das gleichsam retuschiert ist – das sie selbst unbewußt retuschieren. Aber nicht nur Heiratsschwindler gehören zu denjenigen, die es geschickt verstehen, sich anders darzustellen, als sie in Wirklichkeit sind. Menschen, die bewußt täuschen, haben besonders bei denen ein leichtes Spiel, die sich für gute Menschenkenner halten und sich auf ihren ersten Eindruck blindlings verlassen.

Viele Fehler entstehen aus der Art und Weise, wie wir Rückschlüsse ziehen. Ich erinnere mich an einen Vorfall, der dies sehr deutlich macht. Ich war gemeinsam mit einem Kollegen in meinem Wagen auf dem Heimweg. Plötzlich mußten wir wegen eines Verkehrsunfalls halten. Ein Motorradfahrer war auf der regennassen Fahrbahn gestürzt und lag schwer verwundet am Boden. Einige Passanten standen um ihn herum. Ich stieg aus, um zu helfen, wie ich es im Erste-Hilfe-Kurs gelernt hatte. Mein Kollege aber blieb im Auto sitzen. Ich wunderte mich, sagte aber nichts. Außerdem war ich so beschäftigt, daß ich keine Zeit hatte, weiter darüber nachzudenken.

Nachdem der Verletzte abtransportiert war und ich völlig durchnäßt ins Auto stieg, rauchte mein Kollege eine Zigarette. Aus seinem Verhalten hätte ich den Schluß ziehen können, daß er nicht hilfsbereit sei oder daß ihm seine Kleidung wichtiger als ein verletzter Mensch wäre. Ich hätte dann von dem beobachteten Verhalten Rückschlüsse auf seinen Charakter gezogen, sein Verhalten verallgemeinert und ihn für einen hilfsunwilligen Menschen gehalten. Das heißt aber noch lange nicht, daß er auch in anderen Situationen nicht hilfsbereit wäre.

Als wir weiterfuhren, bemerkte ich, daß sein Gesicht bleich war. Später erzählte er mir, daß er vor wenigen Wochen ein Kind überfahren hatte. Er trug keine Schuld; das Kind war ihm ins Auto gelaufen. Aber alle Einzelheiten des tragischen Geschehens hatten sich tief in sein Bewußtsein eingegraben. Als er jetzt den Verletzten auf der Straße liegen sah, wurden die Bilder wieder lebendig. Wie gelähmt blieb er deshalb im Auto sitzen, unfähig zu helfen.

Verallgemeinerungen führen meist zu falschen Rückschlüssen. Auch dies gilt nicht nur für die Menschenkenntnis. In anderen Wissenschaftsdisziplinen muß man sich ebenfalls vor dem Trugschluß der Verallgemeinerung hüten. In der Volkswirtschaftslehre zum Beispiel ist der Trugschluß der Verallgemeinerung die irrige Vorstellung, daß das Ganze stets mit der Summe der Teile identisch ist. Besonders gefährlich ist der Trugschluß der Verallgemeinerung einzelwirtschaftlicher Tatbestände. Wenn ein einzelner zum Beispiel mehr spart, also weniger ausgibt, wird sein Vermögen zunehmen. Wenn aber ein großer Teil der Bevölkerung mehr spart und weniger ausgibt, steigt das Vermögen insgesamt nicht an. Wenn nämlich die Nachfrage nach Gütern infolge der geringeren Käufe sinkt, bedeutet das, daß die Unternehmen weniger absetzen, und dies kann zu Arbeitslosigkeit und damit zu Verlusten an Einkommen und Vermögen führen.

Auch Fähigkeiten und Kenntnisse darf man nicht verallgemeinern. Ist jemand sprachlich gewandt, dann heißt das noch nicht, daß er überdurchschnittlich intelligent ist. Wer ein gutes Gedächtnis für Zahlen hat, muß sich deshalb nicht auch Namen gut merken können. Aus der Lernpsychologie wissen wir, daß man durch Vokabellernen nur sein Gedächtnis für Vokabeln trainiert, daß dies aber keinen Einfluß auf sonstige Gedächtnisleistungen hat.

Sehr groß ist die Gefahr, daß man von einer Person auf eine andere schließt, weil sich beide äußerlich ähnlich sind. Äußere Ähnlichkeit bedeutet natürlich nicht, daß zwei Personen auch ähnliche Eigenschaften haben. Wenn Sie also einem Menschen begegnen, der Sie in seinem Aussehen an jemanden erinnert, den Sie gut kennen, dann sollten Sie daran denken, daß Sie von äußeren Merkmalen nur dann auf ähnliche Charaktereigenschaften schließen können, wenn sie physiognomisch dasselbe aussagen. Das ist aber selten der Fall.

Im Kapitel über Physiognomie werden Sie mehr über diese Zusammenhänge erfahren. Vorsicht ist aber immer dann geboten, wenn man von äußerlichen Kennzeichen auf den Charakter schließen will. Eine hohe Stirn zum Beispiel deutet nicht unbedingt auf mehr Gehirnmasse und ebensowenig auf mehr Intelligenz. Die Gefahr von Fehlschlüssen ist sehr groß. Bevor Sie von der Physiognomie auf die Persönlichkeit schließen wollen, sollten Sie sicherstellen, daß die vermuteten Zusammenhänge wirklich bestehen.

In die gleiche Richtung geht auch der Fehler des Haloeffektes. Der Halo oder Hof ist der leuchtende Schein um den Mond oder auch die leuchtende Scheibe, die strahlende Aura, die Heilige auf religiösen Gemälden haben. Der Haloeffekt besagt, daß der allgemeine Eindruck von einer Person oder einzelne charakteristische Merkmale auf andere Merkmale ausstrahlen, sozusagen einen Hof bilden. Wenn Sie von einer Eigenschaft auf den ganzen Menschen schließen, unterliegen Sie ebenfalls dem Haloeffekt. Ein Mensch, der höflich ist, muß nicht ehrlich sein. Wer sympathisch ist, ist nicht unbedingt auch intelligent. Wir neigen dazu, wenn wir eine Eigenschaft festgestellt haben, die anderen Merkmale nach dem Muster der ersten Eigenschaft zu beurteilen.

Die größte Gefahr für falsches Urteilen liegt in einer unkontrollierten gefühlsmäßigen Reaktion. Der Kontakt zweier Menschen löst immer Gefühle in beiden aus, wenn diese auch häufig unbewußt bleiben. Wenn Sie sich klarmachen, was bei Ihnen bestimmte Gefühle auslöst und was diese bedeuten, dann haben Sie ein vortreffliches Hilfsmittel zur Hand, um einen anderen Menschen auf der nicht verstandesmäßigen Ebene zu erkennen. Dies ist der Weg über die Intuition. Wenn Ihnen aber Ihre Gefühle nicht bewußt werden, dann sind Sie ihnen hilflos ausgeliefert, und Sie merken gar nicht, wie Ihr Urteil beeinflußt wird.

KAPITEL 2

Das Verhalten des Menschen

Das Verhalten ist nicht starr

Wir wissen aus Erfahrung, daß das Verhalten der Menschen nicht starr ist. Als ich neulich eine Mutter beobachtete, die ihr Kind zärtlich an sich drückte, glaubte ich zu wissen, daß diese Mutter ihr Kind liebt. Kleine Gesten, ihr Blick, wenn sie dem Kind beim Spielen zuschaute, die Art, wie sie mit ihm spielte, vermittelten mir dieses Gefühl. Ich sah ihr Verhalten und schloß so auf ihr Gefühl dem Kind gegenüber. Aber mir war natürlich auch bewußt, daß dieses Gefühl der Liebe und Zärtlichkeit sich nur auf dieses Kind bezog. Ob sie auch ihren Mann liebte oder auch andere Kinder, das konnte ich daraus nicht schließen. Mein gesunder Menschenverstand sagte mir, daß ich meine Beobachtung nicht verallgemeinern durfte.

Eigenartigerweise neigen wir gerade dann zu solchen Verallgemeinerungen, wenn wir aus dem Verhalten auf bestimmte Eigenschaften des Menschen schließen. Ein neuer Bekannter kommt pünktlich, wie verabredet, zu einem Besuch. Im Geist notiere ich: ein pünktlicher Mensch. Was weiß ich aber in Wirklichkeit? Ich weiß nur, daß er in dieser einen Situation pünktlich war. Wird er nach einem Jahr ebenso pünktlich sein? Ist Pünktlichkeit eine seiner Charaktereigenschaften? Es wäre einfach für den Menschenkenner, wenn jeder Mensch nur starre, unveränderliche Charaktereigenschaften besäße. In Wirklichkeit jedoch kann sich jeder Mensch in verschiedenen Situationen, in denen die gleiche Eigenschaft zum Tragen kommt, unterschiedlich verhalten. Der Junge, der zum Fußballspiel geht, wird sich gern bemühen, pünktlich zu sein. Wenn er zur Schule geht, ist er vielleicht unpünktlich.

Sehr deutlich wird dieses unterschiedliche Verhalten am Beispiel der Wahrheitsliebe. Ich halte mich selbst zwar für ehrlich; und doch gab es schon Situationen, in denen ich gelogen, zumindest aber absichtlich die Wahrheit verschwiegen habe. Ich habe gelogen, ohne rot zu werden und ohne mich dabei schlecht zu fühlen, denn Ehrlichkeit kann auch grausam sein. Wenn ich zum Beispiel einem Menschen erkläre, daß er ein Versager ist, so zerstöre ich vielleicht die letzten Reste seines Selbstbewußtseins. Steht mir überhaupt solch ein Urteil zu? Wenn ich glaube, daß er ein Versager ist, so ist dies meine Meinung und deshalb noch lange nicht richtig. Ist es überhaupt sinnvoll, diesem Menschen in dieser Art und Weise die Wahrheit zu sagen, statt ihm zu helfen, sich zu entwickeln und seine positiven Seiten zu stärken?

Welches Recht habe ich, einem Menschen zu sagen, daß er unheilbar krank ist? Immer wieder geschehen unglaubliche Heilungen, und wenn er wirklich unheilbar krank ist, dann braucht er vor allem menschliche Anteilnahme. Mit anderen Worten, ich lüge zwar grundsätzlich nicht, aber ich sage auch nicht immer die Wahrheit. Mein Verhalten ist also situationsabhängig.

Beobachten Sie das Verhalten in verschiedenen Situationen

Die erste Voraussetzung, um aus dem Verhalten auf die Persönlichkeit eines Menschen zu schließen, ist demnach, daß man ihn in verschiedenen Situationen beobachten kann. »Persönlichkeit« ohne »Situation«, das heißt, ohne Reaktions- und Ausdrucksmöglichkeiten in der konkreten Wirklichkeit, gibt es nicht. Allerdings gibt es verschiedene Arten von Situationen. Eine Person kann sich in einer bekannten Situation befinden, in der gewohnten Umgebung, am vertrauten Arbeitsplatz, in der Gruppe, zu der sie gehört. Wo immer sie auch sein mag, in der vertrauten Situation ist eine Person meist sicher und verhält sich so, wie sie es gewohnt ist oder wie es von ihr erwartet wird.

In einer neuen, fremden Situation zeigen die meisten Menschen zumindest die Tendenz, sich zurückzuhalten, die Dinge auf sich zukommen zu lassen, abzuwarten. Die Unsicherheit ist größer. Das einfachste Beispiel dafür ist die Situation einer öffentlichen Rede. Der Redner braucht nur von seinem Platz im Saal aufzustehen und an das Rednerpult zu gehen, und sofort ist die Situation für ihn ungewohnt. Es ist der gleiche Raum. Die gleichen Menschen, neben denen er noch eben saß, schauen ihn jetzt an. Im Grund genommen hat sich fast nichts geändert. Und doch hat er Lampenfieber, seine Hände werden feucht, er erlebt die fremde Situation seelisch und körperlich. Ähnliches kennen Sie vielleicht von einem Vorstellungsgespräch, haben Sie als Neuling in einem Betrieb, auf einer Reise erlebt oder immer dann, wenn Sie die vertraute stabile Umgebung verlassen haben. Manche Situationen unterscheiden sich von der Normalsituation durch ihre Intensität. Ein unvorhergesehener Arbeitsanfall führt zu Überstunden, ein krankes Kind erschöpft die körperlichen und seelischen Kräfte der Eltern, die sich Tag und Nacht für ihr Kind einsetzen. Das sind Situationen, in denen der einzelne über das Normalmaß gefordert wird.

Verhältnismäßig selten erlebt man Menschen, die einem aus dem Alltagsumgang vertraut sind, in Ausnahmesituationen. Es ist deshalb auch schwierig vorauszusagen, wie eine Person sich in einer solchen extremen Situation verhalten wird. Wird sie mutig sein, aktiv etwas zur Rettung unternehmen oder passiv ihr Schicksal erdulden? Wird sie hilfsbereit sein, Verantwortung übernehmen oder sich ihr entziehen? Aus dem Normalverhalten von Menschen können wir das nicht vorhersagen. Auch der einzelne Mensch weiß nicht, ob er selbst sich zum Beispiel bei einer Katastrophe bewähren wird.

Menschen, die sich für mutig hielten, sind im Notfall feig davongelaufen, andere zeigten sich unerwartet als Helden. Studien über Kriegsereignisse, wie Fliegerangriffe, oder die Atombombenabwürfe über Hiroshima und Nagasaki, über Naturkatastrophen, etwa Sturmfluten oder Erdbeben, und über große Unglücksfälle, wie den Untergang der *Andrea Doria*, zeigen uns, wie bestimmte Menschen sich in solchen Ausnahmesituationen verhalten haben.

Das für unsinkbar gehaltene italienische Luxuspassagierschiff *Andrea Doria* war am 27. Juli 1956 um 23.05 Uhr vor der Ostküste Amerikas von dem schwedischen Ozeandampfer *Stockholm* gerammt worden und im Atlantik versunken. Einundfünfzig Menschen kamen ums Leben, sechzehnhundert Passagiere und Besatzungsmitglieder wurden in einer der dramatischsten Rettungsaktionen der Seefahrgeschichte geborgen. P. FFRIEDMANN und L. LINN (55), Psychiater und Psychoanalytiker, die sich auf dem Rettungsschiff *Ile de France* befanden, werteten ihre Befragungen der Überlebenden aus. Die meisten der Geretteten waren im ersten Schockstadium wie betäubt gewesen. Sie ließen sich größtenteils wie eine amorphe Masse Mensch behandeln. Sie waren passiv. Ihre Reaktionen waren verlangsamt, und viele waren in ein kindliches Gefühl persönlicher Unzulänglichkeit verfallen.

In der Erholungsphase standen sie unter dem Zwang zu reden, die Katastrophe zu beschreiben und immer wieder über ihre Erlebnisse zu berichten, so als würden sie versuchen, durch die ständige Wiederholung das Trauma zu bewältigen. Dabei zeigten sich typische Vorurteile. Viele Überlebende gaben die Schuld an dem Unglück der italienischen Besatzung der *Andrea Doria,* weil sie meinten, daß schwedische Seeleute zuverlässiger, Italiener hingegen unzuverlässig seien und mehr den Vergnügungen als der Pflicht nachgingen. In Wahrheit handelte die italienische Besatzung der *Andrea Doria* pflichtbewußt, sogar heroisch.

Manche Passagiere der *Ile de France,* des Rettungsschiffes, das die meisten Überlebenden aufnahm, äußerten sich abfällig über die unkontrollierten Ausbrüche der Verzweiflung bei den italienischen Überlebenden. Sie erkannten nicht, daß Gefühlserlebnisse in verschiedenen Kulturkreisen unterschiedlich ausgedrückt werden und daß sich keine Anzeichen von Charakterschwäche daran ablesen lassen.

Einige Gruppen von Menschen wurden in ihrer Bewegung eingeschränkt und isoliert. In allen Fällen fanden sich Menschen, die die Führung dieser Gruppen in der Katastrophensituation übernahmen. Um die italienischen Auswanderer, die sich auf dem

Schiff befanden, bemühten sich zum Beispiel Priester und Nonnen. Die Rettungsmaßnahmen anderer Gruppen leiteten nicht näher zu identifizierende Personen.

Diese und andere Beobachtungen sind wichtig für die Organisationen, die sich mit psychologischen Problemen bei zivilen Katastrophen beschäftigen. Sie sagen aber nichts darüber aus, wie sich andere Menschen in vergleichbaren Situationen voraussichtlich verhalten würden.

Es gibt ein großangelegtes Experiment, mit dem versucht wurde, das Verhalten von Menschen in Ausnahmesituationen vorauszusagen. Der mexikanische Anthropologe SANTIAGO GENOVÉS überquerte 1973 auf dem Floß *Acali* mit einer Gruppe von Männern und Frauen in 101 Tagen den Atlantik und die Karibische See von Afrika nach Amerika. Auf dem Floß befanden sich elf Teilnehmer unterschiedlicher Nationalitäten auf engstem Raum zusammen. Nach Meinung vieler Soziologen entsprechen 101 Tage auf einem solchen Floß etwa zwölf bis fünfzehn normalen Lebensjahren. Es handelte sich um das größte menschliche Gruppenexperiment der modernen Verhaltensforschung. »Vor extreme Situationen gestellt, zeigen Menschen sich, wie sie wirklich sind. Wir wollten eine Gruppe so stark isolieren, daß eine Ausnahmesituation entsteht, die nicht Theater, sondern Leben ist.« (20)

Vor, während und nach der Reise mußten sich alle Teilnehmer vielen psychologischen Tests unterziehen. In diesen Tests sollte die Charakterisierung der Persönlichkeit vor der Abreise, nach ein- und zweimonatiger Isolierung, am Ende des Experiments und die Entwicklung im Hinblick auf die anfänglichen Schlußfolgerungen bestimmt werden.

Das Experiment zeigte, daß sich die Wirklichkeit von den Testergebnissen diametral unterschied. Gerade die Teilnehmer, die von den Psychologen und Psychiatern die schlechtesten Noten erhalten hatten, weil sie an Land eine *unorganisierte Persönlichkeit* zeigten, waren diejenigen, die sich am schnellsten und besten anpaßten. Am unwohlsten fühlten sich die traditionsbewußten Typen. Sie stießen mit jenen zusammen, die weniger starr waren und sich den Umständen besser anpassen konnten. Auf jeden Fall zeigte es sich, daß es unmöglich ist, auf Grund von Tests das Verhalten von Menschen vorauszusagen. GENOVÉS kommt zu der wichtigen Schlußfolgerung, daß sich grundlegende qualitative Phänomene der zwischenmenschlichen Beziehungen im allgemeinen nicht messen lassen.

Wenn man einen Menschen in verschiedenen Situationen beobachtet, dann lassen sich die Häufigkeit, mit der sich diese Person in einer bestimmten Art und Weise verhält, sowie der Bereich der Situationen und die Intensität der Reaktionen registrieren.

Ein Beispiel: Ich erwartete eine wichtige Postsendung, konnte aber wegen einer dringenden Angelegenheit nicht auf den Zusteller warten. Also bat ich einen Freund, der im Nachbarhaus wohnte, auf den Postwagen zu achten und das Paket für mich in Empfang zu nehmen. Als ich nach Hause kam, lag eine Benachrichtigung im Briefkasten. Ich erfuhr, daß das Paket nicht zugestellt werden konnte und bei der Post zur Abholung bereitlag. Der Freund hatte mich also im Stich gelassen. Er hatte seine Zusage, die er mir auf meine Bitte hin gegeben hatte, nicht eingehalten.

Als ich ihn zur Rede stellte, erklärte er mir einfach, daß er es vergessen habe. Wenn ich nun dergleichen noch ein- oder zweimal erlebe, setzt sich bei mir die Erkenntnis durch, daß ich mich auf diesen Freund nicht verlassen kann. Natürlich weiß ich dann noch nicht, ob er auch in anderen Situationen, zum Beispiel am Arbeitsplatz oder bei anderen Menschen, unzuverlässig ist oder nur bei mir. Kann man sich auf ihn verlassen, wenn es um Angelegenheiten geht, von denen sehr viel abhängt, vielleicht wenn es um Leben und Tod geht?

FRIEDRICH SCHILLER hat dafür ein treffendes Beispiel gegeben. In der Ballade *Die Bürgschaft* hat er in dramatischer Form gezeigt, wie ein Mann, allen Widerständen zum Trotz, unter Einsatz aller Kräfte versucht, sein Versprechen einzuhalten, um den Freund zu retten.

Aus diesen Überlegungen ergibt sich eine zweite Bedingung, um aus dem Verhalten auf die Persönlichkeit schließen zu können:

Man muß analysieren, welche Faktoren in der jeweiligen Situation tatsächlich eine Rolle spielen, um dann herauszufinden, warum ein Mensch sich in der besonderen Situation in einer bestimmten Art und Weise verhält. Also: was veranlaßt den Menschen zu seinem Verhalten? Ist mein Freund unzuverlässig, weil er der Meinung ist, jeder sollte sich um seine eigenen Angelegenheiten kümmern und sich nicht auf andere verlassen? Oder ist er selbst im Stich gelassen worden und hat sich geschworen, daß sich jetzt andere auch nicht auf ihn zu verlassen brauchen? Sind ihm die Anliegen anderer Menschen überhaupt gleichgültig, oder hatte er meinen Auftrag in der Tat verdrängt und vergessen?

Ist er wirklich ein unzuverlässiger Typ, der fröhlich sein Leben lebt und nicht bereit ist, irgendwelche Verantwortung zu übernehmen? Warum sagt er dann nicht ehrlich, daß er nicht bereit ist, mir zu helfen?

Vielleicht ist er also gar nicht unzuverlässig, sondern einfach nicht hilfsbereit, hat aber nicht die Kraft, dies offen zu sagen? Ist er krank oder depressiv? Ist er nicht zuverlässig, weil er durch andere Aufgaben überfordert wird? Es gibt Menschen, die sich alles aufhalsen lassen, auch wenn das gar nicht zu schaffen ist. Das erlebt man bei manchen Handwerkern, die Termine versprechen, obwohl sie angesichts ihrer Arbeitsüberlastung von vornherein wissen, daß sie ihre Zusage nicht einhalten können.

Nur wenn Sie herausfinden, welche Faktoren für das Verhalten eines Menschen eine Rolle spielen, werden Sie ihn soweit erfassen, daß Sie auch sein zukünftiges Verhalten mit einer gewissen Sicherheit voraussagen können. Da sich verschiedene Menschen in der gleichen Situation unterschiedlich verhalten, ist es schwierig, Gemeinsamkeiten zu finden. Solche Generalisierungen bringen aber auch nichts. Selbst wenn man weiß, wie sich die meisten Menschen in einer bestimmten Lage verhalten werden, hängt es doch von der Persönlichkeit des einzelnen ab, wie gerade *er* sich verhält.

Die Verhaltensbeobachtung in verschiedenen Situationen gewinnt an Gewicht, wenn man berücksichtigt, daß die meisten Menschen viel dazu beitragen, gerade *die* Situation zu schaffen, die ihrem Verhalten entspricht. Jemand, der sehr gern ausgelassen und fröhlich unter Menschen ist, wird sich eine Gruppe suchen, in der er seine Gefühle ausleben kann. Er wird dann vielleicht Mitglied eines Kegelklubs werden, gemeinsam mit anderen wandern oder eine sonstige gesellige Umgebung suchen. Wer ständig Selbstbestätigung braucht, der wird ein Hobby haben, bei dem er immer wieder bis an seine äußerste Grenze gehen muß. Bergsteigen, Wildwasserfahrten, Abenteuerreisen werden ihm dazu Gelegenheit geben.

Die Gedanken, die ein Mensch hat, seine Einstellung zum Leben, werden dazu führen, daß er immer wieder in Situationen kommt, die er braucht, ja, daß er geradezu diese Situationen schafft. Wenn Sie das erkennen, sind Sie ein ganzes Stück beim Erwerb grundlegender Menschenkenntnis weitergekommen.

Die Bedeutung der Rolle für das Verhalten

Das Verhalten in verschiedenen Situationen hängt weitgehend von der Rolle ab, die der einzelne Mensch spielt. Der Begriff *Rolle* ist der Welt der Schauspieler entnommen. Auch im Alltag spielt jeder eine Rolle, ja nicht nur eine, sondern mehrere. Viele Rollen werden von der Gesellschaft oder der Gruppe, in der man eine bestimmte Position einnimmt, vorgeschrieben oder zumindest nahegelegt. Die Gesellschaft schreibt sogar die Rolle vor, die man in der Freiheit zu spielen hat.

Je individualistischer ein Mensch veranlagt ist, desto drückender empfindet er die Einengung seines Verhaltens durch das soziale System, dem er angehört. Je nach Position sind die Regeln für eine Rolle mehr oder weniger starr und zahlreich. Der Präsident eines Landes hat diese Rolle gesucht und muß sie konsequent ausfüllen, wenn ihn die Öffentlichkeit akzeptieren soll. Ein berühmter Tennisspieler lebt von seiner Rolle. Er hat sie vermarktet; je besser er sie spielt, um so mehr verdient er. Für einen Arbeiter ist die Rolle einfacher. Sein Privatleben ist für seine Rolle als Arbeiter nicht von

Bedeutung. Entscheidend ist nur, daß er pünktlich an seiner Arbeitsstelle erscheint, seine Arbeit ordentlich ausführt und mit den Kollegen und Vorgesetzten auskommt.

In früheren Jahrhunderten waren die Erwartungen an eine Rolle noch viel strenger als heute. Wer einem bestimmten Stand angehörte, mußte sich in seinem Rollenverhalten nach Standesvorschriften richten. Kleidung, Benehmen, Heirat und so weiter waren festgelegt. Zwar werden heute viel weniger Ansprüche an ein Rollenverhalten gestellt, aber trotzdem muß jeder Mensch verschiedene Rollen übernehmen. Komplikationen ergeben sich daraus, daß nicht jeder so einfach von einer Rolle in die andere schlüpfen kann. In manche Rollen wird man hineingeboren, andere ergeben sich aus der erreichten Position im sozialen System. Manche Menschen lieben ihre Rolle, andere spielen sie widerwillig. Meist nimmt aber das Leben wenig Rücksicht auf die Erwartungen und Wünsche des einzelnen Menschen im Hinblick auf die von ihm auszufüllende(n) Rolle(n) – es sei denn, er vermag kraft seiner Persönlichkeit die vorgegebenen Klischeevorstellungen zu überwinden und dem Leben, das er führt, seinen eigenen Stempel aufzuprägen. Das wäre zugleich eine sehr klare Information über die Persönlichkeit dieser Menschen.

Widersprüche in einem Charakterbild ergeben sich häufig daraus, daß jeder Mensch unterschiedliche Rollen spielen muß und dementsprechend verschiedene Eigenschaften zeigt. Jede Rolle erfordert eine bestimmte Verhaltensweise. Auch der Schauspieler, der eine Rolle darstellt, versucht, sie ganz auszufüllen und lebendig werden zu lassen. Wenn eine Rolle einen Menschen nicht befriedigt, dann versucht er, in einer anderen einen Ausgleich zu finden. Der Mann, der im Beruf bei einer kaufmännischen oder Verwaltungstätigkeit wenig Erfolg hat, wird vielleicht im Sportverein als Vorsitzender oder als wortgewandter Unterhalter im privaten Kreis viel wirkungsvoller brillieren.

Aus dem Rollenverhalten ergibt sich also ein unterschiedliches Verhalten in verschiedenen Situationen.

Es gibt einen konstanten Anteil charakteristischer Eigenschaften

Die bisherigen Ausführungen sollen *nicht* zu dem Trugschluß verleiten, daß das Verhalten *allein* von der jeweiligen Situation abhängt. Hinter dem unterschiedlichen Verhalten gibt es stets etwas Konstantes. Dieses *Konstante* drückt sich schon in einem Grundstil des Verhaltens aus. So können Sie zwar Situationen beobachten, in denen sich ein bestimmter Mensch ganz anders verhält, als Sie es von ihm kennen. Wenn Sie jedoch der Sache nachgehen, werden Sie sicherlich die Ursachen für dieses außergewöhnliche Verhalten herausfinden. Beobachten Sie ihn aber längere Zeit, dann erkennen Sie, daß er in den meisten Fällen nach einem bestimmten Stil vorgeht. Hinter diesem *Grundstil* verbergen sich seine *festen Charaktereigenschaften.*

Bestimmte Charaktereigenschaften sind bei einem Menschen stärker ausgeprägt, andere weniger. Sie führen dazu, daß seine Verhaltensweisen konstant sind, von einem einheitlichen Grundstil geprägt. Es gibt sogar Menschen, bei denen bestimmte Eigenschaften dominieren. Ordentliche Menschen können zu Ordnungsfanatikern werden und ihren Mitmenschen das Leben schwermachen. Die Tugend der Sparsamkeit kann in Geiz umschlagen. Ein solches zwanghaftes Verhalten kann für den einzelnen zur Katastrophe werden – wie bei jener Frau, die nicht in der Lage war, sich von irgendwelchen Dingen zu trennen: Die Nutzfläche ihrer Wohnung wurde immer kleiner, denn überall stapelten sich zum Teil völlig wertlose Dinge: Flaschen, alte Zeitungen, nichts, aber auch nichts konnte sie wegwerfen. Sie litt unendlich unter diesem zwanghaften Verhalten.

KAPITEL 3

Was prägt die Persönlichkeit?

Der wesentliche Kern des Menschen

Die Menschenkenntnis – die systematisch fundierte und die spontan-intuitive – soll helfen, den Charakter und die Persönlichkeit eines Menschen zu erfassen und zu ergründen. Das Wort *Charakter* kommt aus dem Griechischen und bedeutet Einprägung. Charakter ist also die Einprägung, der Stempel des Menschen. Ein Stempel sagt immer etwas Wesentliches aus, zum Beispiel über Namen, Vornamen, Titel, Adresse, Telefonnummer eines Menschen oder Firmennamen, Art der Firma, Adresse, Telefonnummer eines Unternehmens. Der Stempel ist etwas relativ Unveränderliches.

Ähnlich ist es mit dem Charakter des Menschen. Er ist das, was das Wesen des Menschen ausmacht, was angeboren und im Lauf des Lebens entwickelt und fest eingeprägt worden ist: die Eigenschaft, der Lebensstil, die Grundstruktur des Individuums.

Das Wort *Persönlichkeit* kommt aus dem Lateinischen. *Persona* bedeutete ursprünglich die Maske des Schauspielers, durch die dessen Stimme hindurchtönte (= *per-sonare*). Diese Maske verkörperte bestimmte Eigenschaften, die der Spieler darstellte. Später wurden mit der Maske auch die Eigenschaften des Spielers selbst bezeichnet, also die Persönlichkeit eines Menschen.

Man weiß, daß Menschen sich im täglichen Leben je nach Situation unterschiedlich verhalten. Wenn ich einen Menschen in einer bestimmten Situation beobachte, dann kann ich daraus noch nicht auf seinen Charakter schließen. Erst wenn er sich in vielen Situationen gleich verhält, läßt dies Rückschlüsse zu. Auch die Körpersprache sagt noch nichts Endgültiges über seine Charaktereigenschaften. Die Körpersprache ist eine nonverbale Kommunikation.

In ihr drücken sich Gedanken, Motive, Wünsche und Gefühle im Augenblick der Kommunikation aus. Ohne Zweifel verrät die *Körpersprache mehr als tausend Worte* (47), und sie sollte deshalb von jedem Menschenkenner intensiv studiert werden. Aber auf den Charakter eines Menschen als Ganzes kann man aus ihr noch nicht ohne weiteres Schlüsse ziehen.

Der Charakter ist die Mischung verschiedener Eigenschaften. Unter Normalbedingungen wird je nach Situation die eine oder andere Eigenschaft stärker zum Ausdruck kommen. Fast sieht es so aus, als gäbe es keinen inneren Kern, keine innere Konsistenz des Menschen, als hänge alles von der Situation ab. In Wirklichkeit gibt es aber doch so etwas wie eine innere Persönlichkeit. Von dieser hängt es ab, welche Eigenschaften wann und wie zum Vorschein kommen. Diese stabilen Persönlichkeitscharakteristika bestimmen die Grenzen des Verhaltens in unterschiedlichen Situationen.

Besonders deutlich kommen die dauerhaften Elemente der Persönlichkeit in Extremsituationen zum Ausdruck. Wenn Sie einmal erfahren haben und wissen, wie sich ein bestimmter Mensch in solchen Ausnahmesituationen verhält, erkennen Sie seine prägenden Charaktereigenschaften und können sich ein gutes Bild von ihm machen. Wie verhält sich zum Beispiel ein Mensch in einer großen Not- oder Gefahrensituation? Wird seine Hilfsbereitschaft anhalten, auch wenn es ihm selbst nicht so gut geht? Wird er oder sie dann auch nach vielen Ehejahren noch der zuverlässige Partner oder die zuverlässige Partnerin sein? Die grundsätzliche Frage lautet also: *Was prägt die Persönlichkeit?*

Die Persönlichkeit ist – vereinfacht ausgedrückt – das Produkt von Erbe und Umwelt. Die Konstitution des Menschen, sein Körperbau und sein Temperament, beruhen weitgehend auf den Erbanlagen, sind jedoch in gewissen Grenzen veränderlich. Das Temperament zum Beispiel kann durch medizinische Eingriffe, durch Ernährung oder durch die Drüsen mit innerer Sekretion beeinflußt und verändert werden. Die wichtigsten Einflüsse aber werden schon vor der Geburt wirksam.

Prägungen vor der Geburt und in den ersten Lebensjahren

Nach neuesten Erkenntnissen der Wissenschaft beginnt das seelische Leben des Menschen bereits im Mutterleib. Dort nimmt das Ungeborene am Leben der Mutter und an ihrer Umwelt teil. Es kann mindestens ab dem sechsten Monat hören, auch in gewissem Umfang sehen und schmecken. Vor allem nimmt es Gefühle wahr. Die seelischen Empfindungen der Mutter werden von dem Ungeborenen registriert, und sie prägen sich tief in die Persönlichkeit ein. Die spätere Entwicklung der Persönlichkeit und damit das Schicksal des Menschen werden so in hohem Maße vorbestimmt.

Das ungeborene Wesen, der Fötus, ist im Mutterleib – geschützt – nicht nur körperlicher Teil der Mutter. Zwischen ihm und der Mutter besteht auch eine sehr enge seelische Verbundenheit. Viele Informationen erhält der Fötus über das Blut der Mutter. Wir wissen, daß Streß beim Menschen zur Ausschüttung bestimmter Hormone führt. Angst zum Beispiel ist ein sehr starker Streßfaktor. Eine Mutter, die Angst hat, gibt diese Angst über die ausgeschütteten Hormone an ihr ungeborenes Kind weiter. Informationen kommen außerdem aus dem Stoffwechsel der Mutter, so daß das Kind von Einflüssen der Ernährung, von Giften, wie Nikotin oder Alkohol, indirekt betroffen wird.

Der Fötus kann aber auch schon Informationen direkt aufnehmen. Wie Versuche gezeigt haben, hat er bereits einen ausgebildeten Geschmack und ist empfindlich für Licht. Vor allem kann er hören. Er hört die Geräusche im Mutterleib, das Knurren des Magens oder der Därme, den Schlag des Herzens, Stimmen von außen. Und was noch erstaunlicher erscheint, er hört nicht nur die Stimmen, er erkennt auch, was diese Stimmen aussagen, denn er spürt die Gefühle, die die Worte begleiten.

Das Kind fühlt also den seelischen Zustand der Mutter: Angst, Kummer, Sorgen, Glück, Liebe ... Besonders die Liebe der Mutter zu dem ungeborenen Kind wirkt sich wie ein Schutz aus. Andauernde Gefühle üben den stärksten Einfluß auf das ungeborene Kind aus. Positive ebenso wie negative Gefühle der Mutter, ihre ganze Einstellung gegenüber dem Kind, werden von diesem wahrgenommen und prägen sich in seine Persönlichkeit ein. Auch die Empfindungen des Vaters für Mutter und Kind haben einen großen Einfluß auf die Schwangerschaft und das Ungeborene.

Dr. med. THOMAS VERNY (49), dessen Forschungen sich mit dem Seelenleben des Ungeborenen befaßten, nennt diese Art der Informationsübertragung empathische Kommunikation. Bei Gefühlen wie Liebe oder Gelassenheit besteht anscheinend keinerlei biologische Verankerung, trotzdem übertragen sich diese Gefühle auf das Ungeborene. Die empathische Kommunikation ist vermutlich eine Sonderform der Intuition.

Das Ungeborene ist offen für jede Information und deshalb allen Einflüssen ausgeliefert. Deswegen graben sich die Erlebnisse im Mutterleib besonders tief in die Psyche ein; die Grundstruktur des späteren Charakters wird damit entscheidend beeinflußt.

In welcher Weise wirken sich die Erfahrungen vor der Geburt auf den Charakter des Menschen aus? Einige Beispiele sollen das deutlich machen. Wenn sich die Angst der Mutter auf das Ungeborene überträgt, dann zeigt sich dies meist in einer gesteigerten Unruhe und starken Bewegungen des Fötus. Beobachtungen zeigen, daß diese Kinder im späteren Leben häufig ängstlich sind. Sie halten sich abseits von anderen Kindern und sind Erwachsenen gegenüber äußerst schüchtern. In der Therapie von Menschen mit starken Ängsten kann man sehr häufig feststellen, daß diese Ängste von der Mutter übertragen wurden. Ein erwachsener Mensch weiß natürlich nicht, was er im Mutterleib erfahren hat. Wenn er seine Mutter als ängstlichen Menschen kennt, kann er höchstens annehmen, daß er die Angst von seiner Mutter »gelernt« hat. Versetzt man aber einen solchen Menschen in der Hypnose oder mit anderen Methoden in die vorgeburtliche Phase zurück, dann erlebt er wieder diese Gefühle der Angst, und er weiß genau, woher sie kommen.

Die positive Einstellung der Mutter zu ihrem Kind ist mitentscheidend für die spätere Sicherheit und das Selbstvertrauen des Menschen. Eine Mutter, die ihr Kind annimmt, sich auf das Kind freut, es voller Liebe erwartet, zeigt diesem, daß es auf dieser Welt willkommen ist und bereitet damit den Boden für seine spätere emotionale Sicherheit vor.

Die stärksten Eindrücke erfolgen sicher zum Zeitpunkt der Geburt. Die Geburt ist für jeden Menschen ein schockartiges Erlebnis. Aus der warmen Welt im Mutterleib wird das Kind herausgepreßt, es erleidet Schmerzen und das Gefühl der Enge oder Angst. Das Wort Angst gehört im Sinne von Enge und Beklemmung zu der Wortgruppe von »eng«. Auch das lateinische Wort *angustus* bedeutet eng. Die Kälte nach der Geburt, das grelle Licht, die harten Reize an der empfindlichen Haut – all diese Gefühle prägen sich für immer ein. Hinzu kommen noch Botschaften, die manchmal großen Schaden anrichten und die vermeidbar wären: Ärzte und Schwestern unterhalten sich und lassen Bemerkungen fallen, die vom ungeborenen Kind aufgenommen und in dessen Unterbewußtsein gespeichert werden.

Ein Kind erkrankte schon kurz nach der Geburt an einem Magenpförtnerkrampf. Diese Erkrankung drückt sich so aus, daß der Magenpförtner am Magenausgang sich verkrampft, sobald Speise aufgenommen wird. Da die Nahrung nicht passieren kann, wird sie in großem Schwall erbrochen.

Dies ist lebensgefährlich; das Kind würde bald an Unterernährung sterben, wenn es nicht künstlich ernährt oder durch Medikamente so beruhigt werden könnte, daß kleine Mengen der Nahrung, die in kurzen Abständen gefüttert werden müssen, doch im Körper bleiben. Die Ursache ist seelischer Art.

Viele Jahre später wollte die inzwischen erwachsene junge Frau wissen, was ihre damalige Krankheit verursacht haben könnte. Der Therapeut ließ sie in Hypnose ihren Geburtsvorgang wiedererleben. Da das Unterbewußtsein alle wichtigen Informationen im menschlichen Leben speichert, ist es möglich, solche einschneidenden Ereignisse wie den Geburtsvorgang in der Trance wieder lebendig werden zu lassen.

Die Bilder, die vor ihrem geistigen Auge auftauchten, waren so deutlich, als würde sie die Geburt in Wirklichkeit wieder erleben.

Und selbst jetzt, in der Erinnerung, wirkten sie wie ein Schock. Das erste, was sie in der Rückführung sah, als sie geboren wurde, waren böse Augen. »Sie schauen mich ganz böse an, ich habe Angst«, sagte sie. Von ihrer Mutter erfuhr sie später, daß der Geburtsvorgang sehr lange gedauert hatte. Eine künstliche Beschleunigung der Entbindung war in den sechziger Jahren noch nicht allgemein üblich gewesen. Waren die Krankenschwestern oder die Hebamme ungeduldig geworden? Hatten sie deshalb »böse« geschaut? Das Neugeborene bezog die bösen Blicke jedenfalls auf sich. Das Unterbewußtsein ist nicht in der Lage, abzuwägen und zu deuten, was gemeint sein könnte. Das Kind spürte nur, daß es in diesem Leben nicht mit Liebe empfangen wurde. Der allererste Eindruck war negativ und wirkte so stark, daß auch spätere ausgleichende Gefühle der Mutter ihn nicht zu löschen vermochten.

Welche Prägungen sich aus der Geburt ergeben, hängt von der Art der Geburt ab. Eine sanfte Geburt, wie sie nach den Anleitungen des Frauenarztes, Geburtshelfers und Verfechters einer Geburt ohne Gewalt Dr. FRÉDÉRICK LEBOYER praktiziert wird, wird sich positiv auswirken. Das Kind spürt die Liebe und Zärtlichkeit. Es wird sofort nach der Geburt auf den Bauch der Mutter gelegt, noch ehe die Nabelschnur abgetrennt wird. So entsteht das Gefühl des Angenommenwerdens und der Sicherheit.

Eine Zangengeburt ist für das Kind eine sehr schmerzliche Erfahrung. Dr. MORRIS NETHERTON, der bekannte amerikanische Psychotherapeut, berichtet von einem Mann, der als Folge einer Zangengeburt sein ganzes Leben lang bei bestimmten Gelegenheiten Kopfschmerzen bekam. Eigenartigerweise stellten sich die Schmerzen immer dann ein, wenn es ihm gut ging. Es stellte sich heraus, daß bei der Zangengeburt der Arzt laute Kommentare abgegeben hatte. »Es geht gut, alles geht gut«, das waren so ungefähr seine Worte. Das Unterbewußtsein des Babys nahm einerseits die Schmerzen wahr und hörte andererseits die Worte, die so gar nicht zu dieser Empfindung paßten. Aber das Unterbewußtsein kann keine logischen Schlußfolgerungen ziehen. So verknüpfte es die positiven Aussagen »es geht gut« mit dem Schmerz am Kopf. Immer, wenn es später dem Mann gut ging, kamen die im Unterbewußtsein gespeicherten Erfahrungen wieder. Getreu der alten Programmierung bekam er Kopfschmerzen.

Ein besonderes Problem ist der Kaiserschnitt. Durch den Kaiserschnitt wird der normale Geburtsvorgang mit allen körperlichen Reizen vermieden. Menschen, die mit einem Kaiserschnitt zur Welt kamen, haben meistens ein starkes Bedürfnis nach körperlichem Kontakt, nach Berührung.

Ein weiteres Beispiel soll zeigen, wie sich die Geburt auf das spätere Leben des Menschen auswirken kann. Ein junger Mann kam mit sich selbst nicht zurecht. Er hatte Probleme in der Schule, vor allem aber Probleme mit anderen Menschen. Auf der einen Seite suchte er Kontakt, brauchte Menschen um sich, auf der anderen Seite hatte er das Gefühl der Isolierung, so als sei er nicht ganz anwesend. Als ich ihn in den Zustand vor der Geburt zurückversetzte, erlebte er den Kummer seiner Mutter. Die Eltern seines Vaters lehnten die Mutter ab und ließen es sie sehr deutlich spüren. Das ungeborene Kind spürte das Leid der Mutter und hatte nur den einen Wunsch, schnell geboren zu werden, um ihr zu helfen. Als Folge der Frühgeburt wurde es sofort in den Brutkasten gelegt. Es erlebte nicht die erste so wichtige Berührung der Mutter. Im Brutkasten war es warm. Das Baby wurde ernährt, aber es war allein, isoliert. Durch das Glas hörte es Stimmen, wußte aber nicht, wo sie herkamen. Ein irrealer Zustand!

Im ersten Lebensjahr wird die Wurzel des Vertrauens gelegt und damit eine wichtige Basis für die Entwicklung der Persönlichkeit geschaffen. Wie Mutter und Vater sich dem Kind widmen, ob es sich seiner Natur nach entwickeln kann oder nach einem bestimmten Muster erzogen wird, wieviel Aufmerksamkeit es erhält, wieviel Liebe und Zärtlichkeit es spürt, all das wirkt sich auf sein späteres Leben aus.

Lebensstufen und Weltbild

Es ist leicht zu erkennen, daß kein Mensch dem anderen gleicht. Wir brauchen uns nur einmal aufmerksam in dieser Welt umzusehen. Abgesehen vom Äußeren gibt es eine Vielfalt von Eigenschaften. Denken, Handeln und Fühlen sind unterschiedlich. Jeder Mensch ist eine Welt für sich. Es gibt viele Versuche, die Menschen nach bestimmten Gesichtspunkten zu ordnen, zu klassifizieren, zu typisieren. Die Aussagekraft dieser Versuche ist verhältnismäßig gering. Erfolgversprechender ist es meiner Meinung nach, wenn wir nach den *Lebensstufen* und dem *Weltbild* eines Menschen fragen. Ich halte diese Frage für besonders wichtig, wenn es darum geht, den wahren Kern eines Menschen kennenzulernen.

Jeder Mensch befindet sich in diesem Leben auf einer anderen geistigen Entwicklungsstufe. Auf der einen Seite gibt es den Menschen, der völlig den materiellen Dingen verhaftet ist. Er sucht sein Glück in der äußeren Welt. Sein Ego ist sehr stark. Geld, Besitz, Status sind für ihn wichtig. Sein Denken kreist darum, wie man mehr schaffen, mehr leisten, vielleicht auch mehr genießen kann.

Das andere Extrem ist der Mensch, der spirituell entwickelt ist, für den das Streben nach geistigen Werten im Vordergrund steht. Nicht, daß materielle Werte für ihn keine Bedeutung hätten. Aber für ihn sind sie einfach Dinge, die wir in dieser Welt zwar zum Leben benötigen, die uns aber der Wahrheit nicht näherbringen. Die Suche nach der Wahrheit, nach dem Sinn des Lebens und der Versuch, sich selbst zu finden und zu verwirklichen, sind für diese Menschen allein wichtig.

Die meisten Menschen befinden sich irgendwo zwischen diesen beiden Polen. Diese Standortbestimmung ist keine Wertung. Jeder Mensch hat seine eigene Aufgabe in diesem Leben, und er kann diese Aufgabe nur erfüllen, wenn er seinem Lebensziel entsprechend lebt. Menschen, die eindeutig auf der einen oder anderen Seite der Entwicklung stehen, werden mit ihrem Leben am besten fertig. Der aktive Sportler, der den Pokalen nachjagt, der Feinschmecker, der stundenlang fährt, um in den besten Restaurants des Landes erlesene Speisen zu genießen, der Manager, für den der Umsatz und sonst nichts eine Leitfunktion hat – diese Menschen kommen selten auf den Gedanken, daß etwas anderes im Leben wichtiger sein könnte. Dies gilt zumindest so lange, wie sie leistungsfähig, jung und gesund sind. Natürlich trifft dies nicht auf jeden Sportler oder jeden Manager zu.

Dann gibt es aber auch Menschen, für die der materielle Besitz und das Streben nach Wohlstand, nach Erfolg, nach Macht völlig unwichtig sind. Sie beschäftigen sich mit geistigen Dingen, sie suchen die Wahrheit, den Weg zur spirituellen Weiterentwicklung. Viele dieser Menschen haben die gleichen Berufe wie andere auch. Sie arbeiten zuverlässig und erfüllen ihre Pflichten in dieser Welt. Ihr wirkliches Streben aber gilt den Dingen, die nicht vergänglich sind, die nicht von dieser Welt sind. Man trifft sie nicht in Seminaren, die das bessere Verkaufen lehren, sondern in Seminaren, die sich Fragen der Lebensphilosophie widmen. Ihr Fernseher ist nicht so häufig eingeschaltet, und die Bücher, die sie lesen, sind nicht für jeden verständlich. Ihr Ego verlangt nicht, daß sie Andersdenkende von der Richtigkeit ihrer Erkenntnis überzeugen. Sie wissen, daß jeder Mensch in dieser Welt seinen eigenen Weg gehen muß.

Man findet diese spirituell entwickelten Sucher keineswegs nur auf den Höhen des Himalaya, in Höhlen, Klöstern oder an anderen heiligen Stätten. Für sie gilt der Ausspruch RALPH WALDO EMERSONS: »Es ist leicht, in der Welt nach der Welt-Meinung zu leben; es ist leicht, in der Einsamkeit nach unserer Meinung zu leben; aber groß ist der Mensch, der mitten im Gewühl in vollkommener Frische die Unabhängigkeit der Einsamkeit bewahrt.«

Häufig war auch für diese Menschen der erste Teil ihres Lebens materiell orientiert. Irgendwann aber, meist nach dem Überschreiten der Lebensmitte, kam der Durchbruch, und ihr Bewußtsein änderte sich.

Am schwersten haben es die Menschen, die sich genau in der Mitte zwischen den beiden Polen befinden. Sie werden hin und her gerissen, sind unausgeglichen und schwankend. Es sind die

Menschen, die heute voller Glück sind und sich morgen in der tiefsten Depression befinden.

Je nach seinem Standort ist für den einzelnen Menschen das Weltbild anders, werden andere Werte für ihn von Bedeutung sein. Die Einstellung zum Leben, die Ziele, die Lebensphilosophie hängen von dieser Entwicklungsstufe ab. Lassen Sie mich das am Beispiel des spirituell entwickelten Menschen verdeutlichen:

Für ihn besteht das Glück nicht in einer guten Arbeitsstelle, einem guten Gehalt und all den schönen Dingen des Lebens. Für ihn bedeutet dieses Verhaftetsein an materielle Dinge eine negative Illusion. Auf Dauer kann man nichts in dieser äußeren Welt besitzen. Es gibt keine Sicherheit, denn alles ist im ständigen Wandel. Ohne geistige Erfahrung ist das Leben langweilig. Trotzdem ist dieser materielle Aspekt, das Körperliche, die äußere Welt notwendig in diesem Leben.

Wie wird sich dieser spirituelle Mensch voraussichtlich im praktischen Leben verhalten? Er wird tolerant sein, denn er weiß, daß jeder sich auf einer anderen Entwicklungsstufe befindet. Man kann einen anderen Menschen nicht ändern, man kann nur sich selbst ändern. Er wird Leid, Krankheit, Ungerechtigkeit, Armut gefaßter ertragen als andere Menschen und ohne mit dem Schicksal zu hadern. Das heißt nicht, daß es ihm leichter fällt. Auch er leidet und fühlt sich schlecht. Aber er versteht den Sinn, der hinter diesen Erfahrungen steckt.

Er wird andere Menschen nicht von vornherein verurteilen, sondern ihnen Vertrauen entgegenbringen, auch auf die Gefahr hin, daß er sich täuscht. Deswegen wird er weniger aggressiv oder feindselig sein. Sicher wird er auch nicht versuchen, andere Menschen auszunutzen oder zu unterdrücken, zu kränken, zu verletzen. Im Gegenteil, er wird Verständnis für das Schicksal seines Nächsten haben und sich nicht für besser halten. Er weiß, daß jeder Mensch seinen Platz im Leben hat, daß jeder seine eigenen Erfahrungen machen muß, die ihm keiner abnehmen kann. Er wertet nicht nach unseren materiellen oder gesellschaftlichen Gesichtspunkten. Intelligenz, materieller Besitz, Erfolg hat nichts mit der

Entwicklung und der geistigen Qualität eines Menschen zu tun. Wer Fehler macht, muß diese machen, um daraus zu lernen. Wer keine macht, wem es besser geht, wer klüger oder reicher ist, der ist keineswegs mehr wert. Er steht nur an einer anderen Stelle.

Wenn Sie also einem Menschen begegnen, der dieses Weltbild hat, dann können Sie ihn und sein künftiges Verhalten gut einschätzen. Allerdings gehört eine große Vertrautheit dazu, um die Lebenseinstellung einer fremden Person kennenzulernen. Ebenso ist es schwer, abzuschätzen, welche Anteile überwiegen, wo genau also diese Person auf der langen Leiter angekommen ist. Trotzdem sollten wir versuchen, eine Antwort auf die Frage nach dem Weltbild zu finden.

Lebensenergie – Kraftquell der Persönlichkeit

Wenn man untersucht, warum manche Menschen erfolgreicher sind als andere, dann fällt eine Eigenschaft auf, die den Erfolgreichen vom weniger Erfolgreichen unterscheidet. Bei erfolgreichen Persönlichkeiten spüren wir eine besondere Ausstrahlung, die zu einem großen Teil aus einer überdurchschnittlich starken Lebensenergie hervorgeht.

Menschliche Energie zeigt sich auf verschiedenen Ebenen. Am auffallendsten ist die *körperliche Energie.* Wir bewundern die körperliche Leistungsfähigkeit von Spitzensportlern, die für ihre Leistungen schier unglaubliche Energien mobilisieren können. Aber auch bei anderen Menschen, Geschäftsleuten, Politikern oder Forschern zum Beispiel, stellen wir mit Bewunderung fest, daß ihre Kraftreserven unerschöpflich zu sein scheinen.

Energie kann sich auch im Gefühlsbereich auswirken. Die ergreifende Szene des Schauspielers, die alles in uns aufwühlt, das Konzert eines großen Meisters oder die Kunst eines begnadeten Malers – überall zeigt sich die Verkörperung *emotionaler Energie.*

Die dritte Form der uns bekannten Energie ist die *geistige Energie.* Menschen mit großer geistiger Energie scheinen viel intelligenter zu sein als der Durchschnittsmensch, der ihre Leistungen häufig nicht einmal verstehen kann.

Manche Menschen aber haben keine außergewöhnliche körperliche, emotionale oder geistige Kraft, und doch heben sie sich von anderen durch ihre persönliche Ausstrahlung ab. Was auch immer diese Ausstrahlung ausmacht, die wichtigste Quelle für sie ist die *Lebensenergie.* Jeder von uns hat diese Lebensenergie, aber nicht jeder im Übermaß. Menschen, die wenig Lebensenergie haben, wirken matt, apathisch, teilnahmslos, kaum ansprechbar, depressiv. Wenn wir gesund sind und voller Unternehmungslust, wenn uns das Leben Freude macht, dann fühlen wir uns voller Energie.

Vielleicht könnten auch Sie, wie so viele andere in der westlichen Welt, mit dem Begriff Lebensenergie nichts anfangen, obwohl viele Zustände unseres Lebens mit dem energetischen Geschehen zu tun haben. Mit Begriffen wie »Abwehrkräfte«, »Widerstand« oder »kräftige Reaktion« gehen wir täglich um. Wir machen uns aber nicht klar, daß diese Begriffe nur dann einen Sinn haben, wenn wir das Vorhandensein einer Lebensenergie in jedem Körper annehmen.

In anderen Kulturkreisen gehört die Vorstellung einer universellen Kraft, eben einer Lebenskraft, zum täglichen Leben. Diese Kraft hatte und hat verschiedene Namen. Die Ägypter nannten sie *Ka,* die Chinesen nennen sie *Ch'i,* die Japaner *Ki,* die Inder *Prana,* auf Hawaii hieß sie *Mana,* bei den Germanen war es das *Od,* der große Arzt der Antike, HIPPOKRATES, nannte sie *Vis medicatrix naturae,* der deutsche Arzt FRIEDRICH ANTON MESMER (1734–1815) sprach vom *tierischen oder animalischen Magnetismus,* der Psychoanalytiker WILHELM REICH vom *Orgon.*

Besonders bekannt wurde bei uns das Energiekonzept aus China. Seit alten Zeiten gibt es dort die Vorstellung von der Lebenskraft Ch'i. Ch'i fließt in einem System von zwölf Bahnen, sogenannten Meridianen, durch den Körper. Diese Meridiane haben nichts mit Blutgefäßen oder Nervenbahnen zu tun; sie sind aber elektrisch meßbar. Ein gleichmäßiger Fluß bedeutet, daß die Energie allen Organen in ausreichender Menge zur Verfügung steht.

Er bedeutet Gesundheit und Vitalität. Ein Mangel an Ch'i oder ein Ungleichgewicht in den verschiedenen Meridianen aber führt zu Störungen, zur Schwäche, zur Krankheit. Auf dieser Erkenntnis basiert das System der Akupunktur. Der chinesische Arzt sticht an bestimmten Punkten auf den Meridianlinien Nadeln ein, um den Energiestrom auszugleichen.

Für Energiemangel gibt es mehrere Ursachen. Manche Menschen leben nicht nach ihren Möglichkeiten. Sie kennen ihre Grenzen nicht und wollen mehr leisten, als ihrem Energiepotential entspricht. Für sie gilt der Ausspruch »Wer sich nicht nach der Decke streckt, dem bleiben die Füße unbedeckt« als Mahnung. Andere wiederum vergeuden Energie. Sie arbeiten unrationell und uneffektiv. Sie leben nicht nach ihrem natürlichen Rhythmus.

Sehr häufig ist der Energiefluß blockiert. Es ist an sich genügend Energie da, aber sie fließt nicht oder zur falschen Stelle. Die Ursache ist meist seelischer Art. Neurotische Konflikte – mit ihren Symptomen wie Anspannung, Ärger, Angst – negative Suggestionen oder sinnlos erscheinende Arbeit führen zu Spannungen, die einen großen Teil der Energie verbrauchen. Der Zusammenhang mit dem Streßgeschehen ist offensichtlich.

Manchmal wird auch Energie nicht ausreichend erzeugt. Die Ursache kann im falschen Atmen liegen. Auch fehlerhafte Ernährung oder mangelnde körperliche Betätigung können dazu beitragen.

Nicht übersehen darf man allerdings, daß es bis zu einem gewissen Grad angeboren ist, ob ein Mensch viel oder wenig Lebenskraft hat. So muß manch ein Mensch sein ganzes Leben lang um genügend Energie ringen. Seine Batterie ist immer wieder leer und muß neu geladen werden. Andere sind glücklicher dran und können aus dem vollen schöpfen; und selbst wenn sie sich einmal energielos fühlen, dauert es nur kurze Zeit, bis sie sich wieder aufgeladen haben.

Wir können also davon ausgehen, daß das Energiepotential eine große Aussagekraft hat. Menschen mit hohem Energiepotential sind meist leistungsfähiger, besonnener, in kritischen Situationen

Herr der Lage. Es ist wie bei einem Kraftfahrzeug mit hoher Leistung. Auch wenn unter normalen Umständen diese Kraft nicht voll beansprucht wird, so steht sie dem Fahrer zur Verfügung, wenn es darauf ankommt. Er kann schnell beschleunigen und der Gefahr ausweichen.

Wenn allerdings Menschen mit hohem Energiepotential diese Energie nicht lenken können, können sie damit durchaus Schaden anrichten. Zerstörerische Aggressionen sind häufig die Folge, wenn überschüssige Energien danach drängen, sich zu entladen.

Es ist also sehr wichtig, den energetischen Zustand eines Menschen festzustellen, da man daraus wichtige Folgerungen über seine Persönlichkeit und sein voraussichtliches Verhalten ziehen kann. Je stärker Ihre Wahrnehmungskraft entwickelt ist und je besser Sie sich gefühlsmäßig auf den anderen einstellen können, um so leichter wird es Ihnen fallen, sein energetisches Potential abzuschätzen.

KAPITEL 4

Die Struktur der Persönlichkeit

Typen als erste Annäherung zur Persönlichkeitserfassung

Typologien gibt es seit ältesten Zeiten. Auf den griechischen Arzt HIPPOKRATES geht die Lehre zurück, daß man die Menschen nach ihren Körpersäften einteilen könne. Immer wieder wurde versucht, Typologien zu entwickeln und Menschen nach ihren gemeinsamen Merkmalen einzuordnen. In vielen Lehrbüchern der Menschenkenntnis stehen Typen im Mittelpunkt der Ausführungen. Populäre Ratgeber benützen die alten Typenlehren oftmals so, als seien sie eine neuartige Erkenntnis und der Weisheit letzter Schluß. Fragen wir uns deshalb, wie zuverlässig Typenlehren sind und welchen Nutzen sie für uns bringen können.

Nehmen wir an, wir untersuchen eine Gruppe von Menschen danach, ob sie extravertiert oder introvertiert sind. Durch entsprechende Tests bekommen wir Aussagen über die einzelnen Mitglieder dieser Gruppe. Einige Fälle sind einfach einzuordnen. Es sind ausgesprochen extravertierte oder introvertierte Typen. Dann aber stellen wir fest, daß der größte Teil der untersuchten Personen sowohl extravertiert als auch introvertiert ist. Wir erleben ihr Verhalten je nach Situation einmal mehr extravertiert, ein andermal mehr introvertiert. Vielleicht haben wir den Eindruck, daß die eine Eigenschaft stärker ausgeprägt ist als die andere. Wenn wir sie aber einem Extrem zuordnen wollen, haben wir unsere Schwierigkeiten. Wir sind uns nie ganz sicher, ob unsere Entscheidung richtig ist. Unsere Typologie verliert dadurch an Aussagekraft. Die meisten Menschen sind nämlich Mischtypen und können von einer Typenlehre nicht voll erfaßt werden.

Eine Typenlehre beschränkt sich notgedrungen auf wenige

Merkmale. Jeder Autor, der eine Typenlehre entwickelt hat, interessiert sich demnach nur für die Merkmale jener untersuchten Menschen, die in sein Schema passen. Eine Typenlehre kann aber nie das ganze Individuum in seiner vielfältig differenzierten Einzigartigkeit erfassen. Jeder Mensch weicht in vielen Beziehungen von dem durch den Typ dargestellten Durchschnittsmenschen ab. Deswegen versuchen manche Typenlehren eine weite Einteilung. Indem sie die Merkmale weit fassen, können sie mehr Eigenschaften in der Typenlehre unterbringen. Ein Mensch ist also nicht nur extravertiert oder introvertiert, sondern auch ein Denktyp, ein Fühltyp, ein Empfindungstyp oder ein Intuitionstyp. Dann kann man diese vier Eigenschaften noch kombinieren. Das System wird dadurch zwar genauer, aber auch komplizierter und unübersichtlicher. Trotzdem kann das *ganze* Individuum dadurch immer noch nicht erfaßt werden.

Typenlehren sind wichtig für die Wissenschaft. Der eher theoretisch arbeitende Wissenschaftler versucht, Menschen miteinander zu vergleichen und zu Aussagen über Gesetzmäßigkeiten zu kommen. Ihn interessiert nicht der einzelne Mensch mit seinen Eigenschaften, Stärken und Schwächen. Er sieht im Menschen nur den Typus – sonst könnte er nie allgemeingültige Gesetzmäßigkeiten herausarbeiten. Es ist so ähnlich wie in manchen Krankenhäusern, wo die Patienten nach Nummern und Krankheiten eingeteilt werden. Ärzte und Personal sprechen dann vom »Ulcus auf Zimmer 12« und nicht von Herrn Meier oder Frau Müller. Der Mensch dahinter ist kaum von Bedeutung. Das Symptom, die Art der Behandlung, die Medikamente, die er bekommt, alles ist unpersönlich, allein auf den Zweck der optimalen Behandlung ausgerichtet. So ist es für den Autor einer Typologie nur wichtig, daß sich die Menschen in das von ihm erdachte Schema einteilen lassen.

Wozu brauchen wir dann überhaupt in der Menschenkenntnis Typologien? Wozu müssen wir wissen, daß es Choleriker, Sanguiniker, Melancholiker oder Phlegmatiker gibt? Daß ein Mensch leptosom, pyknisch oder athletisch sein kann? Daß er zum Ernährungsnaturell, zum Bewegungsnaturell oder zum Empfindungsnaturell gehört?

Typologien haben durchaus eine Berechtigung, wenn wir nicht mehr von ihnen erwarten, als was sie zu leisten vermögen: nämlich einer ersten Grobraster zum »Sortieren« zu liefern. Das Wissen, das wir beim Studium von Typen erwerben, hilft uns später, das individuelle Wesen des Menschen zu erfassen. Wenn auch Idealtypen nicht wirkliche Personen beschreiben, so sind sie doch Schemata, die helfen, einen Menschen besser verstehen zu lernen. Menschen entsprechen in verschiedenen Graden den Idealtypen. Wenn wir mehrere Typologien kennenlernen, dann erfahren wir, aus welchen charakteristischen Eigenschaften ein Mensch bestehen kann.

In Einzelfällen werden wir vielleicht sogar eine Eigenschaft extrem vertreten sehen. Im Normalfall jedoch werden wir immer eine Kombination aus den verschiedenen extremen Eigenschaften der Typologien finden. Typenlehren können für uns also eine Hilfe sein. Wir sollten uns aber davor hüten, Menschen nur in das starre Korsett einer Typenlehre pressen zu wollen.

Die alte Lehre von den Temperamenten

Beginnen wir mit der ältesten Typologie. Aus dem Altertum stammt die Lehre, daß das Temperament eines Menschen von seinen Körpersäften bestimmt wird. Der Lehre liegt die Vorstellung zugrunde, daß die Natur aus den vier Elementen Erde, Wasser, Luft und Feuer besteht. Diese Einteilung kennen wir aus dem alten Griechenland, aber ebenso in etwas erweiterter Form aus China. Die Elemente sind durch bestimmte Eigenschaften gekennzeichnet.

Die Luft ist warm und feucht. Sie entspricht der Jahreszeit Frühling.

Das Feuer ist warm und trocken und gehört zum Sommer.

Die Jahreszeit der kalten und trockenen Erde ist der Herbst.

Schließlich ist das kalte und feuchte Element Wasser dem Winter zugeordnet.

Da der Mensch Teil der Natur ist, müssen diese Elemente auch in ihm vertreten sein. Auf HIPPOKRATES (460–377 v. Chr.) und seine Schüler geht die Auffassung zurück, daß die Elemente in Form von Körpersäften *(humores)* im Körper vorhanden sind. Je nach ihrer Ausprägung haben wir den Typ des Sanguinikers, des Melancholikers, des Cholerikers oder Phlegmatikers.

Der Sanguiniker entspricht dem Element Luft und dem Körpersaft Blut. Beim Melancholiker mit dem Element Erde herrscht die schwarze Galle vor. Der Choleriker wird vom Element Feuer und der gelben Galle regiert. Und der Phlegmatiker gehört zum Element Wasser und dem Körpersaft Phlegma, seit Hippokrates die Bezeichnung eines kalten und zähflüssigen Körperschleims.

Wenn nun einer dieser Säfte im Körper vorherrscht, dann können wir auch das entsprechende Temperament erwarten, das diesem Saft entspricht. Die moderne Forschung hat gezeigt, daß biochemische Vorgänge im Körper das Temperament eines Menschen wesentlich beeinflussen.

Damit erhält die alte Lehre von den Körpersäften im nachhinein ihre wissenschaftliche Bestätigung.

Sanguiniker, Melancholiker, Choleriker oder Phlegmatiker, das sind Typenbezeichnungen, die die Jahrhunderte überdauert haben. Auch Menschen, die von Typologien nie etwas gehört haben, benutzen diese Begriffe und setzen sie in Beziehung zu bestimmten Eigenschaften, aber auch zur Körperform oder zur Physiognomie einer Person.

Der *Choleriker* hat ein kräftiges Gesicht. Er hat ein *feuriges* Temperament und ist zum Zorn fähig. Wir sagen in der Umgangssprache: »Er spuckt Gift und Galle« oder »die Galle lief ihm über« und verstehen darunter, daß jemand aggressiv ist. Der Choleriker ist leichtblütig mit stärksten Gefühlen, die sowohl lust- wie unlustbetont sein können. Er ergreift gern die Initiative, ist selbstbewußt, aber kritik- und angriffslustig.

Das Gesicht des *Melancholikers* wirkt schlank und zart. Es ist, als würde sich der Melancholiker in sich selbst zurückziehen. Die Augen wirken verhangen. Dieses Temperament ist schwerblütig und unlustbetont, introvertiert, nach innen gerichtet. Er ist sehr empfindlich, zeigt dies aber nicht nach außen. Melancholiker wirken schwer wie die *Erde*, die ihr Element ist. Schwarze Galle, ihr typischer Körpersaft, bedeutet eine verhärtete Galle in Form von Gallensteinen, die schwer und fest sind. Für den Melancholiker ist alles im Leben schwierig und mühselig. Er ist übervorsichtig, umständlich und schwermütig.

Der *Sanguiniker* hat ein klares Gesicht ohne tiefe Linien. Er ist warmblütig. Seine Gefühle sind überwiegend lustbetont.Er ist optimistisch, heiter, positiv. Das Leichte der *Luft* findet sich in seinem Temperament wieder. Er läßt sich von Problemen nicht lange niederdrücken, liebt die Abwechslung, ist spontan und lebhaft. Andererseits hat er Schwierigkeiten durch seine Unbeständigkeit, seine mangelnde Ausdauer, Oberflächlichkeit und seinen starken Unabhängigkeitsdrang.

Das Gesicht des *Phlegmatikers* ist mehr weich und verschwommen. Er wirkt schläfrig, müde, schlapp. Der Phlegmatiker ist kaltblütig, im Gegensatz zum warmen Sanguiniker. Dem kalten, feuchten *Wasser* entspricht die Langsamkeit, die Schwere, ja die Schwerfälligkeit seines Verhaltens. Nichts kann ihn aus der Ruhe bringen. Diese Ruhe aber kann bis zur seelischen Trägheit und Unbeweglichkeit führen. Geduld und Ruhe, Gewissenhaftigkeit, Zuverlässigkeit und Sorgfalt zeichnen den Phlegmatiker aus. Unruhe, Drängen, Hetzen sind ihm zuwider.

Auf der folgenden Seite finden Sie nun die vier klassischen Temperamente, die dazugehörigen Körpersäfte sowie die Elemente und Jahreszeiten, die ihnen zugeordnet werden, mitsamt ihren typischen Merkmalen in einer tabellarischen Übersicht.

Körpersäfte bestimmen das Temperament

Element	Merkmal	Jahreszeit	Temperament	Körpersaft
Luft	warm und feucht	Frühling	Sanguiniker	Blut
Feuer	warm und trocken	Sommer	Choleriker	gelbe Galle
Erde	kalt und trocken	Herbst	Melancholiker	schwarze Galle
Wasser	kalt und feucht	Winter	Phlegmatiker	Schleim (Phlegma)

Körperbautypen und Konstitutionstypen

CARL HUTER entwickelte 1892 die *Drei-Typen-Naturell-Lehre*. HUTER, ein Physiognomiker mit einem sehr großen Einfühlungsvermögen und starker psychologischer Begabung, war ursprünglich Porträtmaler. Die Hutersche Naturell-Lehre und seine Physiognomik sind zwar zum Teil unklar und reich an absonderlichen Ideen. Sie haben aber durchaus einen praktischen Wert für die Menschenkenntnis.

Ausgangspunkt für diese Lehre ist die Entwicklung des Embryos aus den drei Keimblättern in der befruchteten Eizelle. Je nachdem, welches Keimblatt bei der Vererbung und Entwicklung bevorzugt wird, entsteht ein anderes Naturell.

Aus der befruchteten Eizelle entsteht durch Zellteilung der zukünftige Embryo. Ein sehr frühes Stadium dieses Vorgangs zeigt eine breite, rasch wachsende Zellschicht, die die Form eines Schildes hat und deshalb Embryonal- oder Keimschild genannt wird. Aus diesem Keimschild entwickeln sich drei Keimblätter und aus diesen wiederum durch viele Faltungen, Krümmungen, Aus- und Einstülpungen und Knickbildungen der menschliche Körper. Das innere Keimblatt verwächst zu einem Rohr und wird später zum Magen-Darm-Trakt mit den Verdauungsdrüsen und Atmungsorganen. Aus dem äußeren Keimblatt stammen die äußere Haut, Gehirn, Rückenmark und Nerven. Das mittlere Keimblatt ist der Ausgangspunkt für Knochen, Wirbelsäule, Muskulatur, Herz, Blutgefäße und Blut. Ist das innere Keimblatt (Endoderm) besonders ausgeprägt, dann wird der betreffende Mensch zum Ernährungsnaturell gehören. In gleicher Weise entstammt dem mittleren Keimblatt (Mesoderm) das Bewegungsnaturell und dem äußeren Keimblatt (Ectoderm) das Empfindungsnaturell.

Der Mensch mit dem *Ernährungsnaturell* hat einen mittelgroßen Körperbau. Der Körper ist mehr rundlich, korpulent, die Fettschichten sind gut entwickelt. Die Haut ist weich. Von den inneren Organen sind entsprechend diesem Naturell vor allem das Ernährungs- und Verdauungssystem gut entwickelt.

Der Mensch mit dem *Bewegungsnaturell* verfügt über starke Knochen und einen muskulösen, manchmal sogar athletischen Körperbau. Arme, Beine, Hände und Finger sind lang und kräftig. Auch die Brust ist gut entwickelt, und die Schultern sind breit. Statt Fettmasse findet man Muskelmasse. Besonders stark entwickelt ist das Bewegungssystem, also Muskeln und Sehnen.

Der Mensch mit dem *Empfindungsnaturell* hat einen schlanken, zierlichen Körperbau. Die Knochen sind dünn, die Muskeln wenig entwickelt. Die Haut ist zart. Das Nervensystem, die Sinnesorgane und die seelische Empfindsamkeit sind besonders ausgeprägt.

Reine Naturelle sind natürlich wiederum äußerst selten. Fast alle Menschen sind eine Mischung aus den drei Typen, wobei zwei Typen meist besonders betont sind. Jedes Naturell zeichnet sich durch bestimmte hervorstechende Eigenschaften aus.

Ernährungsnaturelle neigen zu seßhaftem, ruhigem Leben. Man könnte sie schon daran erkennen, daß sie lieber sitzen als stehen und keinen Schritt ohne eine bestimmte Absicht gehen. Sie sind eher konservativ. Nicht das Neue ist wichtig, sondern das Alte und Bewährte, das sie zu erhalten suchen. Ihr Interesse richtet sich auf das Praktische. Sie haben ein ökonomisches Talent, können gut wirtschaften. Die Befriedigung der körperlichen Bedürfnisse, und das sind besonders Essen und Trinken in behaglicher Atmosphäre, ist für sie wichtig.

Bewegungsnaturelle sind Tatmenschen. Nüchtern, sachlich, leben sie nach bestimmten Grundsätzen. Strapazen, vor allem körperlicher Art, schrecken sie nicht ab. Ruhe und Ernährung sind sekundär. Freiheit, Unabhängigkeit, Bewegung, körperliche Anstrengung sind für sie lebensnotwendig. Sie sind ausdauernd und zäh. In geschlossenen Räumen fühlen sie sich unglücklich.

Für *Empfindungsnaturelle* herrscht das Geistesleben vor. Nicht die materiellen Aspekte des Lebens sind von Bedeutung, sondern geistige Interessen. Sie sind kunstliebend. Das Schöne, Zarte, Feine steht für sie im Mittelpunkt, häufig auf Kosten der materiellen Lebensbedürfnisse.

Wenn man die vorherrschende Grundanlage bei einem Menschen erkennt, kann man schon Wesentliches über seine Persönlichkeit aussagen. Es gehört aber viel Übung dazu, die richtigen Schlüsse zu ziehen, da nur wenige Menschen den reinen Typus verkörpern. Deswegen muß man abschätzen, wie sich die einzelnen Systeme in der Kombination auswirken.

ERNST KRETSCHMER, ein deutscher Psychiater, entwickelte ebenfalls eine Dreitypenlehre. Er ging aber nicht vom gesunden, sondern vom geisteskranken Menschen aus. Ihm war aufgefallen, daß bestimmte Geisteskrankheiten bei gewissen Körperbautypen gehäuft vorkommen. KRETSCHMER nennt die drei Körperbautypen *pyknisch, athletisch* und *leptosom.*

Der *Pykniker* entspricht dem Ernährungsnaturell. Er ist mittelgroß, gedrungen, mit starkem Fettansatz. Der Hals ist kurz und dick, das Gesicht breit und weich. Der Schädel ist meist groß, in späteren Jahren neigt er zur Glatze. Während die Brust breit ist, sind die Schultern schmal und meist rund.

Der *athletische* Typ, der dem Bewegungsnaturell entspricht, ist mittelgroß bis groß. Die Muskulatur ist stark entwickelt. Brustkorb und Schultern sind sehr kräftig, muskulös, ohne Fettansatz. Der Knochenbau ist robust.

Der *leptosome* Typ, das Empfindungsnaturell, ist schmal, hochgeschossen, zart. Er hat einen langen, flachen Brustkorb, schmale Schultern, dünne Muskeln, lange, schlanke Beine, magere Arme.

Der Leptosome muß aber nicht schwächlich sein. Er kann durchaus sehnig und körperlich zu Höchstleistungen befähigt sein. Die Haut ist dünn, das Gesicht lang.

KRETSCHMER stellte fest, daß manisch-depressive Kranke überwiegend einen pyknischen, Schizophrene einen leptosomen Körperbau haben. Die Gefühle des manisch-depressiven Kranken sind durch eine sehr starke Gefühlserregbarkeit gekennzeichnet. Ohne äußeren Grund ist er einmal ausgesprochen fröhlich, ausgelassen und hat einen starken Tätigkeits- und Rededrang. Sein Lebensgefühl ist in jeder Beziehung übersteigert. Dann kann die Stimmung plötzlich umschlagen, und die Phase der Melancholie mit Pessimismus, Traurigkeit, Bewegungsarmut, Minderwertigkeitsgefühlen, ja sogar Selbstmordversuchen beginnt. Auch für dieses Gefühl gibt es keinen äußeren Grund.

Bei der Schizophrenie herrscht nur geringe Gefühlserregbarkeit. Der Schizophrene verliert den Kontakt zur Umwelt, zu den Mitmenschen. Er schließt sich von der Außenwelt ab, zieht sich in sich selbst zurück. Sein Denken und Reden wird für den Normalmenschen unverständlich und sinnlos. Er ist gespalten, das heißt, er hat Wahnideen. Zum Beispiel identifiziert er sich mit einer anderen Person; er ist Napoleon oder Caesar. Er lebt in einer Welt der Träume und der Phantasie.

Wenn ein manisch-depressiver Kranker einen pyknischen Körperbau und ein Schizophrener einen leptosomen Körperbau hat, dann kann man daraus natürlich nicht den Schluß ziehen, daß jeder Pykniker manisch-depressiv oder jeder Leptosome schizophren wird. KRETSCHMER fand jedoch heraus, daß die psychischen Triebkräfte, die in Übersteigerung zur Krankheit führen, als seelische Anlage auch bei gesunden Menschen vorhanden sind.

Der gesunde Pykniker kann mehr manisch oder mehr depressiv eingestellt sein. Bei manischer Anlage ist er lebhaft, optimistisch, heiter, gefühlsmäßig leicht erregbar. Der Übergang zur seelischen Krankheit zeigt starke Aktivität, aber auch Reizbarkeit oder Jähzorn.

Der in Richtung Depression tendierende Gesunde ist still, leicht niedergedrückt, ein Schwarzseher, melancholisch. In der Verstärkung zeigt sich das Depressive als verstärkte Niedergeschlagenheit und Melancholie.

Der Leptosome, der im kranken Zustand schizophren ist, zeigt sich auch als Gesunder nach außen anders, als er in seinem Inneren ist. Er kann heiter und ausgeglichen sein, aber auch zurückhaltend, empfindsam, vielleicht sogar kalt, nüchtern, zynisch. Seine Tiefe wird ein Außenstehender selten ausloten. In seinem Inneren kann er alle Arten von Gefühlen erleben. Diese Gefühle stehen häufig in starkem Kontrast zum äußeren Leben. Er lebt nach innen. Beim Schizophrenen ist dieser Zustand dann ausgesprochen stark und krankhaft.

Auch der Amerikaner WILLIAM H. SHELDON war der Auffassung, daß Körperbau und Temperament in Beziehung zueinander stehen. Im Gegensatz zu KRETSCHMER ging er aber nicht vom kranken Menschen aus. Entsprechend der Keimblattentwicklung fand er drei sogenannte Somatotypen, also Körpertypen. Im Grunde genommen sind das die gleichen Typen wie bei HUTER oder KRETSCHMER, er nannte sie nur anders, nämlich *Endomorphe* (Ernährungsnaturell bei HUTER), *Mesomorphe* (Bewegungsnaturell bei HUTER) und *Ektomorphe* (Empfindungsnaturell bei HUTER). Zu diesen Typen kam er aufgrund einer Untersuchung von 4000 Studenten im Alter von 18 Jahren, die von vorn, von hinten und von der Seite photographiert wurden. Die Photos wurden dann vermessen und die einzelnen Maße statistisch erfaßt. Da reine Typen selten sind, gab er jedem Somatotypus Noten zwischen eins und sieben. Durch Kombination dieser Zahlen konnte man dann jeden Menschen typenmäßig genau erfassen.

Dann versuchte er, aus 650 charakteristischen Zügen der menschlichen Persönlichkeit drei Hauptgruppen von Charakterzügen zusammenzufassen, die primären Temperamentskomponenten: der Viszerotone, der Somatosome, der Zerebrotone. Die Eigenschaften entsprechen beim Viszerotonen dem Ernährungsnaturell, beim Somatosomen dem Bewegungsnaturell und beim Zerebrotonen dem Empfindungsnaturell. Durch eine umfassende

Skala, in der 60 typische Charakterzüge kombiniert wurden, bemühte er sich, der Wirklichkeit nahe zu kommen. Das System wurde dadurch allerdings kompliziert und ist für die praktische Menschenkenntnis kaum brauchbar.

Obwohl SHELDON den Arbeiten KRETSCHMERS gegenüber sehr kritisch eingestellt war, zeigt seine Untersuchung, daß die drei Körperbautypen und die entsprechenden Temperamente ihre Berechtigung haben. Erst recht kann man feststellen, daß die Naturell-Lehre von HUTER den Untersuchungen von SHELDON entspricht.

Einstellungstypen und Bewußtseinsfunktionen

Der Schweizer Psychologe CARL GUSTAV JUNG hat die Menschen in zwei Einstellungstypen unterteilt, den extravertierten und den introvertierten Typ. Diese psychologischen Typen sind so bekannt geworden, daß die Worte extravertiert und introvertiert längst in den alltäglichen Sprachschatz übergegangen sind. Dies zeigt, daß mit dieser Einteilung charakteristische Persönlichkeitsmerkmale erfaßt wurden, die leicht zu erkennen sind. Da diese Begriffe aber so häufig gebraucht werden, erfolgt ihre Anwendung meist sehr pauschal.

Der *Extravertierte* wendet sich nach außen, den Menschen, Dingen, Ereignissen zu. Seine psychische Energie fließt nach außen, auf das Objekt zu. Die Umgebung spielt eine wichtige Rolle in seinen Entscheidungen. Er paßt sich den Verhältnissen an. Der negative Aspekt kann darin bestehen, daß er versucht, Eindruck zu erwecken, sich interessant zu machen. Einerseits ist er sehr selbstsicher, andererseits kann er leicht durch andere beeinflußt werden. Da er überwiegend der Außenwelt zugewandt ist, vernachlässigt er sein Innenleben.

Im Gegensatz dazu wendet sich der *Introvertierte* nach innen. Seine Kraft ist am stärksten, wenn er allein ist. Seine psychische Energie fließt nach innen, vom Objekt weg, auf das Ich zu. Er zieht sich auf sich selber zurück, wodurch er leicht verschlossen wirkt. Statt objektiver spielen subjektive Faktoren für ihn eine Rolle.

Diese Einstellungstypen findet man bei beiden Geschlechtern, in jedem Alter, zu allen Zeiten.

JUNG unterteilt die beiden Einstellungstypen des Extravertierten und des Introvertierten weiter in vier Typen von Bewußtseinsfunktionen. Jeder Mensch nimmt die Welt in einer bestimmten Art und Weise wahr: durch Denken, Fühlen, Empfinden oder Intuition. Alle Funktionen werden von uns in verschiedenem Maße eingesetzt. Eine Funktion allerdings überwiegt meist, unterstützt von einer zweiten. Mit diesen Funktionen finden wir uns in der äußeren Welt zurecht; sie bestimmen aber auch unsere innere Orientierung.

Empfindung bedeutet, Dinge, Menschen, Erfahrungen wahrzunehmen. Jeder Typus muß erst durch seine Sinne wahrnehmen, also empfinden. Die Funktion des *Denkens* besteht darin, daß wir über das Wahrgenommene nachdenken und es interpretieren. Wir erkennen begriffliche Zusammenhänge und kommen zu Schlußfolgerungen. Dann bewerten wir die Erfahrungen in unserer Psyche. Das ist die Funktion des *Fühlens*. Wir stellen fest, in welchem Verhältnis unsere Gefühle zu unseren Erfahrungen stehen. Es können Gefühle der Lust oder der Unlust sein. Das alles sind bewußte Handlungen. Die vierte Bewußtseinsfunktion, die *Intuition*, ist eine unmittelbare Wahrnehmung ohne die bewußten Sinne. Es ist eine innere, unbewußte Wahrnehmung.

Ich möchte die verschiedenen Bewußtseinsfunktionen an zwei Beispielen erläutern. Nehmen wir an, Sie sind ein Mann und Sie schauen sich einen sehr traurigen Fernsehfilm an. Im Gegensatz zu Ihrer Frau nimmt Sie der Film nicht sehr mit, da es ja nur ein Film ist. Es ist nicht die Wirklichkeit. Ihre Frau weint oder kämpft mit den Tränen. Sie fühlt mit den handelnden Personen. So ist Ihre Einstellung die des denkenden Menschen, die Ihrer Frau die des fühlenden. Natürlich könnte es auch genau umgekehrt sein, die Frau ist die Denkende, der Mann der Fühlende. Vielleicht wird er

Einstellungstypen und Bewußtseinsfunktionen

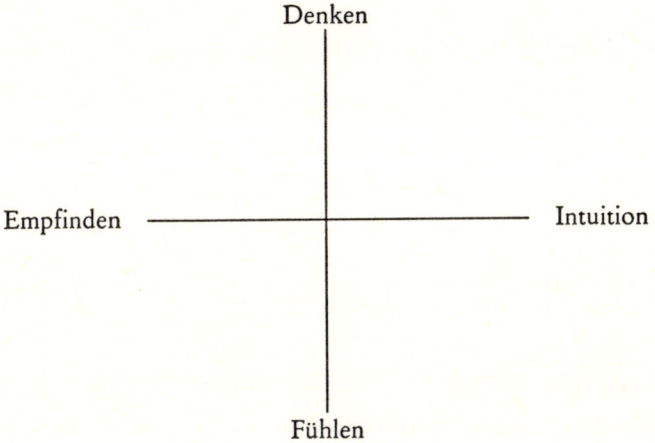

nicht weinen, weil er schon als Junge dazu erzogen wurde, nicht zu weinen. Das Gefühl aber wird das gleiche sein.

Oder ein anderer Fall: Ihre Firma hat Ihnen eine bessere Stelle angeboten. Allerdings müssen Sie dazu in eine andere Gegend ziehen. Wie kommen Sie zu einer Entscheidung? Lehnen Sie ab, weil Sie sich gefühlsmäßig an Ihre jetzigen Freunde, Ihre Familie, Ihre vertraute Umgebung gebunden fühlen? Ein Wechsel wäre für Sie mit einem Unlustgefühl verbunden. Oder wägen Sie als Denktypus das Für und Wider ab und entscheiden sich dann für das Positivere? Vielleicht wissen Sie zuerst überhaupt nicht, wie Sie handeln sollen. Es spricht soviel dafür und soviel dagegen. Plötzlich haben Sie eine Eingebung. Sie wissen einfach, welche Entscheidung richtig ist, und handeln danach. Sie verlassen sich auf Ihre Intuition. Je nachdem, welche Bewußtseinsfunktion überwiegt, werden Sie sich also anders verhalten.

Fassen wir zusammen:

Der *Denktypus* erfaßt und interpretiert die Welt hauptsächlich durch Denken und logische Schlußfolgerungen. Das Denken hilft ihm zu verstehen, was er über die Sinne wahrgenommen hat. Es hilft ihm, die Erfahrungen zu interpretieren. Für ihn ist es wichtig, Klarheit durch Denken zu schaffen, Ordnung ins Leben zu bringen, einen Standpunkt zu haben, grundlegende Theorien und Ideen zu finden.

Für den *fühlenden Typus* sind Erfahrungen angenehm oder unangenehm, gut oder schlecht, günstig oder schädlich. Er schafft sich leicht Freunde, verbreitet eine angenehme Atmosphäre, hat die Fähigkeit, die Situation eines anderen Menschen zu spüren und sich einzufühlen. Er paßt sich über das Fühlen an das Leben an.

Der *empfindende* Typ erlebt die Welt durch seine Sinne, er nimmt die Objekte wahr, wie sie sind, in allen Einzelheiten. Er interpretiert Situationen, wie sie sind, und nicht, wie sie waren oder sein könnten. Er erlebt die Gegenwart in ihrer ganzen Tiefe.

Der *intuitive Mensch* erahnt Dinge, die noch nicht sichtbar sind. Er spürt die zukünftige Entwicklung, hat Vermutungen und Ahnungen, die sich auf äußere, materielle Dinge oder nach innen richten. Die Zukunft ist für ihn wichtiger als das, was jetzt geschieht oder was in der Vergangenheit geschah.

Diese Funktionen sind sehr selten gleichmäßig vertreten. Die meisten Menschen haben eine dominierende Funktion und eine inferiore. Daneben gibt es eine sekundäre Hilfsfunktion.

Ein Mensch wird sich in verschiedenen Situationen nach seiner Hauptfunktion verhalten, es sei denn, daß er sich in der Zwischenzeit psychisch verändert hat. Die Typenbestimmung ist aber sehr schwierig. Es ist nicht einfach zu erkennen, ob sein Verhalten nur vorübergehend ist oder dem Typ entspricht. Die Menschen selbst sind sich oft sicher, daß sie zu einer bestimmten Einstellung gehören. Um einen Menschen nach dieser Typologie zu verstehen, muß man seinen Typus, die superiore Funktion, und den Gegenpol, die inferiore Funktion, kennen. Die Funktionen sind zwar unterschiedlich stark entwickelt, sie spielen aber alle eine Rolle.

Das Struktogramm: grün, rot oder blau

Der Struktogrammtest wurde von dem deutschen Psychologen WOLF W. SCHIRM entwickelt, um das Grundmuster der Persönlichkeit bildhaft deutlich zu machen. Er basiert auf den wissenschaftli-

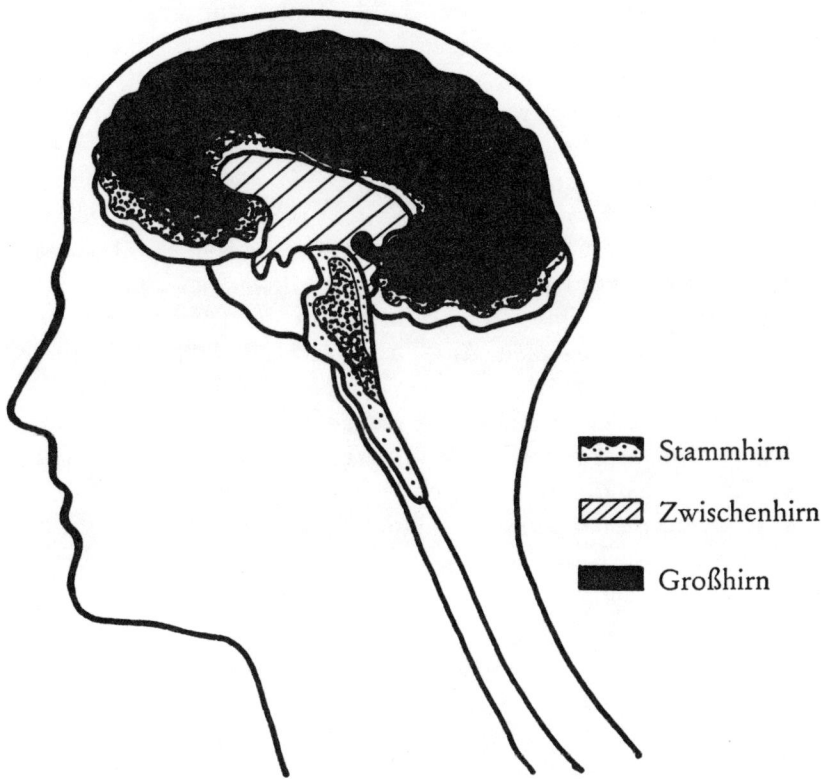

(Nach: ROLF W. SCHIRM, *Strukturen der Persönlichkeit*)

chen Arbeiten über die Entwicklung des Gehirns von PAUL MACLEAN, Direktor des Staatlichen Instituts für Gehirn- und Verhaltensforschung (NIMH) in Bethesda, USA.

Der Mensch hat ein Gehirn, das eigentlich aus drei Gehirnen besteht. Diese Gehirne sind entwicklungsgeschichtlich zu verschiedenen Zeiten entstanden. Sie wirken zusammen, sind aber trotzdem in Aufbau und Funktion unterschiedlich. Die Programmierung dieser Gehirne ist immer noch die gleiche wie zur Zeit ihrer Entwicklung vor Millionen von Jahren.

Das entwicklungsgeschichtlich älteste Gehirn ist das *Stammhirn*. Reptilien vor etwa 250 Millionen Jahren hatten nur dieses Stammhirn. Im Stammhirn des heutigen Menschen gibt es noch die gleichen Funktionen und Programme, wie sie damals in den Gehirnen von Reptilien angelegt waren. Das Stammhirn ist unser Vergangenheitsgehirn. In ihm sind die Erfahrungen von Jahrmillionen gespeichert. Die Programme dieses Stammhirns sind zur Selbsterhaltung notwendig. Es steuert alle unbewußt ablaufenden Lebensvorgänge, die der primitiven Sicherung des Daseins dienen. Dazu gehören zum Beispiel Kreislauf, Atmung, Stoffwechsel und biochemische Vorgänge. Das Stammhirn ist auf die Erfahrungen der Vergangenheit angewiesen. Alles, was geschieht, jede neue Situation, wird nach diesen Erfahrungen eingeordnet. So erklärt es sich auch, daß ein Kind vor oder kurz nach der Geburt Wahrnehmungen zu werten und einzuordnen vermag, obwohl ihm ein individueller Erfahrungshintergrund noch nicht zur Verfügung steht.

Das *Zwischenhirn* stammt aus einer Zeit, als die Säugetiere sich entwickelten. Im Kampf ums Überleben kam es darauf an, Beute zu machen und nicht selbst zur Beute zu werden. Dieses Gehirn ist dafür ausgebildet, in einer neuen Situation durch Angriff oder Flucht zu reagieren. Dazu gehören die entsprechenden Emotionen der Angst oder Aggression. Es ist also das Gehirn der Gegenwart.

Das dritte Gehirn, das *Großhirn*, ist das entwicklungsgeschichtlich jüngste. Es besteht aus zwei stark gefurchten, walnußartigen Halbkugeln, die durch einen tiefen Einschnitt voneinander getrennt sind. Die gewölbte Oberseite des Gehirns liegt mit der Großhirnrinde dem Dach des Schädels an. Es macht beim Menschen etwa achtzig Prozent des gesamten Hirnvolumens aus. Dieses Gehirn setzt uns in die Lage, zu denken, das heißt zu überlegen, was geschehen wird. Damit hilft es, die Zukunft zu erfassen und nicht nur im Augenblick zu reagieren. Planen, für die Zukunft sorgen, abstrakt und logisch denken sind Fähigkeiten des Großhirns. Auch die Fähigkeit zum Selbstbewußtsein hängt von diesem Gehirn ab.

Diese drei Gehirne wirken im Menschen immer zusammen. Ihre Gewichtung aber ist von Mensch zu Mensch unterschiedlich. Je nachdem, welches Gehirn stärker ausgeprägt ist, wird der Mensch in seiner Persönlichkeit unterschiedlich strukturiert sein.

SCHIRM versucht nun, durch gezielte Testfragen die drei Komponenten zu erfassen und festzustellen, welche überwiegen. Er ordnet den Gehirnen bestimmte Farben zu: Stammhirn grün, Zwischenhirn rot, Großhirn blau. Nach Beantwortung der Fragen kann dann in einer kreisrunden Scheibe sichtbar gemacht werden, welche Farben überwiegen.

Die grüne Komponente zeigt an, wie stark ein Mensch auf menschliche Kontakte hin orientiert ist. Die grüne Persönlichkeit orientiert sich an der Vergangenheit, genau wie das Stammhirn. Sie hat ein Gespür für Menschen und Situationen.

Die rote Persönlichkeit, der das Zwischenhirn entspricht, hat ein Bedürfnis nach Dominanz. Dieser Mensch steht gern im Mittelpunkt und möchte das Sagen haben. Er hat eine natürliche Autorität. Der rote Mensch orientiert sich an der Gegenwart, an dem, was im Augenblick machbar ist. Er bleibt auf dem Boden der Realität.

Der blaue Typ, bei dem das Großhirn vorherrscht, hat ein Bedürfnis nach Distanz. Es ist der Individualist, der seine Gefühle nicht zeigt. Er orientiert sich an der Zukunft, plant und denkt, erfaßt das Wesentliche schnell und sieht die Zusammenhänge.

Die Komponenten sind in den meisten Fällen unterschiedlich verteilt. Je nach der Zusammensetzung überwiegt die eine oder andere Ausprägung. Dieses Struktogramm wird von vielen Führungskräften benutzt, um die eigene Persönlichkeitsstruktur zu erkennen. Wer seine Eigenarten kennt, kann versuchen, sein Leben in Übereinstimmung mit seinen Eigenschaften zu leben und mehr Erfolg zu haben.

Das Struktogramm ist ein Test, der zu einem Aha-Erlebnis führen kann. Da es im Prinzip nach diesem Test nur drei ausgeprägte

Persönlichkeitstypen gibt, muß jeder für sich selbst entscheiden, wie weit die Aussagen auf ihn zutreffen oder wie weit er sie durch Komponenten der anderen Typen abwandeln muß. Grundsätzlich müssen natürlich die Eigenschaften aller Gehirne vorhanden sein. Dieser Test führt also zur Selbstbesinnung. Das Ziel dieses Tests ist es nicht, andere Menschen nach einem bestimmten Muster zu klassifizieren. Wenn Sie sich aber mit den Aussagen zu den verschiedenen Typen vertraut gemacht haben, werden Sie bald dazu neigen, Menschen nach den drei Farben zu bezeichnen. »Das ist ein waschechter Blautyp«, »Ich habe für die Planungsabteilung einen guten Blautypen gefunden« oder »Mein Chef steht auf jeder Party im Mittelpunkt – er ist der reine Rottyp« – das sind Aussprüche, wie man sie in manchen Büros hören kann.

Der sensible Mensch

Es gibt eine Gruppe von Menschen, mit denen der Umgang besonders schwierig ist. Ich meine die sensiblen Menschen, die oft unter ihrer eigenen Mentalität leiden und sich von der Mitwelt unverstanden fühlen. Sie verwirren uns mit ihrer Art des Verhaltens. Nur wenn wir wissen, was wir von ihnen erwarten können, haben wir eine Chance, mit ihnen zurechtzukommen.

Wie es der Name sagt, ist der sensible Mensch empfindlich, sogar überempfindlich. Er ist empfindlich gegenüber Sinnesreizen und gegenüber seiner Umwelt. Die Empfindlichkeit gegenüber Sinnesreizen kann jeden Sinn betreffen. An erster Stelle steht bei den meisten Sensiblen der Geruchssinn. Gehen Sie einmal mit einem hypersensiblen Menschen im Hochsommer an einem halbausgetrockneten Fluß spazieren. Vielleicht empfinden Sie dort den fauligen Geruch auch als unangenehm. Ihr Partner oder Ihre Partnerin aber wird sich verzweifelt die Nase zuhalten. Es gibt Menschen, denen es schlecht wird, wenn sie den Benzingeruch an einer Tankstelle riechen. Beim Geruch von Tabakrauch leiden sie, und wenn eine Straße geteert wird, fühlen sie sich elend.

Es gibt aber auch Gerüche, auf die sie positiv reagieren. Häufig im Gegensatz zu den weniger sensiblen Menschen. Kräuteröle können sie begeistern. Rose, Jasmin, Lavendel, Rosmarin oder Salbei können sie in eine euphorische Stimmung versetzen.

Eng mit dem Geruch hängt der Geschmack zusammen. Die Geschmackrezeptoren können zwar den Geschmack von süß, sauer, salzig und bitter erkennen. Ohne Geruch aber bleibt das Geschmackempfinden wenig ausgeprägt. Das merkt man deutlich, wenn man einen Schnupfen hat und beim Abschmecken einer Speise auf den Geruchssinn verzichten muß.

Mancher sensible Mensch ist sehr empfindlich gegenüber einem besonderen Geschmack, und zwar im positiven wie im negativen Sinne. Zwar ist es schwierig, sich einen ganz bestimmten Geschmack vorzustellen oder in sein Gedächtnis zurückzurufen. Es geschieht aber häufig, daß wir eine bestimmte Speise essen und dabei Erinnerungen an besondere Situationen wach werden. Ein schöner Abend vielleicht, an dem man im Freundeskreise die gleiche Speise zu sich nahm, die Stimmung dieses Abends, die Gefühle, die aufkamen, haben dazu geführt, daß sich der Geschmack mit dem intensiven Erlebnis verbunden hat. Sensible Menschen scheinen besonders solche Geschmackserinnerungen zu erleben.

Sensible Menschen reagieren auch sehr stark auf Geräusche. Besonders plötzliche Geräusche, wie das Zuschlagen einer Tür, können sie erschrecken. Manchmal hat man das Gefühl, daß sie lange Perioden des Tages geistesabwesend sind. Auf normales Ansprechen reagieren sie dann nicht. Ein scharfes Geräusch aber reißt sie aus diesem Zustand heraus und wirkt viel intensiver als bei einem weniger sensiblen Menschen. Sie reagieren mit dem Schließen der Lider, einer Streckung des Kopfes und der Wirbelsäule und verschiedenen vegetativen Reaktionen wie Schwitzen, Zittern, Herzklopfen. Umgekehrt kann man es erleben, daß sie Musik, die sie gern haben, so laut hören, daß man an den Geräuschpegel einer Disco erinnert wird. Sie sind dann wie in einem Rauschzustand.

Mir fiel auf, daß sie noch eine Art von Geräuschen nicht ertragen können, das Quietschen von Kreide auf einer Tafel oder eines

Filzstiftes auf Papier. Wie häufig erlebt man, daß ein Redner bei einem Vortrag auf einem Flipchart schreibt, und die Zuhörer zukken zusammen. Das Quietschen ist für viele Menschen unangenehm. Bei sensiblen Menschen kann man aber beobachten, wie sich ihr Gesicht vor Schmerz regelrecht verzieht.

Was den Gesichtssinn betrifft, so haben Versuche gezeigt, daß sich Sensible zu einem hohen Prozentsatz mühelos einen Gegenstand, den sie betrachten, vor ihrem geistigen Auge vorstellen können. Praktisch alle Kinder haben diese sogenannte eidetische Fähigkeit. Nach der Pubertät geht sie bei vielen Menschen verloren, kann aber durch Übung in den meisten Fällen wieder aktiviert werden. Sensible können sich nicht nur reale Dinge gut vorstellen. Sie schaffen sich auch in ihrer Phantasie ganz leicht optische Vorstellungen, die sie dann so real erleben, als wäre es die Wirklichkeit.

Probleme haben sensible Menschen häufig mit bestimmten Farbeindrücken. Farben haben auf alle Menschen eine starke Wirkung. Aber es sieht so aus, als würden nicht alle Menschen auf Farben, die sie ablehnen, so heftig reagieren. Vielleicht scheint es aber nur so. Es könnte sein, daß der weniger sensible Mensch genauso empfindet, sich aber die Gefühle nicht bewußt macht oder dies weniger nach außen zeigt. Genauere Untersuchungsergebnisse darüber liegen nicht vor.

Die verschiedenen Sinnesempfindungen sind bei allen Menschen, bei den Sensiblen aber in besonderem Maße, miteinander gekoppelt. Wie häufig geschieht es, daß wir eine Landschaft in prächtigen Farben anschauen und plötzlich eine Melodie hören oder bestimmte Gerüche erleben. Man nennt dieses Mitempfinden anderer Reize *Synästhesien*.

Viele Dichter lieben es, ihre Empfindungen durch miteinander verbundene Sinneseigenschaften wiederzugeben. Sie sprechen von einem tönenden Rot oder einem schreienden Grün. Maler wiederum drücken Musik in ihren Bildern aus. Beispiele dafür findet man in der Kunst des zwanzigsten Jahrhunderts vor allem in bezug auf den großen Barockmusiker JOHANN SEBASTIAN BACH. Als

Beispiel erwähne ich nur OSKAR KOKOSCHKAS Lithographie-Zyklus zu der Kantate *O Ewigkeit – du Donnerwort* oder WASSILY KANDINSKYS *Fuga*.

Der amerikanische Maler MARSDEN HARTLEY (1877–1943) schrieb an NORMA BERGER am 30. Dezember 1912: »Es ist ein neues Thema, an dem ich arbeite – hast Du je von jemand gehört, daß er Musik zu malen versucht – oder das Äquivalent von Klang in Farbe – zweifellos hast Du Sänger von Klangfarben reden hören ... Also ich arbeite an diesem Plan und einige Künstler sagen, daß ich darin originell sei ... Es gibt in Europa nur einen Künstler, der daran arbeitet und er ist ein reiner Theoretiker ... wogegen ich ganz aus der Intuition und dem Unbewußten arbeite.« (35)

Die Empfindsamkeit des sensiblen Menschen besteht aber nicht nur bei Sinneseindrücken. Empfindsam, ja empfindlich sind sie vor allem gegenüber dem Wort. Das macht das Zusammenleben mit ihnen so schwer. Da sagt der Partner im Gespräch etwas, ohne sich viel dabei zu denken, und der Sensible ist plötzlich verletzt. Das Wort hat ihn wie ein Pfeil getroffen. Er hört gar nicht mehr auf die Beteuerungen, daß das doch gar nicht so gemeint sei. Das unglücklich gewählte Wort hat ihn ergriffen, ganz von ihm Besitz genommen, und kein Versuch gelingt, alles rückgängig zu machen oder den Sachverhalt aufzuklären. Das Wort hat einen Automatismus ausgelöst, und es dauert lange, bis dieser Prozeß zu Ende ist.

Typisch ist, daß die Reaktion explosiv und ganz unerwartet erfolgt. »Control the explosive mind«, rät TOM JOHANSON den Hypersensiblen. Das ist ihr Hauptproblem, wenn sie im Leben zurechtkommen wollen: den explosiven Geist zu kontrollieren.

Sensible Menschen kennen meist ihre Schwächen. Sie wissen, daß ein unachtsames Wort bei ihnen eine Saite zum Schwingen bringt. Es erinnert sie an etwas, das sie sehr verletzt hat, weckt Ängste vor der Zukunft, oder vielleicht macht es ihnen die eigene Unsicherheit bewußt. Viele Assoziationen sind möglich, jedoch werden dem Sensiblen im Augenblick des Reizes durch das Wort diese Zusammenhänge kaum bewußt.

Aber nicht nur auf Worte reagiert der Sensible sehr stark. Man kann feststellen, daß er labiler und anfälliger gegen Störungen als andere Menschen und durch die vielen Eindrücke des Tages leicht erschöpft ist. Es ist deshalb nicht verwunderlich, daß seine Stimmungslage nicht stabil ist, sondern daß er schnell von einer Stimmung in eine andere wechseln kann. Man hängt ihm gern das Etikett *launisch* an. In Wirklichkeit fehlen ihm nur die Gelassenheit und die Ruhe, um ausgeglichen zu sein. Die Erfahrung hat gezeigt, daß es einem übersensiblen Menschen nur schwer gelingt, seine Überempfindlichkeit in den Griff zu bekommen.

Die Sensibilität hat andererseits auch positive Seiten. Es gibt hochsensible Menschen, die dank ihrer Sensibilität besondere Leistungen vollbringen. Was wären große Künstler, Komponisten oder Dichter ohne ihr sensibles Empfinden? Selbst wenn sie sehr unter den Begleiterscheinungen der außerordentlichen Empfindungsfähigkeit leiden, sie brauchen sie für ihre Werke. Ein anderes gutes Beispiel ist der Heiler, der mit seinen Händen Krankheiten diagnostiziert und durch Handauflegen heilt. Er ist immer ein sensibler Mensch. Viele sensible Menschen haben durch ihr Wirken unser Leben reicher gemacht.

Individuelle Eigenschaften drücken die wesentlichen Charakteristika aus

Wenn wir einen Menschen erkennen wollen, genügt es nicht, daß wir seinen Typ feststellen und daraus auf bestimmte Eigenschaften schließen. Wenn Sie die einschränkenden Bemerkungen und Ausführungen über die verschiedenen Typologien genau gelesen haben, wird Ihnen klargeworden sein, daß die Zuordnung eines Menschen zu einem Typ höchstens zu einer Annäherung führen kann. Reine Typen sind äußerst selten. Außerdem – nach welcher Typenlehre sollte man wohl vorgehen?

Sie könnten natürlich der Reihenfolge nach alle Typenlehren vornehmen und versuchen, einen Menschen in die verschiedenen Kategorien einzuordnen. Aber was würden Sie damit erreichen?

Es wäre sicher ein sehr mühseliges Unterfangen und würde letztlich doch zum gleichen Ergebnis führen, das Sie erhielten, wenn Sie gleich versuchten, die spezielle Kombination von individuellen Eigenschaften, die diesen Menschen charakterisiert, zu erkennen.

Auf keinen Fall reicht es aus, wenn Sie feststellen, welche allgemeinen Eigenschaften auf einen Menschen zutreffen. Zur Verdeutlichung sollen die Eigenschaften Dominanz und Unterwürfigkeit dienen. Ein Mensch kann in seinen sozialen Beziehungen dazu tendieren, die Führungsrolle zu übernehmen. Darin kann sich die Eigenschaft der Dominanz ausdrücken. Er will dominieren, bestimmen, was andere zu tun haben. Er könnte aber umgekehrt auch passiv sein, sich führen lassen, nachgeben, tun, was andere sagen. Mit bestimmten Testverfahren läßt sich feststellen, ob eine Versuchsperson statistisch gesehen zu denen gehört, bei denen die Eigenschaft der Dominanz vorherrscht. Leider läßt diese statistische Aussage nicht erkennen, wie sich die allgemeine Eigenschaft in der Realität auswirken wird. Verhält sich unsere Versuchsperson immer gleich oder in verschiedenen Situationen ganz unterschiedlich? Ist sie an ihrer Arbeitsstätte passiv, zu Hause aber dominant oder umgekehrt? Wird sie bei starkem Gegendruck nachgeben?

Was wir also brauchen, ist das Wissen über die unveränderlichen individuellen Eigenschaften, die die Persönlichkeitsstruktur dieser Person genau spiegeln. Wenn wir solche individuellen Eigenschaften suchen, dürfen wir auf keinen Fall vergessen, daß das Verhalten des Menschen variabel ist. Wie jemand sich verhält, hängt immer auch von der Situation, der Umgebung und den anderen Menschen ab.

Bei der Suche nach den zentralen individuellen Eigenschaften müssen Sie sich auch vor Fehlern hüten, die dadurch entstehen, daß Sie nur auf das Offensichtliche achten. Jemand, der Geschenke gibt, muß nicht freigebig sein. Er könnte auch berechnend versuchen, Ihr Wohlwollen zu kaufen. Mir ist aufgefallen, daß Kinder dafür ein sehr feines Gespür haben. Sie spüren, ob ein Geschenk von Herzen kommt, ob der Schenkende sie mag und durch das Geschenk seine Zuneigung ausdrückt, oder ob er zum Beispiel nur schenkt, weil er vor den Eltern des Kindes seine Herzlichkeit demonstrieren will. Manche Erwachsene versuchen, die Liebe eines Kindes mit Geschenken zu kaufen. Kinder lassen sich nicht kaufen. Die meisten Kinder haben die Fähigkeit, die wahren Motive zu entdecken, und sie bringen das dann meist durch ihr Verhalten zum Ausdruck. So drehen sie zum Beispiel den Kopf zur Seite, wenn die »lieben Tanten« sie küssen wollen, oder sie lassen das Geschenk achtlos liegen.

Jemand, der andere beschenkt, kann dies auch aus einem Zwang heraus tun. Tief in ihm drinnen ist die Überzeugung verankert, daß man nur ein Anrecht hat, etwas zu erhalten, wenn man selbst gegeben hat.

Mit Freude anzunehmen fällt vielen Menschen sehr schwer. Irgendwann haben sie gelernt, wie es in der *Apostelgeschichte* geschrieben steht, daß »Geben seliger ist denn Nehmen«. Nach dieser Lehre handeln sie unbewußt, ohne diese Aussage nach ihrer wahren Bedeutung für uns zu hinterfragen.

Dann gibt es Menschen, die von dem, was sie im Überfluß haben und wenig schätzen, an andere geben in der Erwartung, dafür etwas Wertvolles zurückzuerhalten. Hier erfolgt Geben aus einem absolut materiellen, eigensüchtigen Standpunkt heraus. Ein ähnliches Motiv liegt vor, wenn jemand sich mit Geschenken freikaufen will. Wenn zum Beispiel der Mann seine Frau mit Geschenken überhäuft, damit sie ihn nicht kontrolliert, dann zahlt er damit den Preis für seine Unabhängigkeit.

Wenn ein Mensch einem anderen etwas gibt, können also viele Motive dafür verantwortlich sein. Diese Beispiele sollten Ihnen deutlich machen, wie vorsichtig Sie sein müssen, wenn Sie aus einem bestimmten augenscheinlichen Verhalten auf eine individuelle Eigenschaft schließen wollen. Dies sollte uns aber nicht am Versuch hindern, bei einem Menschen, den wir analysieren, nach jenen persönlichen Eigenschaften zu forschen, die gerade für ihn typisch sind.

Die Zahl der charakteristischen Eigenschaften ist begrenzt

Wieviel Eigenschaften müssen wir kennen, um einen Menschen in seinem Kern zu erfassen? Ideal wäre es, wenn wir nur eine einzige zentrale Eigenschaft herausfinden müßten. Aber ist das möglich?

Wir kennen aus der Literatur oder der Geschichte Personen, die durch eine Eigenschaft so berühmt wurden, daß seitdem ihr Name mit dieser Eigenschaft gleichgesetzt wird.

Ein CASANOVA ist ein gewissenloser Weiberheld. Seine Memoiren mit erotischen Schilderungen haben zu der Gleichsetzung von CASANOVA mit Wüstling, Weiberheld, Verführer geführt. Es spielt keine Rolle, daß CASANOVA besser war als sein Ruf. Der Sprachlehrer JEAN LAFORGUE, der Bearbeiter seiner Biographie *Geschichte meines Lebens*, hat dieses Werk skrupellos mit zusätzlichen erotischen Schilderungen verfälscht. XANTHIPPE, die Frau von SOKRATES, ist zum Inbegriff des launenhaften, zänkischen Weibes geworden. Unter einer XANTHIPPE versteht man heute noch ein unverträgliches, zänkisches, streitsüchtiges Weib.

Wenn aber diese Personen auch durch eine bestimmte Eigenschaft berühmt wurden, so heißt das noch lange nicht, daß in Wirklichkeit ihr Charakter allein von dieser einen Eigenschaft geprägt wurde. Es war einfach so, daß diese Eigenschaft in der Öffentlichkeit bekannt wurde. Vergleichbares erleben wir ja auch in unserer Zeit. Wir kennen zahlreiche Beispiele, wo von bestimmten Sekten versucht wurde, einen *Weisen* oder *Guru* als ein Wesen darzustellen, das nur aus Liebe oder Güte oder Weisheit besteht. Irgendwann wurden die Fälschungen dann entlarvt, und es stellte sich heraus, daß diese Gestalten einen allzu menschlichen Charakter haben. Es gibt keinen Menschen mit nur einer alles beherrschenden, aber auch keinen mit unendlich vielen Eigenschaften. Obwohl die Zahl der möglichen Eigenschaften in die Tausende geht, genügen in den meisten Fällen einige wenige, um einen Menschen zu charakterisieren.

So glaubt zum Beispiel ALLPORT(1), daß die Zahl solcher wesentlicher Charakteristika, nach denen eine Persönlichkeit organisiert ist, zwischen fünf und zehn variiert. Er schreibt dazu: »Wir baten 93 Studenten, an ein Individuum von dem eigenen Geschlecht zu denken, das sie gut kennen, und dann ihn oder sie zu beschreiben, indem sie Worte, Sätze oder Urteile schreiben, die einigermaßen gut die wesentlichen Charakteristika dieser Person, so, wie sie ihnen erscheinen, ausdrücken. ›Wesentliche Charakteristika‹ wurden definiert als ›jede Eigenschaft, Qualität, Tendenz, Interesse und so weiter‹, die sie als von größerer Wichtigkeit für die Beschreibung der Person auswählen. Die mittlere Zahl der Charakteristika, welche die Studenten aufzählten, war 7,2. Nur zehn Prozent der Schreiber glaubten, daß sie mehr als zehn Punkte benötigten, um die wesentlichen Charakteristika ihrer Freunde zu beschreiben.«

KAPITEL 5

Was der Körper verrät

Charakter drückt sich im Körper aus

Versuchen Sie sich einen Menschen vorzustellen, der nach unseren Maßstäben einen vollkommenen Körper hat. In einem solchen Körper stimmen nach menschlichem Verständnis alle Proportionen, wenn die Wuchshöhe und die Längen- und Breitenmaße der einzelnen Körperteile in einem ganz bestimmten Verhältnis zueinander stehen.

Diese *normalen* Proportionen des Durchschnittsmenschen entdeckte man schon vor ungefähr dreitausend Jahren. Seit dem neunzehnten Jahrhundert bürgerte sich dafür die Bezeichnung *Goldener Schnitt* ein. Wenn man eine Strecke nach dem *Goldenen Schnitt* teilt, dann verhält sich die ganze Strecke zum größeren Teilstück, wie das größere Teilstück zum kleineren.

Teilt man zum Beispiel den menschlichen Körper in acht etwa gleich große Teile, dann entspricht etwas vereinfacht die Strecke von den Fußsohlen zum Nabel fünf Teilen und die Strecke vom Nabel bis zum Scheitel drei Teilen. Die Proportionen eines idealen menschlichen Körpers entsprechen also dem Goldenen Schnitt.

Die Haltung eines *Idealmenschen* ist anmutig, natürlich, würdevoll und doch nicht steif. Die Bewegungen sind aufeinander abgestimmt, voller Kraft, aber nicht hart und eckig, sondern ganz natürlich, wie fließend.

Solche idealen Körper kann man noch dort entdecken, wo die Zivilisation die Menschen noch nicht ihrer Natürlichkeit beraubt hat. Ein Beispiel ist der Stamm der *Kau* im Sudan, die bis vor kurzem völlig abgeschlossen von der Welt lebten. Wenn man sich Bilder von Frauen und Männern dieses Stammes anschaut, dann bekommt man einen Eindruck davon, wie ein vollkommener Mensch aussehen kann. Was an diesen Körpern am meisten auffällt, ist weniger zu sehen, als zu fühlen. Selbst beim Betrachten der Photos dieser Menschen aus Nuba glaubt man, den freien Fluß der Energie in den schwarzen, eingeölten Körpern greifbar zu spüren.

In Industrieländern sind solche Menschen rar. Am ehesten findet man sie unter denen, die regelmäßig bestimmte Körperübungen durchführen. Das chinesische *T'ai Chi Chuan*, eine Art Meditation in Bewegung, ist ein solches Übungssystem. Wer regelmäßig T'ai Chi Chuan übt, erlangt, wie es ein chinesisches Sprichwort ausdrückt, »die Geschmeidigkeit eines Kindes, die Gesundheit eines Holzfällers und die Gelassenheit eines Weisen«.

In der Regel weicht der Mensch, dem wir gegenüberstehen, in vielfacher Weise von diesem Idealtyp ab. Vielleicht hat er den Kopf gesenkt, die Schultern hängen herab, die Brust ist eingefallen, der Rücken gebeugt, der Bauch hängt nach vorn, der Gang ist schleppend. Es ist ganz deutlich zu sehen, daß ein solcher Mensch nicht in Harmonie mit sich selbst und mit seiner Umgebung ist.

Wenn wir einen solchen Körper genauer betrachten, fällt uns vermutlich auf, daß er nicht im Lot ist. Die Schwerkraft der Erde hat ihn nach unten gezogen und verformt. Unwillkürlich drängt sich uns das Gefühl auf, daß dieser Mensch gerade eine Niederlage erlitten hat. Er ist schwach, ohne Energie, niedergeschlagen und nicht in Harmonie mit sich selbst und seiner Umgebung. Wenn wir noch sorgfältiger beobachten, erkennen wir wahrscheinlich, daß es keineswegs nur eine vorübergehende Schwäche ist, die sich im Körper ausdrückt.

Die Haltung ist für diesen Menschen charakteristisch. Eine jahrelange, vielleicht lebenslange Entwicklung hat zu dieser körperlichen Form geführt. Begonnen hat diese Entwicklung vermutlich in der frühen Kindheit. Das Kind reagiert auf die Erlebnisse in der Familie und in der Umwelt nicht nur seelisch, sondern auch körperlich. Im Lauf des Lebens kommen immer neue Eindrücke hinzu. Die körperlichen Reaktionen bestehen in Muskelspannungen, einer bestimmten Körperhaltung, einer besonderen Art, den

Kopf zu halten oder einer Bevorzugung der rechten oder linken Körperseite.

Nehmen wir das Beispiel eines Kindes, das mit Bauklötzen spielt. Der Vater beteiligt sich bei diesem Spiel, und das ist für das Kind sehr schön. Weniger schön ist, daß der Vater mit seiner inneren Unruhe nicht fertig wird. Das unbeholfene Aufeinanderstellen der Steine dauert ihm zu lange. Ohne vorher zu überlegen, hilft er dem Kind. Er baut den Turm für das Kind. Schneller und schöner, als das Kind es könnte. Das Kind schaut mit großen Augen zu. In der Haltung des Kindes aber hat sich etwas verändert. Während es vorher mit den Armen aktiv nach den Klötzen griff, hängen jetzt die Arme passiv nach unten. Einige Male versucht es noch mitzumachen. Doch der Vater wehrt jedes Mal ab, und zuletzt gibt das Kind es auf. Die freudige Bewegung, das Be-Greifen sind einer passiven Haltung gewichen. Der Vater merkt nicht, was er anrichtet.

Was geschieht, wenn sich dieser Vorgang wiederholt? In dem Kind wird die Freude am spontanen Tun zerstört. Es wird immer weniger von sich aus etwas tun, sondern erwarten, daß etwas getan wird. Später wird es wie selbstverständlich fordern, daß die Eltern für alles sorgen. Es kennt nicht das freudige Gefühl, wenn jeder in der Familie mithilft und seinen Anteil beiträgt. Auch der Körper zeigt diese passive, abwartende Haltung. Beim erwachsenen Menschen fällt dann eine gewisse Leblosigkeit auf. Die Arme sind zwar ein Teil des Körpers, aber eher wie die herabhängenden Arme einer Stoffpuppe, die ja auch Teile dieser Puppe sind. Dieses Beispiel ist übrigens nicht »konstruiert«, es entspricht vielmehr der Wirklichkeit.

Die Muskeln und das Bindegewebe passen sich im Laufe der Zeit den Spannungen, Haltungen und Bewegungen an. Sie werden selbst chronisch hart und verspannt. Es entstehen emotionale Blockierungen. Die Blockierungen lassen in den betreffenden Partien keine spontanen Gefühle mehr zu. Spannungen der Kiefermuskulatur zum Beispiel verhindern, daß ein Mensch Gefühle der Traurigkeit durch Tränen ausdrücken kann. Auf diese Weise entsteht ein emotionaler Panzer, der den freien Fluß der Gefühle unterbindet.

Es gibt eine körperorientierte Therapie, die diese Zusammenhänge deutlich macht, das sogenannte *Rolfing*. Rolfing wurde von der amerikanischen Biochemikerin und Therapeutin IDA ROLF begründet. Mit Hilfe dieser Methode soll ein seelisch-körperliches Gleichgewicht hergestellt werden. Beim Rolfing wird der Körper intensiv massiert, wodurch die Muskeln und das Bindegewebe gelockert werden. Aber das ist längst nicht alles. Die starke Rolfing-Massage setzt sogar die in den Muskeln quasi verfestigten Empfindungen und Gefühle wieder frei! Das ist ein faszinierender Vorgang. Zuerst haben die Muskeln und das Bindegewebe ein Gefühl gespeichert, und dann wird durch das Rolfing das Gefühl wieder aus den Muskeln und dem Bindegewebe herausmassiert, sozusagen zum Leben erweckt. Noch erregender ist, daß bestimmte Gefühle immer in ganz spezifischen Körperregionen zu finden sind. Jeder Körperteil ist anscheinend für eine andere Gefühlsart vorgesehen.

Rolfing ist wie das Lesen eines Tagebuches. Viele Menschen schreiben Tagebuch und vertrauen die Gedanken und Gefühle eines Tages ihrem Tagebuch an. Wenn sie, vielleicht nach Jahren, eine Seite aufschlagen, dann werden die entsprechenden Gefühle und Gedanken wieder lebendig. Das Rolfing ist fast so, als würde man eine Seite eines Tagebuches aufschlagen, aber eine Seite, auf der nicht nur die Gefühle eines Tages, sondern vieler Jahre aufgezeichnet sind.

Der amerikanische Psychologe KEN DYCHTWALD gibt in seinem Buch *Körperbewußtsein* (13) einige Beispiele dafür, welche Erinnerungen in welchen Körperteilen gespeichert sind: »Das Gefühl und die Erinnerung, alleine gelassen und vernachlässigt zu werden, tauchen zum Beispiel dann häufig auf, wenn die Brust des Patienten ›gerolft‹ wird. Im Bereich der oberen Rückenpartie löst die Muskelbehandlung oft Raserei und Wut aus. Die Behandlung der Kieferpartie befreit Trauer, die der Hüften sexuelle Reaktionen, das Rolfen der Schulterpartie ist von Erinnerungen an Sorgen und streßerzeugende Verantwortung begleitet. Es scheint, daß der Körper einer großen Schalttafel gleicht: Wenn bestimmte Schalter an gleichen Körperteilen verschiedener Individuen betätigt werden, kommen ähnliche Erinnerungen und Empfindungen auf.«

Ich bin auf das Rolfing abgeschweift, weil diese Methode so überzeugend die Beziehungen zwischen den Erfahrungen eines Menschen und seinem Körper als Speicher dieser Erfahrungen aufzeigt. Wenn wir es gelernt haben, den Körper zu »lesen«, dann können wir aus der Körperstruktur, der Haltung und dem Bewegungsablauf ganz wesentliche Informationen über einen Menschen erhalten.

Studieren Sie die Karte des Körpers

Die folgenden Ausführungen können nicht mehr als eine knappe Einführung in dieses interessante Thema sein. Am sinnvollsten ist es natürlich, in einem Seminar systematisch die *Karte* des Körpers zu studieren.

Ein Ungleichgewicht, das Sie leicht am bekleideten Körper feststellen können, ist die Gewichtsverteilung zwischen Oberkörper und Unterkörper. Eine Tendenz zu diesem Ungleichgewicht ist sicher bei allen Menschen vorhanden. Bei einigen aber sind die Unterschiede so deutlich, daß sie gar nicht übersehen werden können.

Nehmen wir zuerst den Fall des starken *Unterkörpers*: Während das Gesicht und der Oberkörper schlank sind, ist der Körper von der Taille abwärts stark entwickelt. Diese Betonung des Unterkörpers hat nichts mit Übergewicht zu tun. Wenn solche Menschen allerdings viel essen, dann macht sich das im wesentlichen nur unterhalb der Gürtellinie bemerkbar. Der Bauch, das Gesäß, die Oberschenkel werden im Vergleich zum Oberkörper unverhältnismäßig dick. Bei der Deutung dieses Ungleichgewichts können wir mit Gewinn die Erkenntnisse der chinesischen Meister des *Tao* verwerten.

Nach chinesischer Auffassung steht der Mensch zwischen Himmel und Erde. Die Energie fließt durch ihn hindurch, von oben, vom Kosmos, nach unten in die Erde und umgekehrt. Wenn die Energie ohne Störungen fließen kann, dann hat der Mensch einen harmonischen, symmetrischen Körper, ohne irgendwelche Verschiebungen nach unten oder nach oben.

Die Forscher, deren Forschungsobjekt das menschliche Körperbewußtsein ist, sind zu der gleichen Anschauung gekommen. Wenn der Mensch einen stärkeren Bezug zur Erde hat, dann wird sich seine Körperstruktur im Erdbereich kräftiger ausprägen. Die Energie staut sich im unteren Bereich, während im Oberkörper Energiemangel herrscht. Ein solcher Mensch wird gesetzter, stabiler, aber vielleicht auch schwerfälliger, unbeweglicher, passiver sein. Die Lebenseinstellung führt zu einer bestimmten Körperstruktur. Diese Struktur wiederum beeinflußt seine Lebenshaltung.

Menschen mit einer starken unteren Körperhälfte fühlen sich in stabilen Verhältnissen wohl. Häuslichkeit, Ruhe, Beständigkeit sind für sie wichtig. Ist der Oberkörper als Folge des starken Ungleichgewichts unterentwickelt, schlecht durchblutet, ohne Energie, dann fehlt diesen Menschen die Kraft für aktives bestimmtes Handeln, für soziale Kontakte, Selbstausdruck, Selbstbehauptung, Selbstdurchsetzung. Die Verschiebung nach unten findet man häufiger bei Frauen als bei Männern.

Das andere Extrem ist ein *Oberkörper*, der im Verhältnis zum Unterkörper überentwickelt ist. Diese Verschiebung ist beim bekleideten Menschen etwas schwieriger zu sehen. Bei genauem Hinsehen kann man aber auch bei einem Mann im Straßenanzug erkennen, daß der Oberkörper wuchtig erscheint. Man kann sich gut ausmalen, wie ein Mann mit einem solchen Oberkörper eine geschlossene Tür einrammt. Was ihm allerdings dazu fehlt, ist die Kraft des Bauches, des Beckens und der Beine. Manchmal wirkt der Oberkörper regelrecht aufgeblasen. Solche Menschen erinnern an einen Luftballon, der prall mit Luft gefüllt an einer dünnen Schnur schwebt.

Die Betonung des Oberkörpers bedeutet im positiven Sinn aktives tatkräftiges Handeln und die Fähigkeit, sich auszudrücken, sich zu behaupten. Im negativen Sinn kann es einen übertriebenen Drang zur Selbstbestätigung, zum Sich-selbst-wichtig-Nehmen, zur Aggression bedeuten. Diesen Menschen fehlt aber das Gegengewicht, der Kontakt zum Boden. Der Energiefluß zur Erde ist gestört; sie sind nicht verwurzelt. Die starken Gefühle gehen häufig auf Kosten feinerer, weicherer Gefühle, die sie weder äußern noch empfangen können.

Wenden wir uns nun den *Schultern* zu. An den Schultern kann man besonders gut ablesen, was ein Mensch in seinem Leben verkraften mußte. Die Haltung der Schultern und die bis zum Schmerz gehende Spannung zeigen an, in welchem Maße belastende Erfahrungen gemacht wurden und welche Lasten diese Schultern noch tragen.

Wenn Sie zu den Menschen gehören, die über Schmerzen in den Schultern klagen, dann sollten Sie sich einmal genau beobachten. Ist es nicht so, daß Sie jedesmal, wenn Sie sich ärgern, Angst haben, traurig oder niedergeschlagen sind, wenn Sie eine schlechte Nachricht erhalten oder auch nur eine erwarten, die Schultern und den Nacken anspannen? Vielleicht entspannen sich die Schultern anschließend wieder, wenn das Streßereignis vorüber ist. In der Regel bleibt eine leichte Spannung zurück. Immer wiederkehrendes Anspannen aber führt im Laufe der Zeit zu einer Verfestigung. Der Nacken wird hart und verspannt. Es entsteht eine Blockade, die zur Folge hat, daß die Energie nicht mehr richtig fließt. Der Panzer an der Schulter schützt dann vor weiteren negativen Gefühlseindrücken, muß aber mit einer Erstarrung, mit Schmerzen, Müdigkeit und Gefühlsblockaden erkauft werden.

Die Spannung in der Schultermuskulatur kann man nur bei genauer Beobachtung erkennen. Leichter läßt sich feststellen, ob die Schultern breit, schmal oder rund sind, ob sie hochgezogen, nach vorn gebeugt oder nach hinten gezogen sind. Breite, straffe Schultern wirken männlich und kräftig. Männer mit breiten Schultern kennen dieses Gefühl der Stärke, das durch die Schultern symbolisiert wird, und zeigen sich der Umwelt gegenüber entsprechend selbstsicher. Passen die Proportionen des Körpers aber nicht zu den breiten Schultern, ist zum Beispiel die Taille sehr dünn, dann erweckt dieser Mann zwar den Eindruck der Stärke, ist in Wirklichkeit aber eher passiv weiblich. Die breiten Schultern stellen dann eine Überkompensation der Schwäche dar. Frauen mit breiten Schultern sind meist bereit, typisch männliche Aufgaben zu übernehmen.

Schmale Schultern andererseits deuten darauf hin, daß es diesen Menschen mit einem schwachen Ego schwerfällt, Verantwortung zu übernehmen und das Leben zu meistern. Ähnlich ist es bei runden, hängenden Schultern, die den Eindruck der Schwäche erwekken. Dieser Eindruck täuscht nicht. Da die Leistungsfähigkeit der Menschen mit hängenden Schultern gering ist, ist die Last, die sie im Leben tragen müssen, für sie zu groß.

Hochgezogene Schultern lassen vermuten, daß der betreffende Mensch in seinem Leben häufig die Schultern ängstlich hochgezogen hat oder daß er einmal ein besonders starkes Angsterlebnis hatte. Wenn man Angst hat, zieht man unwillkürlich die Schultern hoch, so als würde man seine Halsschlagader mit den Schultern schützen wollen. Menschen mit hochgezogenen Schultern müssen aber diese Gefühle der Angst gar nicht mehr haben. Frühere Erfahrungen können sich verfestigt haben und drücken sich weiter in dieser Haltung aus. Wir wissen nicht, in welcher Form sie heute noch das Leben bestimmen. Auf jeden Fall sind sie nicht aufgelöst und wirken als Blockade weiter.

Nach vorn gebeugte Schultern haben eine Schutzfunktion. Hier sind es das Herz und die Brust, die geschützt werden. Die Folge ist allerdings, daß der Brustkorb zusammengepreßt wird. Bei häufiger Wiederholung führt dies zu flachem Atmen mit entsprechendem Energieverlust. Sind die Schultern nach hinten gezogen, dann deutet dies auf die Tendenz hin, Aggressionen zurückzuhalten. Wer starke Gefühle in einem Akt der Selbstbeherrschung zurückhält, zieht auch häufig die Schultern unbewußt zurück. Ihm fällt es dann sehr schwer, starke Gefühle wie Wut oder Zorn auszuleben. Es ist, als würden die zurückgezogenen Schultern die Arme und Hände daran hindern, nach vorn zu schlagen.

Ein Mensch, der im Gleichgewicht ist, hält seinen *Kopf* gerade; er ist im Lot. Leider ist dies eher die Ausnahme als die Regel. Entweder ist der Kopf nach vorn geschoben oder nach hinten gelegt, manchmal auch nach links oder rechts geneigt.

Der nach vorn geschobene Kopf zeigt den Menschen, der mit dem Kopf, das heißt mit dem Verstand an die Dinge herangeht. Ein Kopf, der nach unten sinkt, läßt eine gefühlsmäßige Erschöpfung vermuten, die es erschwert, mit dem täglichen Leben fertigzuwerden. Der Nacken ist besonders anfällig für psychische Spannungen. Ist er nach hinten geneigt, dann wissen wir, daß die Gefühle nicht fließen können, sondern zurückgehalten werden. Die Spannung wird im Nacken aufgestaut.

Ein wichtiges Kennzeichen ist die Neigung des Kopfes nach einer Seite. In abgeschwächtem Maße findet sich diese Neigung bei vielen Menschen. Eine Neigung des Kopfes führt zu einer Änderung des Blickwinkels. Man kann seinem Gegenüber aber nur dann direkt in die Augen schauen, wenn dieser Mensch den Kopf gerade hält. Jede Neigung macht es uns also schwerer, sein Wesen zu erfassen. Mit anderen Worten, die Schräghaltung gibt einem Menschen die Möglichkeit, dem anderen nicht direkt gegenüberzutreten und seine Gefühle offenlegen zu müssen.

Aufschlußreich ist auch, nach welcher Seite der Kopf gelegt wird. Ich erinnere mich, daß ich in meiner Schulzeit bei Klassenarbeiten immer den Kopf nach links neigte. Das erweckte natürlich den Eindruck, als würde ich zu meinem Nachbarn hinüberschauen. In einer Englischarbeit hat mir das einmal eine schlechte Note wegen Abschreibens eingetragen . . .

Heute weiß ich, daß die Aktivierung der linken Gehirnhälfte bei vielen Menschen dazu führt, daß sie nach rechts schauen, weg von der aktivierten Seite des Gehirns. Umgekehrt schauen Menschen, deren rechte Gehirnhälfte aktiviert wird, nach links. Eine Neigung des Kopfes nach links bedeutet, daß man nach rechts schaut. Nach links muß man schauen, wenn man den Kopf nach rechts neigt. Man aktiviert eine Gehirnhälfte, um eine Aufgabe mit den Fähigkeiten zu bewältigen, die dieser Gehirnhälfte eigen sind.

Diese Erkenntnisse verdanken wir der modernen Gehirnforschung, die uns gezeigt hat, daß das menschliche Gehirn aus zwei Hälften besteht, die jeweils bestimmte Fähigkeiten besonders ausgeprägt haben. Die linke Gehirnhälfte ist durch Nerven mit der rechten, die rechte Gehirnhälfte mit der linken Körperseite verbunden.

Ganz vereinfacht kann man feststellen, daß die linke Gehirnhälfte in erster Linie zuständig ist für Aufgaben, die ein verbales Denken verlangen. Die rechte Gehirnhälfte zeichnet sich aus durch die Fähigkeit des räumlichen und visuellen Denkens. Eine Kopfneigung nach links, verbunden mit einer Augenbewegung nach rechts, war also im Falle meiner Klassenarbeit ein Zeichen, daß ich die für diese Arbeit geeignete Gehirnhälfte eingesetzt hatte. Aufgaben dagegen, die die räumliche Vorstellung oder das Denken in Bildern erfordern, werden von der rechten Gehirnhälfte gesteuert.

Man kann vermuten, daß Menschen, die gewohnheitsmäßig den Kopf nach links neigen, zu denen gehören, bei denen die linke Gehirnhälfte aktiver und leistungsfähiger ist. Das sind Menschen, deren Denken in erster Linie analytisch-logisch ist, die verbal denken und gut abstrahieren können, also die typischen Verstandesmenschen. Wer den Kopf häufig nach rechts legt, zeigt demzufolge eine stärkere Ausprägung der rechten Gehirnhälfte. Solche Menschen denken eher ganzheitlich, sie lösen Probleme durch Vorstellungskraft und Intuition. Da die rechte Gehirnhälfte eine große Bedeutung für intuitive Fähigkeiten hat, werde ich auf die Funktionen der beiden Gehirnhälften noch ausführlicher zurückkommen.

KAPITEL 6

Die Physiognomie

Wie sicher ist die Gesichtsausdruckskunde?

Die Physiognomiker sind davon überzeugt, daß sich der Charakter eines Menschen in seiner äußeren Erscheinung, vor allem im Gesichtsausdruck, ausprägt. Sie glauben, daß sich die Psyche in den Körper-, Kopf-, Gesichts- und Augenformen widerspiegelt. Einige Physiognomiker gehen so weit, daß sie jedem Teil des Gesichts und des Schädels eine bestimmte Eigenschaft zuordnen.

Schon seit ältesten Zeiten hat man versucht, den Charakter aus der Physiognomie zu deuten. Diese Deutungen beruhen auf Erfahrungen, Spekulationen, Annahmen, aber auch auf intuitivem Einfühlen in das menschliche Wesen. Wie jede Erfahrungswissenschaft ist auch die Kunst der Physiognomik eine Mischung aus Trivialitäten, Projektionen, Glaubenssätzen und auf der anderen Seite durchaus treffenden Deutungen. Wissenschaftlich ist diese Lehre nie bewiesen worden. Die Erfahrung zeigt aber, daß die Aussagen in vielen Fällen durchaus zutreffen. Die Kunst der Deutung besteht demnach nicht nur darin, die Merkmale der Physiognomie zu deuten, sondern aus den Deutungsmöglichkeiten die wahrscheinlichsten herauszusuchen.

Die Physiognomik wird von vielen Menschen vermutlich nur deshalb abgelehnt, weil sie sich nie intensiv mit ihr beschäftigt haben. Das hat sie mit anderen Grenzwissenschaften wie etwa der Astrologie oder dem Handlesen gemeinsam. Ich selbst war früher der Meinung, daß die Physiognomik keine verläßliche Hilfe zur Menschenkenntnis sein könne. Dabei stellte ich folgende Überlegungen an: Wenn bestimmte Merkmale, zum Beispiel des Gesichts, aussagen, wie der Charakter eines Menschen beschaffen sei, dann bedeutet das doch, daß der Charakter etwas Unveränderliches wäre Anders ausgedrückt, der Mensch wäre dann sein ganzes Leben lang Gefangener seines Charakters. Er kann sich nicht ändern, sein Schicksal ist weitgehend vorbestimmt. Er wird sich in den Wechselfällen des Lebens immer in einer bestimmten Weise entsprechend seinem Charakter verhalten.

Natürlich war mir bewußt, daß vieles im menschlichen Wesen vererbt ist, also vorherbestimmt. Was aber ist mit der Beeinflussung und Prägung durch die Umwelt und die sozialen Gegebenheiten? Ganz sicher formen diese doch auch den Charakter eines Menschen – wobei dahingestellt sein mag, in welchem Grad. Wenn aber diese Einflüsse bei der Prägung des Charakters eine Rolle spielen, dann muß sich auch der Mensch in seinen äußeren Formen entsprechend ändern, wenn die Physiognomik stimmen soll.

Ich wollte es zuerst nicht glauben, aber dies ist tatsächlich der Fall. Machen wir uns das am Beispiel der Nase einmal deutlich. Die kindliche Nase ist noch klein, weich, unten rundlich, oben mehr nach innen gebogen. Dies entspricht in der Deutung dem kindlichen Charakter! Das Kind ist weich, lebt nur nach seinem Gefühl, seinem Empfinden, es nimmt Eindrücke auf. Im Lauf des Lebens entwickelt sich die Nase und zeigt dann den jeweiligen Stand der charakterlichen, körperlichen und geistigen Entwicklung an. Die Nase kann sich das ganze Leben über verändern, entsprechend der Veränderung von Charakter und Willen. Diese Veränderungen sind manchmal sehr fein und fallen nur einem aufmerksamen Beobachter auf. Aber sie sind da. Ähnliches kann man zum Beispiel auch an den Linien der Hand sehen und leicht überprüfen. Wenn man von seiner Handinnenfläche einen Abdruck macht und dies in einem ein- bis zweijährigen Abstand wiederholt, sieht man häufig ganz deutlich, wie sich die kleinen Linien, manchmal auch die großen, in Richtung oder Stärke verändert haben.

Überzeugt hat mich vor allem die Praxis. In einem Kursus über Psycho-Physiognomik nach CARL HUTER diagnostizierte die Leiterin, Frau WILMA CASTRIAN, mit verblüffender Treffsicherheit die

Charaktereigenschaften der Teilnehmer. Unter ihnen waren gute Freunde von mir, so daß ich ihre Aussagen aus eigener Erfahrung bestätigen konnte. Nach Meinung meiner Freunde beschrieb sie auch meinen Charakter, meine Fähigkeiten und Schwächen völlig richtig. Im persönlichen Gespräch bekam ich eine Bestätigung meiner Auffassung, die ich im folgenden zusammenfasse.

Nur eine sehr intensive Beschäftigung mit der Physiognomik führt zu einem verläßlichen Grundwissen. Die Kursleiterin blickte auf eine dreißigjährige Erfahrung zurück. Einzelmerkmale sind nie aussagefähig. Es müssen immer Kombinationen von Merkmalen beobachtet und bewertet werden. Nicht nur die Quantität entscheidet, sondern vor allem die Qualität der Merkmale. Der Mensch sieht das, was er zu sehen erwartet. Der Beobachter muß also versuchen, möglichst neutral zu bleiben.

Daraus ergibt sich: Erst nach einer langjährigen intensiven Schulung ist man in der Lage, alle Merkmale in der richtigen Kombination zu erfassen. Die Versuchung, aus Einzelmerkmalen Schlüsse zu ziehen, ist sehr groß, führt aber meist zu falschen Ergebnissen. Die Qualität eines Merkmals läßt sich meist nur gefühlsmäßig bestimmen. Die physiognomischen Merkmale zeigen deshalb nur gewisse Tendenzen an, die dann durch sorgfältige Beobachtung des Verhaltens und durch Intuition überprüft werden müssen. Erfolgreiche Physiognomiker räumen ein, daß die intensive Beschäftigung mit dieser Materie den Ausgangspunkt bildete, von dem aus sie sich einen gefühlsmäßig-intuitiven Zugang zu den Menschen erschlossen haben.

Die Qualität der Merkmale

Die Qualität der verschiedenen Teile des Gesichts ist ein übergeordnetes, sehr aussagefähiges Merkmal. Was darunter verstanden wird, wird Ihnen klar werden, wenn Sie sich die zwei Gesichter, die ich jetzt beschreiben werde, vorstellen.

Das erste Gesicht hat eine starke Ausstrahlung. Es ist, als würde von innen heraus eine Art Magnetismus wirken. Die Haut wirkt frisch, lebendig, feinporig, mit gesunder Spannung. Die Augen sind klar, manchmal leuchten sie von innen heraus. Ganz deutlich fühlt man die physische und psychische Lebenskraft eines solchen Menschen.

Das zweite Gesicht wirkt matt, ausdruckslos, stumpf. Dieses Gesicht kann keine Kraft ausstrahlen, es ist leer. Die Haut hat keine Spannung, sie ist grobporig, teigig, trüb, stumpf. Hier strömt Ihnen keine Lebenskraft entgegen, und Sie haben eher das Gefühl, daß Ihnen Kraft genommen wird.

Solche Extreme finden sich nur bei einem kleinen Teil der Menschen. Die anderen liegen irgendwo zwischen diesen beiden Polen. Leider läßt sich nicht eindeutig beschreiben, wie man eine bestimmte Qualität erkennen, messen, definieren kann. Erste Hinweise geben die Farbe und die Spannung der Haut sowie die Feinporigkeit des Gewebes. Das sind Kennzeichen, die Sie bei genauem Beobachten unterscheiden können.

Wenn Sie aber als nächstes die Strahlung des Gewebes erkennen wollen, so müssen Sie sich auf Ihr Gefühl verlassen. Strahlung ist etwas Unbestimmtes, etwas, was man eigentlich nicht sehen kann. Das gleiche gilt für den Augenausdruck und die Strahlkraft des Blickes. Man nimmt sie nur wahr, wenn man sich für solche Gefühle empfänglich macht. Dann spürt man auch ein Fehlen dieser Kraft. Fast ist es so, als würde eine Person mit wenig Lebensenergie Ihre Kraft wie ein Sog abziehen. Mich erinnert dieser Vorgang immer an ein Sumpfloch, das alles verschlingt, was unvorsichtigerweise in seine Reichweite kommt. Wer in der Nähe eines Menschen ohne Lebenskraft ist, fühlt sich bald leer und ausgesaugt.

Wenn Sie daran gehen, aus dem Äußeren eines Menschen auf seinen Charakter zu schließen, dann dürfen Sie die Qualität der Merkmale auf keinen Fall unberücksichtigt lassen. Machen wir uns das wieder am Beispiel der Nase klar. In der Nase kommen die geistige Willenskraft, die motorische Tätigkeit, Tatkraft und Fleiß, Gemüt, Empfinden sowie materieller Genuß zum Ausdruck. Die Nasenflügel zeigen die Art der Atmung und damit auch die Kraft oder Schwäche der Lungen. Kräftige Nasenflügel, mit gesundem Gewebe und mit Spannkraft deuten auf gesunde Atmung und damit auf ein gesundes Lebensgefühl hin. Kleine Nasenflügel, die außerdem noch verhärtet, gerötet oder ohne Elastizität sind, lassen an schwache Atmung und als Folge davon an schwache Lebenskraft denken. Neben der Größe und Form ist also die Qualität ein wichtiger Faktor.

Die Achsen des Kopfes

CARL HUTER verdanken wir die Erkenntnis, daß bestimmte Achsenlagen im menschlichen Kopf uns erlauben, Stärken und Schwächen menschlicher Eigenschaften festzustellen. Die drei wichtigsten Achsen sind die Konzentrationsachse, die Willensachse und die Liebesachse. Es sind gedachte Linien, die seitlich vom Gesicht zum Hinterhaupt führen.

Die Konzentrationsachse läuft von der Nasenwurzel waagerecht nach hinten zum mittleren Hinterhaupt. Die Willensachse geht vom oberen Teil des Kinns über die Schläfe vor dem Ohr schräg nach oben zum oberen Hinterhaupt. Die Liebesachse läuft vom unteren Hinterhaupt, also oberhalb des Nackens, schräg nach oben vorn zum vorderen Oberhaupt über der Stirn.

Ich will hier nicht auf alle Feinheiten eingehen. In der Praxis ist es ohnedies schwierig zu entscheiden, ob eine Achse relativ lang oder kurz ist. Man kann aber erkennen, ob eine Achse außergewöhnlich lang ist. Dann wissen Sie, daß die entsprechende Eigenschaft vermutlich gut ausgebildet ist.

Eine lange *Konzentrationsachse* deutet auf die Fähigkeit zu geistiger und körperlicher Konzentration hin. Ist dabei der Teil der Achse vom Ohr zur Stirn größer, dann kann dieser Mensch sich gut auf geistige Tätigkeiten konzentrieren. Ist der Teil vom Ohr zum Hinterschädel länger, dann hat er die nötige Konzentration bei körperlicher Tätigkeit. Diese Fähigkeit ist eine der Grundvoraussetzungen für einen Spitzensportler.

Die *Willensachse* zeigt den Menschen mit starkem Willen, der seinen Willen durchsetzt und mit Willens- und Tatkraft vorgeht. Man sieht die lange Willensachse deutlich bei Menschen, die ein ausgeprägt vorstehendes Kinn und ein hohes Hinterhaupt haben.

Die *Liebesachse* zeigt die Beziehung zur Umwelt. Ist sie sehr lang, dann ist die Beziehung zum *Du* von Menschenliebe, Herzensgüte und Hilfsbereitschaft getragen. Menschen mit dieser Prägung sind besonders geeignet für soziale Berufe.

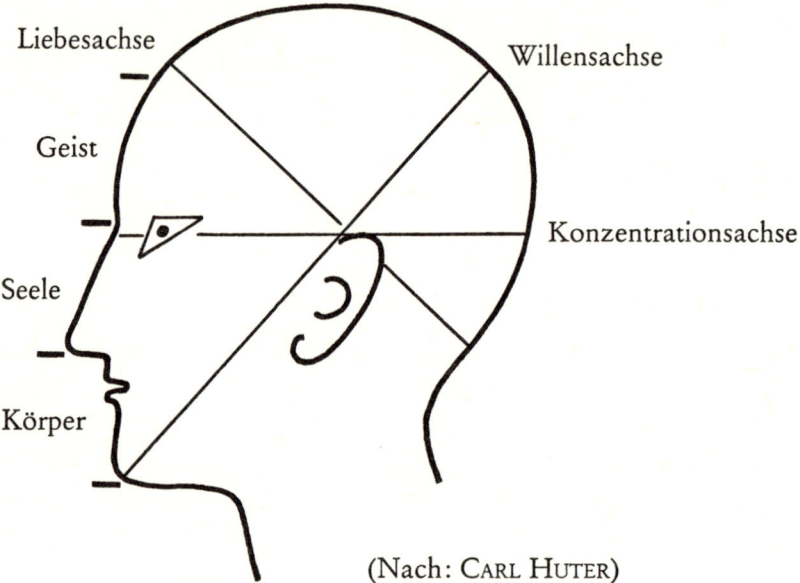

(Nach: CARL HUTER)

Die drei Prinzipien

Man kann das Gesicht waagerecht in drei Regionen einteilen. Jede dieser Regionen verkörpert ein anderes Prinzip. Das Prinzip des *Geistes* ist in der Stirn verkörpert. Es ist das *erste Prinzip,* denn die letzte Ursache für alles Geschehen liegt im Geistigen. Die Stirnregion beginnt an den Stirnkanten und endet an der Nasenwurzel, in Höhe des Ansatzes der Augenbrauen.

Die drei Prinzipien

Von der Nasenwurzel bis zur Nasenspitze herrscht das *zweite Prinzip*, das der *Seele*. Nase, Wangen, Augen drücken das Wollen und die seelischen Kräfte aus.

Von der Oberlippe nach unten bis zum Ende des Kinns herrscht das *dritte Prinzip*, das Prinzip des *Körpers*. Kinn, Mund und Oberkiefer zeigen die körperliche Kraft, körperliches und sinnliches Leben, Selbsterhaltung und Sexualtriebe.

Beim Menschen herrscht immer eines der drei Prinzipien vor. Wenn die drei Prinzipien fast gleich stark entwickelt sind, so deutet dies auf Ausgeglichenheit und Harmonie. Bei genauem Betrachten können wir aber ausnahmslos feststellen, daß ein Prinzip etwas stärker ist als die anderen.

Am besten erkennt man die drei Prinzipien, wenn man das Gesicht im Profil betrachtet. Nehmen wir an, die Stirn ist bis zur Nasenwurzel acht Zentimeter lang, die Nase sieben Zentimeter, und von der Oberlippe bis zur Kinnspitze sind es sechs Zentimeter. Dann haben wir eine klare Reihenfolge, erstes, zweites, drittes Prinzip. Bei diesem Menschen herrscht der Geist vor; er wird von Verstandeskräften geleitet. Das Gefühlsleben ist schwächer ausgeprägt, aber es steht an zweiter Stelle und deshalb wird sein Leben doch gefühlsmäßig beeinflußt. Das körperliche Prinzip steht an letzter Stelle, das heißt, für diesen Menschen wird das Körperlich-Materielle eine untergeordnete Rolle spielen.

Stellen Sie sich jetzt ein Gesicht vor, bei dem die Stirn am längsten ist, also wieder das geistige Prinzip an erster Stelle steht. Dann folgt aber das dritte Prinzip, das körperliche, und erst zuletzt das zweite, oder gefühlsmäßige. Auch bei diesem Menschen ist das Geistige bestimmend für sein Leben. Das Geistige wird aber nicht von Gefühlen beeinflußt werden, sondern die körperlich-sinnlichen oder materiellen Aspekte des Lebens werden sich sehr bemerkbar machen. Geistige Ideale werden diesen Menschen schwerlich von der Wirklichkeit wegziehen, dafür ist das Gefühl nicht stark genug. Er wird nie den Boden unter den Füßen verlieren.

Ist das dritte Prinzip beherrschend, dann bestimmt es das Verhalten eines Menschen. Aktive körperliche Tätigkeit, Freude am sinnlichen Genuß, materielles Streben können sich darin ausdrükken. Je nachdem, welches Prinzip an zweiter Stelle steht, werden gefühlsmäßige oder geistige Aspekte die körperlichen beeinflussen.

Um die Reihenfolge der Prinzipien festzustellen, bedarf es einiger Übung. In diesem Fall kann man auch an Photos üben, die das Profil, die Seitenansicht, eines Menschen zeigen. Greifen Sie ruhig einmal zum Zentimetermaß. Mit der richtigen Beobachtung der Proportionen steht und fällt Ihre Beurteilung.

Die Stirn zeigt Art und Grad des Bewußtseins

Schauen wir uns eine Stirn an, so fallen zwei Dinge besonders auf: die Höhe der Stirn im Verhältnis zum mittleren und unteren Teil des Gesichts und, wenn wir den vertikalen Aufbau der Stirn selbst betrachten, die Betonung der Unterstirn, der Mittelstirn oder der Oberstirn.

Ist die Stirn die größte Region des Gesichtes, so herrscht das geistige Prinzip vor. Dieser Mensch versucht, das Leben geistig zu erfassen. Die gefühlsmäßige und die körperliche Seite des Lebens treten demgegenüber zurück. Es gibt allerdings auch sehr hohe Stirnen, deren Inhaber keineswegs eine geistige Entwicklung zeigen. Die Kraftlosigkeit der Formen, also die Qualität der Merkmale, ist in diesem Fall entscheidend.

Die Betonung der *Oberstirn* erkennen wir dann, wenn wir einen Menschen von der Seite betrachten. Die betonte Oberstirn bedeutet, daß der Mensch nach Wahrheit und höherer Erkenntnis sucht. Seine Fähigkeit zur Intuition ist stark ausgeprägt.

Die *Mittelstirn* drückt die Fähigkeit aus, praktisch zu denken, also seine Fähigkeiten und Erfahrungen bestmöglich zu verwerten. Im oberen Teil der Mittelstirn zeigt sich die Fähigkeit zum kritischen und logischen Denken.

Der Mensch mit betonter *Unterstirn* kann gut beobachten und das Beobachtete im Gedächtnis behalten. Er hat auch Freude am

Die Stirn zeigt Art und Grad des Bewußtseins

Beobachten. Die Auffassungsgabe für alle realen Dinge ist gut. Er wird sich meistens für Wissensgebiete wie Naturwissenschaften oder Technik interessieren. Der Mensch mit schwacher Unterstirn wird weniger gut beobachten und das, was er gesehen hat, nur unvollständig oder falsch wiedergeben können. Beim Kleinkind ist die Unterstirn in der Regel noch schwach ausgebildet. Für das Kind ist die genaue Beobachtung noch nicht von Bedeutung. Es lebt in erster Linie in einer Gefühlswelt.

Betrachten wir nun die Stirn in der *horizontalen Ebene*. Die *Nasenwurzel* zeigt die geistige Kraft des Menschen. Eine plastisch ausgeprägte, kräftige und breite Nasenwurzel findet man bei gei-

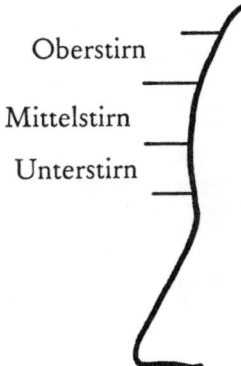

stig überlegenen Menschen, die sich gut konzentrieren können und ruhig und gelassen handeln. Der Sinn und das Gedächtnis für Formen und Gestalten sind gut. Sie können Formen und Gestalten gut beobachten, im Gedächtnis behalten und wiedergeben. Das Talent zum Zeichnen und Modellieren ist gut ausgeprägt. Auf Selbstporträts berühmter Maler kann man diesen Form- und Gestaltsinn immer wieder erkennen.

Diese Ausprägung der Nasenwurzel deutet auch auf ein gutes Namensgedächtnis hin. Menschen mit einem solchen Merkmal haben anscheinend keine Mühe, nach einmaliger Begegnung einen Namen zu speichern und noch Monate oder gar Jahre danach die betreffende Person bei einer Wiederbegegnung mit dem richtigen Namen anzureden.

Zeigt die Nasenwurzel andererseits eine tiefe Einbuchtung, dann ist die geistige Energie gering, die Konzentrationsfähigkeit schwach. Auch das Gedächtnis für Formen und Gestalten sowie das Namensgedächtnis sind nicht besonders gut entwickelt.

Eine *Vorwölbung am äußeren Augenwinkel,* dort wo die Stirn zur Schläfe übergeht, findet sich besonders häufig bei Menschen mit einer ausgeprägten Anlage für mathematische Fähigkeiten. Die Ausprägung ist in der Regel auf der linken Seite stärker als auf der rechten.

Die Aussagekraft der Augen und Augenbrauen

Die Augen sind der Spiegel der Seele. Wer hätte diesen Satz noch nie gehört? Alle Physiognomiker sind sich darin einig, daß das Auge physiognomisch das aussagefähigste Organ ist. Die Fähigkeit, aus den Augen zu lesen, ist deshalb sehr wertvoll. Leider lassen uns die Physiognomiker im Stich, wenn es um die praktische Verwertbarkeit dieser nützlichen Kunst geht. Wenn man die Beschreibung der Eigenschaften liest, die man aus den Augen erkennen kann, dann werden meist Bilder berühmter Persönlichkeiten zur Illustration gezeigt. Es drängt sich der Verdacht auf, daß nicht vom Augenausdruck auf die Eigenschaften geschlossen wird, sondern genau umgekehrt. Da die Eigenschaften bekannt sind, ist die Versuchung groß, in einem bestimmten Augenausdruck eine spezifische Eigenschaft zu erkennen. Der Phantasie sind hier Tür und Tor geöffnet.

Auch sonst sind die Angaben höchst widersprüchlich. Da heißt es, daß Menschen, deren Augen eng zusammenstehen, dazu neigen, reserviert oder berechnend zu sein, daß sie engstirnig oder introvertiert sind. In einem anderen Lehrbuch der Physiognomik wird demgegenüber darauf hingewiesen, daß näher zusammenstehende Augen auf Innerlichkeit und Treue und auf vorwiegend geistig ausgerichtete Erfassungskraft hinweisen. Vorsicht ist also hier angebracht.

Welche zuverlässigen Informationen kann uns das Auge geben? Es sind Informationen, die wir eher fühlen als sehen können. In erster Linie sagen die Augen etwas über die *energetischen* Zustände aus. Sie zeigen, ob das Energieniveau des Menschen hoch oder niedrig ist. Ein Mensch, der über reichlich Energie verfügt, bei dem die Energie fließt, ohne blockiert zu sein, hat einen besonders strahlenden, *leuchtenden Blick.* Menschen, die glücklich sind, zeigen ebenfalls dieses Leuchten. Wir wissen, daß positives Denken, Lachen, Freude dem Menschen Energie zuführen; negative Gedanken, Depressionen drücken den Energiepegel. Menschen mit viel Energie sind starke Persönlichkeiten! Verwechseln Sie aber das Leuchten nicht mit dem Fieberglanz der Augen eines kranken Menschen.

Das Gegenteil eines leuchtenden Auges ist das *matte Auge.* Es zeigt, daß dieser Mensch wenig Energie hat. Vielleicht ist er krank oder hat durch Sorgen, Angst, Ärger oder Depressionen Lebenskraft verloren. Das matte Auge zeigt, daß dieser Mensch ermattet ist, erschöpft, müde, freudlos, unglücklich, am Ende seiner Kraft.

Dr. JOHN DIAMOND hat in seinem grundlegenden Buch über die behaviorale Kinesiologie *Der Körper lügt nicht* (11) auf die sogenannten Sanpaku-Augen hingewiesen. Diese Augen gelten in der traditionellen Medizin Japans als Zeichen für wenig Lebensenergie. Sanpaku bedeutet im Japanischen, daß beim Geradeausschauen die Pupille sich so hoch im Auge befindet, daß drei Seiten, also der Raum unterhalb und neben der Pupille, weiß sind. DIAMOND weist darauf hin, daß viele berühmte Leute Sanpaku-Augen hatten, zum Beispiel JOHN F. KENNEDY, ABRAHAM LINCOLN und MARILYN MONROE.

Ein Energiemangel drückt sich auch im *verhängten* oder *verschleierten* Auge aus, bei dem das Oberlid ohne Spannung herabhängt. Hier zeigt sich unter Umständen auch geistige Stumpfheit, Trägheit, Gleichgültigkeit, Ermüdung und Erschöpfung.

Ein Blick kann auf uns ganz unterschiedlich wirken. Wir spüren den warmen, liebevollen, sanften Blick eines Menschen oder den kalten, herzlosen, harten, stechenden, feindseligen, den traurigen, ängstlichen, leidenden, den geistesabwesenden, ausdruckslosen, den sinnlichen. Wir wissen aber nicht, ob diese Qualitäten einen vorübergehenden Zustand ausdrücken, der nur für die augenblickliche Situation gilt, oder ob sie auf bestimmte anhaltende Charaktereigenschaften hinweisen.

Sollten Sie deshalb zum Beispiel einem Menschen mit haßerfülltem Blick gegenüberstehen, tun Sie gut daran zu fragen, welche Umstände ihn zu diesen negativen Gefühlen getrieben haben. Machen Sie es wie ein guter Richter: ». . . im Zweifel für den Angeklagten.« Suchen Sie zumindest nach weiteren Charaktermerkmalen, die zeigen, was hinter diesem haßerfüllten Blick steckt.

Augenbrauen fallen sofort auf, deshalb lohnt es sich, hier vergleichende Studien zu betreiben. Vielleicht finden Sie die folgenden Angaben über die Augenbrauen bestätigt.

Augenbrauen, die *hoch* über den Augen liegen und geschwungen sind, deuten darauf hin, daß das Gefühl gegenüber dem Verstand vorherrscht. Diese Menschen sind harmonisch, lebhaft und nehmen das Leben nicht allzu schwer.

Gerade Augenbrauen deuten darauf hin, daß das verstandesmäßige reale Denken dominiert. *Starke, buschige* Augenbrauen findet man bei Menschen mit starker Tatkraft und leidenschaftlichem Temperament. Liegen die Augenbrauen in der Mitte *eng zusammen* oder sind sie sogar zusammengewachsen, dann beherrschen leidenschaftliche Gefühle und Gedanken diesen Menschen.

Die Nase drückt die Persönlichkeit aus

Die Nase unterliegt dem zweiten Prinzip; in ihr drücken sich die seelische Kraft und das Wollen aus. Was der Mensch will, wird entweder triebmäßig oder durch einen geistigen Impuls bestimmt, das heißt, der Wille entspringt geistiger Freiheit. Die folgenden Merkmale der Nase sind leicht zu beobachten.

Anders dagegen die Nase, die nach außen gebogen ist, die einen *Nasenhöcker* hat. Menschen mit einer solchen Ausbuchtung haben einen starken Leistungsdrang, wollen aktiv tätig sein und schrecken vor Hindernissen nicht zurück. »Du mußt herrschen und gewinnen, oder dienen und verlieren, leiden oder triumphieren, Amboß oder Hammer sein«, sagte Goethe. Menschen dieser Kategorie sind nicht Amboß, sondern Hammer.

Wenn wir die Nase von vorn anschauen, können wir feststellen, ob der *Nasenrücken* breit oder schmal ist. Ein breiter Nasenrücken spricht für körperliche und geistige Kraft und Ausdauer, der schmale Nasenrücken ist bei feingeistigen Menschen zu finden.

Mund und Kinn – Gefühl und bewußtes Wollen

Kinn, Mund und Oberkiefer lassen die körperliche Kraft eines Menschen erkennen. Es handelt sich um das dritte Prinzip. Das *Kinn* kann lang und breit sein, dann verfügt dieser Mensch über starke körperliche und sexuelle Kräfte. Hindernisse überwindet er mit Tatkraft. Steht das Kinn stark vor, dann drückt sich darin der Drang aus, sich für eine Sache nicht nur mit ganzer Kraft, sondern auch offensiv einzusetzen.

Ein schmales, kurzes Kinn zeigt den eher nachgiebigen Menschen mit mäßiger Körperkraft. Ist das Kinn klein und zurückliegend, dann verfügt dieser Mensch über wenig Kraft und kann sich auch nur schwer behaupten.

Betrachten wir einen *Mund,* so fällt uns vor allem auf, ob die Lippen weich und voll oder schmal und hart sind. Menschen mit weichen Lippen sind für sinnliche Genüsse empfänglich. Der weiche, füllige Mund läßt auf Freude am Genuß schließen.

Menschen mit schmalen, dünnen oder sogar harten Lippen dagegen öffnen sich weniger für sinnliche Eindrücke. Auch in ihren Gefühlsäußerungen sind sie zurückhaltend und beherrscht.

Eine mehr heitere, optimistische Lebensauffassung finden wir bei Menschen mit heraufgezogenen Mundwinkeln, während die nach unten hängenden Mundwinkel auf Pessimismus oder Verbitterung deuten. Aber diese Erkenntnis ist Ihnen sicher nicht neu.

Im Ohr zeigen sich seelische Kräfte

Das *Ohr* gibt uns Aufschlüsse über das Seelenleben des Menschen. Am Ohr fällt uns zuerst auf, ob es gut geformt ist, also harmonisch wirkt, oder ob es mißgebildet ist und ungleichmäßig aussieht. Im zweiten Fall können wir auf eine vererbte seelische Belastung schließen. Menschen mit kleinen Ohren haben eher seelische Hemmungen als solche mit großen Ohren, die viel mehr seelische Energie haben.

Die *Ohrläppchen* können voll, groß und gut durchblutet sein. Dann funktionieren die Lymphdrüsen gut und das Kräftepotential ist groß. Menschen mit kleinen, schwachen Ohrläppchen brauchen viel länger, um ihre Kräfte nach einer Anstrengung zu regenerieren.

Die Ohrläppchen können im unteren Teil einen Halbkreis bilden oder mehr oder weniger angewachsen sein. *Angewachsene Ohrläppchen* deuten auf die Fähigkeit zu schnellen Entschlüssen, aber auch auf die Neigung zu scharfen Reaktionen, plötzlichem Meinungsumschwung, unberechenbarem, heftigem, sprunghaftem Verhalten und Stimmungsumschwung. Mit anderen Worten, plötzliche seelische Impulse können vernünftiges Denken verhindern. Dies gilt vor allem, wenn die Ohrläppchen sehr stark angewachsen sind. Ein Mensch mit freien Ohrläppchen wird viel überlegter und ruhiger entscheiden und handeln.

Während sich die Ohrform im Laufe des Lebens kaum verändert, kann sich der Abstand der Ohren zum Kopf vergrößern. *Abstehende Ohren*, vor allem, wenn sie noch dünn sind, bedeuten seelische Spannungen. Dies kann sich in kritischem Verhalten, das bis zur Oppositionslust gehen kann, ausdrücken.

Das sind nur die wichtigsten Merkmale. Erst wenn man intensive Studien betrieben hat und diese Merkmale sicher erkennt und deuten kann, ist es sinnvoll, noch mehr ins Detail zu gehen. Denken Sie aber bitte immer daran, daß man aus einer einzigen Form nur Tendenzen erkennen, aber nicht den Charakter analysieren kann.

KAPITEL 7

Auch die Hände geben Auskunft

Die Chirologie gibt hilfreiche Hinweise

Die Handlesekunst oder Chirologie ist eine der ältesten Methoden der Menschheit, um den menschlichen Charakter zu erkennen. Bereits in Babylon und Assyrien beschäftigte man sich mit dieser Kunst. In Indien und China gehörte und gehört sie immer noch zur Wissenschaft, und zwar zur Erfahrungswissenschaft. Voraussetzung für die richtige Anwendung dieser Wissenschaft ist die sorgfältige Beobachtung und Kombination. Damit wird die Chirologie auch zur Kunst, nämlich zur Handlesekunst.

Intensive Beschäftigung, lange Erfahrung und Intuition sind erforderlich, um mit dieser Methode zu zuverlässigen Ergebnissen zu kommen. Es ist ähnlich wie bei der Physiognomik: Einzelmerkmale sagen wenig aus. Erst die Wahrnehmung und richtige Kombinaton mehrerer Merkmale und das intuitive Erfassen subtiler qualitativer Eindrücke führen zu einer treffenden Beurteilung.

Ein Problem bei der Anwendung der Chirologie für Zwecke der praktischen Menschenkenntnis ist, daß Sie nicht ohne weiteres einen Menschen bitten können, Ihnen seine Hand zum sorgfältigen Studium hinzulegen. Aber auch wenn die Möglichkeiten eingeschränkt sind – schon aus dem, was man von außen sieht, kann man viel erfahren. Aus der Form und den Fingern der Außenhand kann man wichtige Erkenntnisse gewinnen.

Wesentlich mehr sagt allerdings die Handinnenfläche aus. Manchmal bekommt man einen Einblick in die Innenfläche der Hand, wenn der Partner lebhaft redet. Nach meiner Erfahrung kann man Freunde und gute Bekannte immer bitten, ihre Hand hinzuhalten.

Wenn Sie aber aus der Hand lesen, beachten Sie auf jeden Fall folgende Regeln: Handlesen hat nichts mit Wahrsagen zu tun. In der Hand eines Menschen schlägt sich nieder, was er im Laufe eines Lebens aus sich selbst gemacht hat. Außerdem können Sie seine Charakteranlagen und Entwicklungstendenzen ergründen, also die Möglichkeiten, die er in sich hat.

Die Gefahr von Fehldeutungen ist groß. Was Sie sagen, kann stimmen, aber auch ebensogut falsch sein. Wie überall in der Menschenkenntnis sagt ein Einzelmerkmal nicht genügend aus; immer ist eine Kombination von Merkmalen erforderlich, um aussagefähige Erkenntnisse darauf aufzubauen. Für die richtige Kombination braucht man aber viel Erfahrung und Intuition. Können Sie wirklich das, was Sie sagen, verantworten? Sagen Sie also nie etwas, was den anderen in Unruhe versetzt.

Am besten fangen Sie damit an, aus der Hand wichtige Ereignisse des bisherigen Lebens zu ergründen. Wenn das stimmt, was Sie aus der Vergangenheit sehen, dann haben Sie die Bestätigung, daß Sie über gewisse Handlesefähigkeiten verfügen. Anschließend können Sie versuchen, die am meisten auffallenden Charakteranlagen festzustellen und auf Entwicklungsmöglichkeiten hinzuweisen. Aber das sollte wirklich nicht mehr als ein Hinweis sein, über den man nachdenken kann. Achten Sie vor allem auf Ihre Worte, wägen Sie jedes Wort sorgfältig ab.

Man sollte die Chirologie streng von der Chiromantie unterscheiden. Chirologie ist die Lehre von der Hand, Chiromantie ist das Wahrsagen aus der Hand. Natürlich kann es im Zusammenhang dieses Buches nur darum gehen, aus der Hand auf den menschlichen Charakter zu schließen.

Das im Lauf der Jahrhunderte gesammelte Erfahrungsmaterial ist allerdings riesengroß – und leider widersprüchlich. Dies ist verständlich, wenn man weiß, daß die Erkenntnisse in mindestens fünftausend Jahren gesammelt wurden, und das in einem Gebiet, das von China, Indien, Ägypten bis nach Griechenland und Westeuropa reichte.

Aus diesem Grund beschränke ich mich in meiner Darstellung

auf das Wesentliche, auf das, was bei den verschiedenen Autoren übereinstimmt und was ich selbst überprüfen konnte.

Wenn Sie ein Skeptiker sind, werden Sie fragen, ob es denn überhaupt möglich ist, aus der Hand auf den Charakter eines Menschen zu schließen. Entstehen zum Beispiel die Linien in der Innenhand nicht nur dadurch, daß eine Hand immer wieder gebeugt oder geschlossen wird? Sie können sich ganz einfach davon überzeugen, daß dies nicht so ist, wenn Sie die Hand eines neugeborenen Kindes betrachten. Die Hauptlinien in der Handinnenfläche bilden sich schon lange vor der Geburt. Die Bewegung hat keinen Einfluß auf die Handlinien. Es gibt Hände von Neugeborenen, die wesentlich mehr Linien aufweisen als die Hände erwachsener Menschen. Wenn die Linien durch Bewegung entstünden, dann müßten Menschen, die körperlich arbeiten, viel mehr Linien haben. Dem ist aber nicht so. Ebensowenig werden die Handlinien durch die Arbeit beeinflußt. Natürlich kann die Einwirkung bestimmter aggressiver Stoffe bei der Arbeit die Haut beschädigen und damit die Linien der Hand vorübergehend verletzen.

Die Linien können sich im Laufe des Lebens ändern. Bei den Hauptlinien ist dies seltener der Fall – und wenn, dann sehr langfristig. Die Nebenlinien aber verändern sich häufig, sie ändern die Richtung, werden stärker oder schwächer und manchmal entdeckt man neue Linien oder Zeichen. Diese Veränderungen entsprechen dem Leben des betreffenden Menschen. Erfahrungen, Schicksalsschläge, geistige Entwicklung sind in der Hand eingezeichnet.

Der Händedruck – erster körperlicher Kontakt

Da es bei uns üblich ist, daß wir uns mit einem Händedruck begrüßen, gibt der Händedruck die Möglichkeit, mit einem anderen Menschen Kontakt aufzunehmen. Der Händedruck trägt in zweifacher Weise zur Menschenkenntnis bei.

Erstens zeigt er Ihnen das augenblickliche Verhalten des anderen. Je nachdem, wie ein Mensch die Hand drückt, bringt er damit seine bewußten oder unbewußten Gefühle Ihnen gegenüber zum Ausdruck. Wenn Sie wissen, was die Art und Weise eines Händedrucks aussagt, können Sie damit wichtige Hinweise bekommen. Zweitens können Sie den Händedruck gefühlsmäßig auf sich wirken lassen. Dann spüren Sie, ob Ihre bewußte Deutung richtig ist. Sie können mit entsprechender Übung sogar wesentliche charakterliche Züge intuitiv erfassen. Wie man dieses feine intuitive Gefühl ausbildet, erfahren Sie im weiteren Verlauf dieses Buches.

Zur Vereinfachung ordne ich die verschiedenen Arten, eine Hand zu drücken, nach vier Kriterien:

1. Nach der *räumlichen Dimension* kann eine Hand weit entgegengestreckt oder zurückgehalten werden. Es werden nur die Fingerspitzen hingehalten oder die andere Hand umschlingt Ihre. Die Hand wird Ihnen mit dem Handrücken oder mit der Handfläche nach oben gereicht.
2. Nach der *Stärke* kann der Händedruck fest oder weich sein.
3. Nach der *Zeitdauer* kann der Druck lange gehalten werden oder flüchtig sein.
4. Nach der *Intensität* kann die Hand sehr bewußt gedrückt oder nur unaufmerksam ergriffen werden.

Die folgenden Deutungsversuche erheben keinen Anspruch auf absolute Gültigkeit; sie können nur Anregungen sein – entscheidend ist allein, was Sie spüren.

Räumliche Dimension

Die Hand wird Ihnen weit entgegengestreckt. Das kann bedeuten: Ich gebe dir die Hand, aber ich möchte dich nicht zu nahe heranlassen. Wer die Hand so reicht, kann sich nach außen verschließen, um niemanden in sich hineinschauen zu lassen. Er baut also einen Panzer um sich auf. Vielleicht gilt diese Reserviertheit auch nur Ihnen gegenüber.

Ihr Partner hält die Hand dicht am Körper, streckt sie kaum aus. Er will damit sagen: Wenn du etwas von mir willst, mußt du dich bemühen. Ich selbst halte mich zurück. Es könnte ein Zeichen von Unsicherheit und Ängstlichkeit oder Passivität sein.

Es werden nur die Fingerspitzen gereicht. Die Hand wird zum Beispiel etwas zurückgezogen, vielleicht unbewußt. Das sieht wie zufällig aus. Ist Ihr Gegenüber zurückhaltend oder herablassend? Drückt er Menschenverachtung aus? Hält er Sie nicht für eines Händedrucks würdig?

Seine Hand umschlingt Ihre Hand. Unter Umständen hilft die andere Hand noch nach. Das ist eine typische Geste von Politikern im Wahlkampf. Sie soll Stärke und Vertrauen signalisieren. Wer aber einfühlsam ist, merkt sofort, ob dies nicht nur vorgespielt ist.

Er streckt Ihnen seine Hand mit dem Handrücken nach oben hin. Dies ist eine Herrschaftsgeste. Wenn Sie nachgeben und Ihre Hand mit der Handinnenfläche nach oben halten, geben Sie seinem Streben, Sie zu beherrschen, nach.

Sie reichen die Hand ganz normal, der Partner hält die Handinnenfläche nach oben. Er zeigt seine Ergebenheit, er liefert sich aus. Ist er unselbständig, schwach? Und das immer oder nur Ihnen gegenüber?

Stärke

Der Händedruck ist sehr fest bis schmerzhaft. Oberflächlich gesehen scheint es, als wollte der Partner seine körperliche Kraft demonstrieren. Da Sie das nicht erwarten, drückt er Ihnen die Finger zusammen. In Wirklichkeit will er damit zeigen, daß er der Stärkere ist und Sie sich ihm unterwerfen müssen. Vielleicht aber versucht er auch, seine innere Unsicherheit zu überspielen.

Der Händedruck ist weich bis lasch. Sie drücken die Hand, aber sie reagiert nicht, sondern liegt passiv in Ihrer Hand. Der Partner möchte den Kontakt auf ein Minimum beschränken, er ist reserviert. Das kann ein Zeichen von Kälte, Mangel an Interesse gegenüber anderen, Egoismus, Unzuverlässigkeit, Hinterhältigkeit und Verschlagenheit aber auch Überheblichkeit sein. Genausogut kann es ein Hinweis auf Schwäche, Krankheit oder Mangel an Energie sein. Kennt er Ihren sehr kräftigen Händedruck und hält die Hand so weich, weil er weiß, daß ihm dann der Druck nichts anhaben kann? Dies gilt in besonderem Maße natürlich für Frauen, die einem kräftigen Mann die Hand geben.

Unangenehm wirkt auf jeden Menschen vor allem eine weiche und feuchte Hand. Menschen mit feuchten Händen sind kaum in gehobene Positionen zu vermitteln, da die meisten Personalchefs vor einer Einstellung zurückschrecken. Feuchte Hände können die Folge innerer Ängste und unangemessener Erregbarkeit sein. Wer an feuchten Händen leidet, sollte also für trockene Hände sorgen, indem er es lernt, seine Ängste und seine Übererregbarkeit zu dämpfen.

Zeitdauer

Die Hand wird lange festgehalten, Sie können kaum Ihre Hand der anderen entwinden. Freiheitsliebende Menschen empfinden solch ein Festhalten als eine Art Freiheitsberaubung. Der andere bestimmt, wann die Hände losgelassen werden. Damit drückt er aus, daß er der Überlegene ist. In manch seltenen Fällen kann durch solch einen Dauerdruck ein besonderes Gefühl der Dankbarkeit ausgedrückt werden. Politiker andererseits wollen damit demonstrieren, daß sie sich mit ihrem Gesprächspartner besonders gut verstehen. Den Erfolg internationaler Verhandlungen auf höchster Ebene messen zum Beispiel Journalisten mangels anderer Informationen gern an der Länge des Händedrucks vor der Kamera.

Die Hand wird nur flüchtig gehalten. Das kann heißen: Du interessierst mich nicht. Ich will mit dir nichts zu tun haben. Ich mag Menschen überhaupt nicht. Ich bin dir böse.

Intensität

Spüren Sie den bewußten Händedruck des anderen, so wissen Sie, daß er Ihnen seine volle Aufmerksamkeit zuwendet. Er will Sie durch seinen Händedruck wissen lassen, daß er Sie mag, daß er Vertrauen zu Ihnen hat, daß er Sie schätzt.

Das Gegenteil drückt der unaufmerksame Händedruck aus, der Ihnen zeigt, daß der andere mit seinen Gedanken woanders ist. Dieser Händedruck ist nur eine nichtssagende Floskel.

Natürlich gibt es auch den ganz normalen Händedruck, nicht zu stark und nicht zu schwach, angemessen lang, mit der vollen Hand. Das ist der Händedruck zwischen gleichberechtigten Partnern, die sich mögen und offen und freundlich aufeinander zugehen.

Drei Grundformen der Hand

Die Form der Hand kann durch einen Beruf oder durch körperliche Betätigung beeinflußt werden. Im Alter wird die Hand weniger elastisch und beweglich und schrumpft ein. Die Grundform aber wird trotz allem immer bestehen bleiben.

Es gibt drei Grundformen der Hand. Selten gehört eine Hand allerdings nur einer dieser Formen an. In der Regel haben wir, ähnlich wie beim Körper, in jeder Hand eine Mischung der Typen. Wenn Sie also eine Hand anschauen, dann versuchen Sie festzustellen, welche Form überwiegt und mit welcher anderen Form sie gemischt ist. Die Aussagen zu den Grundformen müssen Sie dann entsprechend abwandeln. Zwei mögliche aber äußerst seltene Formen werden hier nicht untersucht, die primitive und die ideale Hand.

Die *eckige Hand* hat die Form eines Rechtecks. Menschen mit eckiger Hand sind Realisten, ihr Handeln ist vernünftig und besonnen. Sie schätzen geregelte Verhältnisse und materielle Sicherheit. Sie sind konservativ, zuverlässig und kompromißbereit im

Rahmen der für sie gültigen Ordnung. Da sie bereit sind, die Normen der Gesellschaft zu akzeptieren, gehören sie meist auch zur tragenden Schicht der Gesellschaft. Nähert sich die Hand der quadratischen Form, dann zeigt sie Sinn fürs Praktische an.

Die *Spatelhand* hat die Form eines Spatels, das heißt, sie verbreitert sich von unten nach oben und ist in Höhe der Knöchel am breitesten. Auch die Finger können die Form eines Spatels haben. Menschen mit Spatelhand sind Tatmenschen, die aktiv im praktischen Leben stehen, wo sie fleißig, aktiv und ohne ihre Kräfte zu schonen sich möglichst für praktische Aufgaben einsetzen.

Die *konische Hand* hat die Form eines Konus oder Kegels, das heißt, der Handrumpf ist breiter als die Hand in Höhe der Knöchel oder der Fingerwurzeln. Sie spitzt sich also nach oben zu. Menschen mit konischer Hand sind Empfindungsmenschen, für die das Gefühl eine wesentliche Rolle spielt. Sie sind sensibel und empfindlich. Das Materielle ist für sie weniger wichtig als geistige und künstlerische Werte. Sie haben keinen Sinn für die Realität. Körperlichen oder anderen Schwierigkeiten weichen sie eher aus, als sich ihnen zu stellen.

Die *ovale Hand* ist eine Mischform aus Spatelhand und konischer Hand. Der Rumpf entspricht der Spatelhand, der Zeigefinger und der kleine Finger lehnen sich nach innen an ihre Nachbarfinger an, so daß insgesamt das Bild einer ovalen oder eiförmigen Hand entsteht. Der spatelförmige Rumpf deutet auf Tatkraft und Ehrgeiz, die Finger aber darauf, daß Harmonie, Lebensfreude und Anpassungsfähigkeit die Tatkraft nie gewaltsam werden lassen. Die Menschen brauchen die Sicherheit einer Familie oder einer Gruppe.

Sie werden feststellen, daß es in der Praxis äußerst schwierig zu entscheiden ist, aus welchen Grundformen eine gemischte Hand zusammengesetzt ist. Andererseits ist die Handform der Teil der äußeren Hand, der am leichtesten zu beobachten ist. Wenn es Ihnen also gelingt, die Grundelemente der Hand herauszubekommen, haben Sie schon einige wesentliche Aussagen über einen Menschen gewonnen.

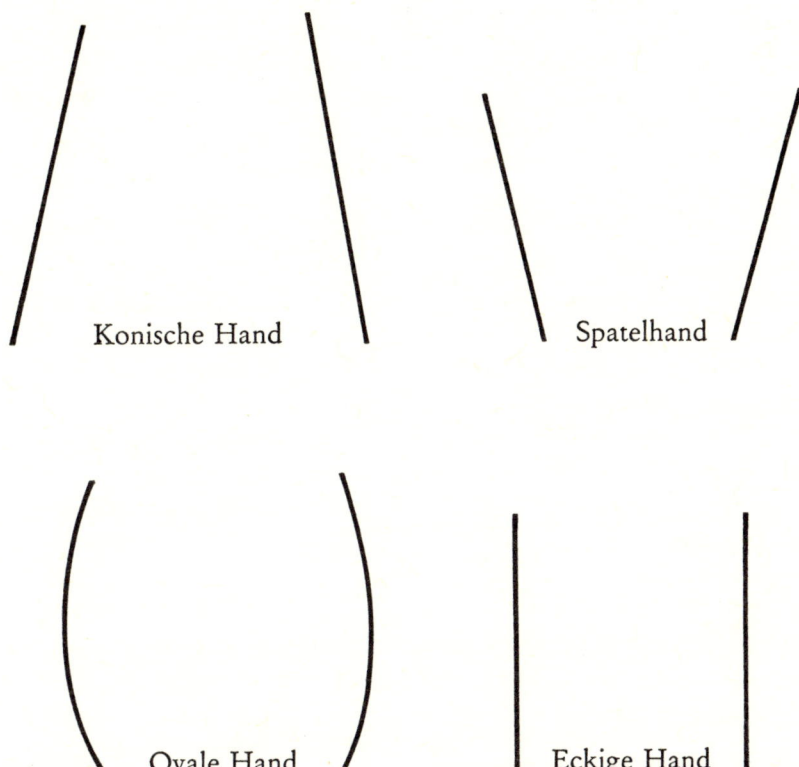

Konische Hand   Spatelhand

Ovale Hand   Eckige Hand

Die Finger der Außenhand

Der *Daumen* ist von den fünf Fingern einer Hand für den Handbetrachter am aussagefähigsten; er zeigt, wie jemand sich im Leben durchsetzt. Das Wort Daumen kommt vom altgermanischen und mittelhochdeutschen Wort *dume* und bedeutet eigentlich der Dicke, der Starke, im Gegensatz zu den anderen Fingern. Es ist also der Finger, der die Hand dominiert und über Energie, Wille und Antriebskraft eines Menschen Auskunft gibt. Über den Daumen läßt sich viel sagen. Die wichtigsten Informationen geben der Ansatz, die Länge und die Abspreizung des Daumens.

Die Finger haben, vom Handrumpf aus gesehen, drei Glieder: Grundglied, Mittelglied und Nagelglied. Der Daumen hat nur zwei Glieder, Grundglied und Nagelglied. Bitte betrachten Sie einmal Ihre eigene Hand. Schließen Sie die Finger und legen Sie den Daumen an. Ist der Daumen tief, mittelhoch oder hoch angesetzt? Der normale Ansatz ist mittelhoch. Dadurch entsteht ein harmonisches Verhältnis zur ganzen Hand. Wenn Sie einige Hände mit unterschiedlich angesetztem Daumen gesehen haben, wird Ihnen der Unterschied zwischen hoch und tief klar werden. Man kann das nicht in Zentimetern angeben, es muß immer die ganze Hand zugrunde gelegt werden. Entscheidend ist die Strecke von der Basis des Zeigefingers bis zur Basis des Daumens.

Der tief angesetzte Daumen ist typisch für den extravertierten, aufgeschlossenen, flexiblen, umgänglichen Menschen. Der hoch angesetzte Daumen deutet auf einen starren, wenig anpassungsfähigen Charakter.

Der unterschiedliche Ansatz muß auch berücksichtigt werden, wenn Sie die Länge des Daumens betrachten, also den normal langen vom überlangen oder kurzen Daumen unterscheiden wollen. Bei mittlerem Ansatz des Daumens reicht der normal lange Daumen bis zur Mitte des Zeigefingergrundgliedes. Ob ein Daumen im Verhältnis zur ganzen Hand und den anderen Fingern lang oder kurz ist, können Sie nur durch genaues Beobachten feststellen.

Große und kräftige Daumen gehören selbstbewußten Menschen mit starkem Willen und Durchsetzungsvermögen. Einen sehr großen Daumen haben Persönlichkeiten mit Machtansprüchen, starke, herrschsüchtige Autoritäten, politische Führer mit der Fähigkeit, Menschen zu lenken und mit jeder noch so schwierigen Situation fertig zu werden. Napoleon hatte angeblich einen sehr großen Daumen.

Der kleine Daumen bedeutet, daß die vitale Durchsetzungskraft fehlt. Wahrscheinlich ist auch keine physische Kraft vorhanden. Diese Menschen sind nicht dazu geeignet, andere zu führen, sondern sie lassen sich selbst leicht beeinflussen. Sie können stur sein,

Die Finger der Außenhand

das darf man aber nicht mit einem starken Willen verwechseln. Der kann im Gegenteil schwach sein. Mit Schicksalsschlägen und großen Lebensproblemen werden sie nur schwer fertig.

Nachdem wir den Ansatz und die Länge des Daumens beobachtet haben, registrieren wir die Abspreizung des Daumens. Der Daumen kann in einem mehr oder weniger großen Winkel von der Hand abgespreizt sein. Ein kleiner Winkel, zum Beispiel 30 Grad, deutet auf einen unselbständigen, anlehnungsbedürftigen Menschen, der wahrscheinlich auch ängstlich und vorsichtig ist. Ein großer Winkel wiederum läßt erwarten, daß dieser Mensch nach Unabhängigkeit und Freiheit strebt. Er wehrt sich gegen jeden Zwang und kann sich schlecht anpassen. Ein solcher Winkel liegt vor, wenn der Daumen sich über 90 Grad abspreizt.

Sollten Sie sich mit dem Thema Handlesen intensiv beschäftigen, dann werden Sie noch auf solche Dinge wie Elastizität, Beweglichkeit, Nagelglied im Verhältnis zum zweiten Daumenglied und Form des Nagelgliedes achten. Hier nur noch einige Hinweise auf beachtenswerte Besonderheiten.

Ein starker, kräftiger Daumen, der einer Keule ähnelt, läßt animalische Kräfte erwarten, die sich als Jähzorn und Heftigkeit auswirken können. Ebenso ist große Eigensinnigkeit möglich.

Ein taillenförmiger Daumen deutet auf Takt und Diplomatie hin. Häufig auch auf Geistesschärfe.

Ist das Nagelglied des Daumens kräftig und spatelförmig, dann spricht man von einem Töpferdaumen. Bildende Künstler mit einem solchen Daumen sind besonders handwerklich geschickt.

Wichtig ist die Beobachtung, wo der Daumen bei geballter Faust liegt. Säuglinge und kleine Kinder verbergen ihren Daumen in der geschlossenen Hand. Erst wenn sie sich geistig entwickeln, geben die Hände den Daumen frei. Ebenso halten Schwerkranke, Epileptiker vor einem Anfall oder erschöpfte Menschen ihren Daumen mit den übrigen Fingern fest, so als würden sie mit letzter Anstrengung ihre Kräfte zusammenballen wollen. Auch bei geistig zurückgebliebenen Menschen findet man diese Haltung.

Die *Finger* und andere Teile der Hand werden seit alten Zeiten in der Chirologie mit Planetennamen bezeichnet. Falls Sie nicht daran interessiert sind, Zusammenhänge zwischen Astrologie und Chirologie zu finden, brauchen Sie diese Namen im Prinzip nicht. Nur wenn Sie sich mit anderen Handdeutern unterhalten, sollten Sie diese Namen kennen. Die Namen lauten: Daumen = Marsfinger, Zeigefinger = Jupiterfinger, Mittelfinger = Saturnfinger, Ringfinger = Apollofinger, kleiner Finger = Merkurfinger.

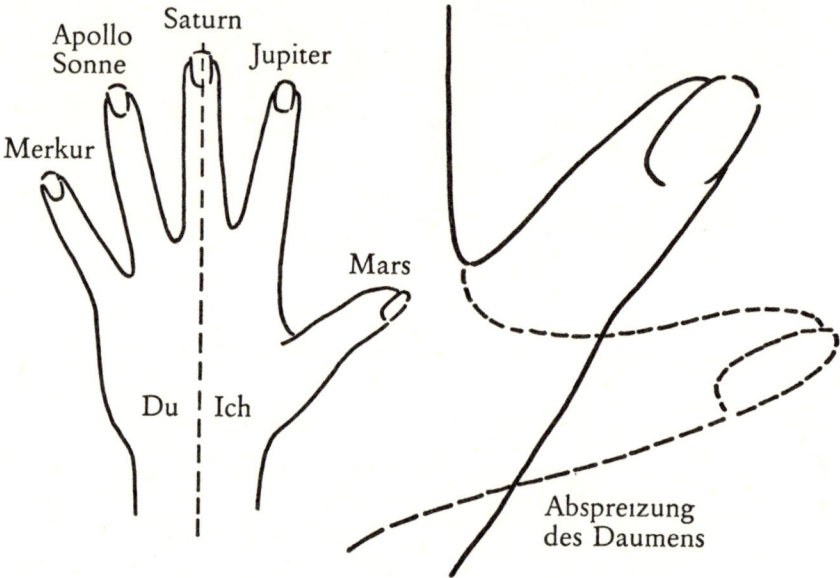

An den Fingern vieler Hände fallen uns *knotige Verdickungen* an den Gelenken auf. Die Fingergelenke sind dicker als die Finger selbst. Solche Knoten haben nichts mit Gicht oder rheumatischen Gelenksverdickungen zu tun. Verwechseln Sie also die krankhaften Fingerdeformationen nicht mit den natürlichen Knoten. Hände mit Knoten an beiden Gelenken sind unter dem Begriff philosophische Hand bekannt.

Der untere Knoten zwischen Grundglied und mittlerem Fingerglied wird auch materieller Ordnungsknoten genannt. Ist er stär-

Die Finger der Außenhand

ker ausgeprägt als der obere Knoten, so wird dieser Mensch bei allem, was er tut oder entscheidet, nur das praktisch Erreichbare und Mögliche anstreben. Grundlage für sein Verhalten ist seine eigene praktische Erfahrung. Er ist kritisch und berechnend.

Der obere Knoten zwischen mittlerem und oberem Fingerglied heißt geistiger oder philosophischer Ordnungsknoten. Diese Ausdrücke bezeichnen schon die wesentliche Eigenschaft. Es ist die Fähigkeit, logisch, analytisch, kritisch zu denken. Geistige Arbeiten werden sorgfältig durchgeführt, wobei an Probleme abstrakt und nicht praktisch herangegangen wird. Die Theorie ist also wichtiger als die Praxis.

Der *Zeigefinger* ist der Finger der Persönlichkeit, er sagt etwas über das Ego, das Ich, aus. Um zu bestimmen, ob ein Zeigefinger lang oder kurz ist, vergleicht man ihn mit dem Ringfinger.

Ein kräftiger Zeigefinger, der länger als der Ringfinger ist, zeigt, daß dieser Mensch ichbetont ist. Sein Geltungsanspruch und sein Ehrgeiz sind groß. Er ist aber auch bereit, sich für seine Ziele mit Tatkraft und Selbstvertrauen einzusetzen. Da er bestimmen will, hat er Probleme, wenn er sich unterordnen soll. Ist der Zeigefinger viel länger als der Ringfinger, dann kann dieser Mensch von Ehrgeiz, Machtwillen und unangemessenem Selbstvertrauen beherrscht werden.

Wer einen kurzen Zeigefinger hat, für den steht das Ich nicht egozentrisch im Vordergrund. Er strebt nicht nach Autorität, ist wenig ehrgeizig und bereit, sich unterzuordnen, wenn es notwendig ist. Sein Selbstbewußtsein kann zu schwach sein.

Ein spitzer oder konischer Zeigefinger läßt eine gute Beobachtungsgabe vermuten. Gute Kontaktfähigkeit erkennt man daran, daß das Nagelglied des Zeigefingers besonders biegsam ist. Drücken Sie einfach den Zeigefinger auf den Tisch. Läßt sich der Zeigefinger leicht biegen, dann sind Sie kontaktfreudig. Wenn Sie das bei anderen Menschen ausprobieren, dann werden Sie feststellen, daß kontaktfreudige und gesellige Menschen auch gern bereit sind, diesen Test zu machen.

Am Mittelglied des Zeigefingers erkennt man eine besondere

manuelle Geschicklichkeit. Das Mittelglied ist in diesem Fall stärker und länger als die anderen Fingerglieder. Außerdem hat es die Form eines Spatels, es ist also an der Spitze breiter als unten. Sehr geschickte Zahnärzte haben zum Beispiel häufig diese Fingerform.

Der *Mittelfinger* ist der Schicksalsfinger des Menschen. Er zeigt, wie jemand sein Schicksal meistert. Der Mittelfinger teilt die Hand in zwei Seiten, die Ich-Seite und die Du-Seite. Daumen und Zeigefinger, die dem Körper nahe liegen, bilden die Ich-Seite. Der Mittelfinger vereinigt in sich Elemente des Ich und des Du.

Der Mittelfinger sagt etwas aus über die materiellen Aspekte im Leben. Darüber hinaus erfahren wir, ob ein Mensch sein Leben schwer oder leicht nimmt. Lebensernst, Verantwortungsbereitschaft, Zuverlässigkeit, Gewissenhaftigkeit sind Eigenschaften, die der Mittelfinger repräsentiert.

Ein langer Mittelfinger verspricht beruflichen oder geschäftlichen Erfolg, der allerdings nicht mühelos in den Schoß fällt, sondern schwer erarbeitet werden muß. Bei einem langen Mittelfinger reichen der Zeigefinger und der Ringfinger nicht bis zur Mitte des Nagelgliedes des Mittelfingers. Je länger der Mittelfinger, um so mehr wird die Schwere des Charakters ausgeprägt sein. Solche Menschen sind nachdenklich, sondern sich von anderen Menschen ab, ziehen sich in sich selbst zurück, ohne aber menschenfeindlich zu sein.

Wer einen kurzen Mittelfinger hat, wird das Leben sicher leichter und nicht so ernst nehmen. Wenn es irgendwie geht, wird er es vermeiden, Verantwortung zu übernehmen.

Achten Sie vor allem darauf, ob der Mittelfinger glatt und ohne Knoten ist, biegsame Gelenke und eine konische Fingerspitze hat. Diese Merkmale lassen eine gute Intuition erwarten.

Der *Ringfinger* liegt auf der Du-Seite und sagt, wie die Beziehung zum anderen ist. Es ist sicher nicht ohne Bedeutung, daß ein Ehering, der die Bindung zum Partner oder zur Partnerin anzeigt, gerade an diesem Finger getragen wird. Während der Mittelfinger das Stoffliche ausdrückt, bringt der Ringfinger das gefühlsmäßige Element zum Ausdruck. Ein langer Ringfinger läßt vor allem

Die Finger der Außenhand

künstlerisches und ästhetisches Empfinden erwarten. Das Gefühl für Formen ist ausgeprägt. Andere Ausdrücke für den Ringfinger sind Kunstfinger, Apollofinger oder Sonnenfinger. Die letzten beiden Namen deuten darauf hin, daß er die Fähigkeit zum Glücklichsein mit anzeigt.

Der *kleine Finger* befindet sich am Außenrand der Du-Seite, deshalb ist er typisch für unsere Beziehung zur Umwelt und für unsere Fähigkeit zur Kommunikation. Ist der kleine Finger groß und reicht über die Mitte des mittleren Ringfingergliedes hinaus, dann verfügt diese Person über einige sehr hilfreiche Fähigkeiten der Kommunikation. Sie hat ein gutes Sprachgefühl und kann sich mühelos mündlich und schriftlich ausdrücken. Ist darüber hinaus das Nagelglied auch noch das längste der drei Glieder, dann besteht sicher Redebegabung. Auch ein gewandtes Verhalten im Umgang mit anderen Menschen kann man erwarten.

Der Mensch mit kurzem kleinem Finger hat es nicht so leicht, schwierige menschliche Situationen zu bewältigen. Andererseits deutet der glatte kleine Finger auf eine gute Anlage zur Intuition. Läuft er spitz zu, bedeutet dies die Fähigkeit, schnell zu denken. Das in vielen Bereichen unseres Lebens so wichtige Organisationstalent erkennt man an einem kleinen Finger mit knotigen Gelenken.

Wenn man die entspannt liegenden Finger der Außenhand betrachtet, fällt einem häufig eine *axiale Verschiebung* auf. Einer oder mehrere Finger neigen sich einem anderen Finger zu. So auffällig diese Richtungsänderungen sind, so sind sie für die praktische Menschenkenntnis doch relativ wenig aussagefähig. Aus diesem Grund erwähne ich nur die wichtigsten Merkmale der axialen Verschiebung:

Zeigefinger zum Daumen: Es handelt sich um einen realistischen, aber auch sehr egoistischen Menschen. Auffallend ist sein Drang nach Unabhängigkeit.

Zeigefinger zum Mittelfinger: Der Ehrgeiz, der durch den Zeigefinger ausgedrückt wird, findet seine Grenze in der sozialen Verantwortung und der Rücksichtnahme auf andere. Der Lebensernst des Mittelfingers gewinnt Einfluß.

Mittelfinger zum Zeigefinger: Der Einfluß des Zeigefingers kann die Schwere des Charakters mildern. Die Verschiebung kann auch darauf hinweisen, daß dieser Mensch sich intensiv mit sich selbst auseinandersetzt.

Mittelfinger zum Ringfinger: Die Schwere des Mittelfingers wirkt sich auf die Beziehung zum anderen aus, die dadurch zum schicksalshaften Geschehen wird. Die Psychologin GERTRUD I. HÜRLIMANN stellte in ihrer Praxis fest, »daß sich die Eigner dieser axialen Verschiebung im Partnerschaftsbereich zeitweilig stark bedrückt fühlen und der derzeitigen Bindung entfliehen möchten. Dies wäre sinnlos, weil der Fingereigner sein Schicksal, das der Saturnfinger in dieser Stellung anzeigt, in sich selbst trägt und somit erneut von Partnern angezogen würde, die ihn mit ganz ähnlichen Problemen konfrontieren«. (22)

Ringfinger zum Mittelfinger: Bei Künstlern wirkt sich der materielle Aspekt des Mittelfingers aus. Das künstlerische Schaffen wird strenger, sachlicher, stofflicher oder wissenschaftlicher.

Kleiner Finger zum Ringfinger: Die Ausdrucksfähigkeit wird feiner, ästhetischer, künstlerischer.

Kleiner Finger zum Handrand: Gute geistige Aufnahmefähigkeit.

Ein Blick in die Innenhand

Wenn wir eine Innenhand betrachten, dann fallen uns als erstes erhöhte Stellen auf. Diese Erhöhungen, die *Berge* genannt werden, findet man an den Rändern der Handfläche, unter den Fingern, unterhalb des Daumens, gegenüber dem Daumenballen auf der Kleinfingerseite der Hand und noch an einigen weiteren Stellen. Berge sind Symbole und Gradmesser für Energiepotentiale. Sie geben uns wichtige Informationen darüber, ob die nötige Energie vorhanden ist, damit die Anlagen, die ein Mensch hat, zur Geltung kommen können.

Ausgeprägte Fingerberge zeigen zum Beispiel an, daß das, was die einzelnen Finger aussagen, verwirklicht werden kann. Für

Ein Blick in die Innenhand

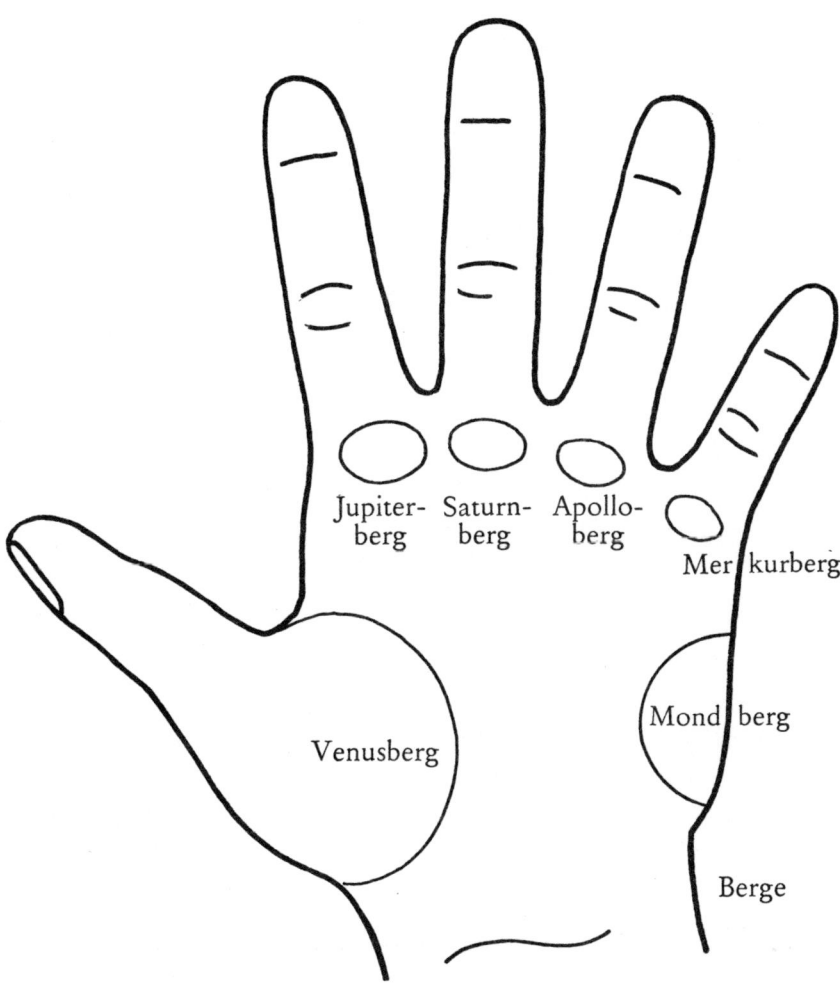

Berge der Handfläche

einen Menschen mit flachen Fingerbergen sind die Voraussetzungen dafür weniger gut. Allerdings darf man auch diese Merkmale nicht isoliert sehen. Bei genauem Studium kann man aus den Bergen viel herauslesen. Ausprägung und Lage müssen dafür genau analysiert werden. Die Gefahr der Fehldeutung ist aber sehr groß. Aus diesem Grund beschränke ich mich auf eine mehr allgemeine Feststellung.

Sind die Berge unter den Fingern, am Handballen und an der Kleinfingerseite gegenüber dem Handballen gut ausgeprägt, dann können Sie davon ausgehen, daß dieser Mensch über viel Vitalkraft verfügt. Er wird nach großen Anstrengungen seine Kraft bald wiedergewinnen. Ein Mensch mit flachen Bergen dagegen wird nie aus dem vollen schöpfen können. Er wird immer dafür sorgen müssen, daß er sich nicht verausgabt.

Drei Hauptlinien sind bei fast jedem Menschen zu erkennen: es sind dies die *Lebenslinie,* die *Kopflinie* und die *Herzlinie*. Drei wichtige Nebenlinien, die senkrecht verlaufen, befinden sich nicht in jeder Hand. Auch wenn sie vorhanden sind, können sie sich ändern. Die Linien heißen *Schicksalslinie, Sonnenlinie* und *Merkurlinie*. Darüber hinaus gibt es noch viele andere Linien. Wenn Sie eine Hand mit wenigen Linien sehen, so können Sie vermuten, daß dieser Mensch etwas unkomplizierter ist als ein Mensch, dessen Hand mit einem Gewirr von Linien überzogen ist. Linien sind selten ganz klar und eindeutig. Für eine genaue Analyse muß man feststellen, wie sie beschaffen sind: tief, fein, breit, schmal, unterbrochen, mit verschiedenen Zeichen. Auf all diese Einzelheiten sollten Sie achten, falls Sie sich mit diesem faszinierenden Gebiet näher beschäftigen.

Die *Lebenslinie* beginnt zwischen Daumen und Zeigefinger. Sie verläuft um den Daumenballen herum in Richtung Handgelenk nach unten meist in Form eines Bogens. Sie sagt etwas aus über die Vitalität, die Lebenskraft, die Gesundheit, den Lebensweg des Menschen, soweit es das Körperliche betrifft. Der Beginn der Lebenslinie entspricht dem Beginn des Lebens. Störungen am Anfang der Lebenslinie deuten auf Probleme seelischer oder körperlicher

Ein Blick in die Innenhand

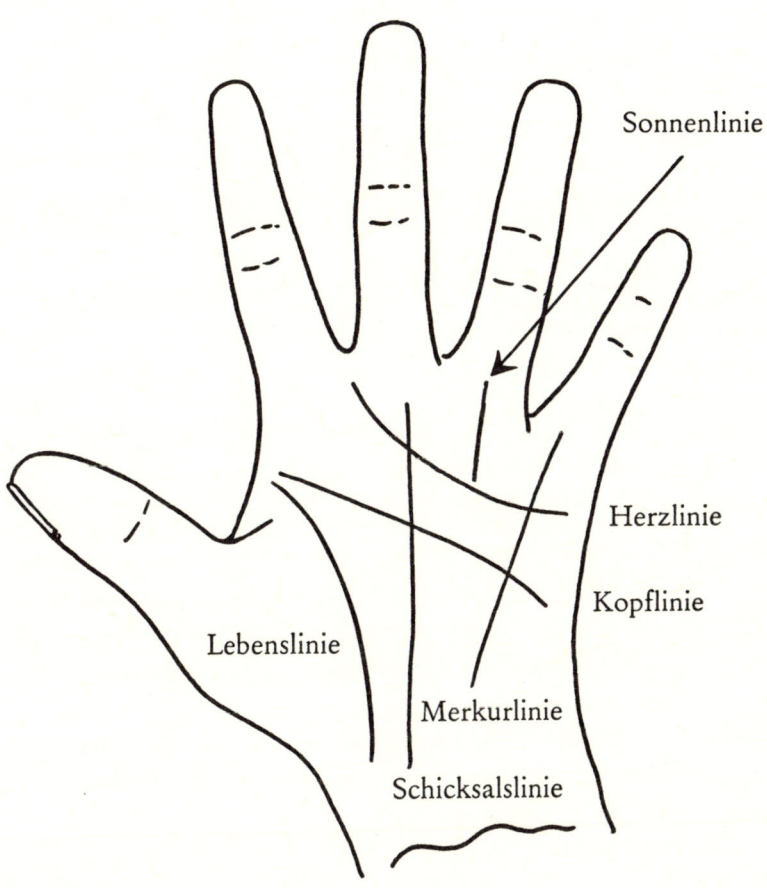

Linien der Hand

Art in der frühen Kindheit. Ist die Lebenslinie stark ausgeprägt, dann weist sie auf große Vitalität, Gesundheit und körperliche Widerstandskraft hin. Eine zarte Lebenslinie läßt eine schwache Vitalität erwarten. Ein solcher Mensch muß darauf achten, daß er seine Kräfte nicht überfordert. Endet die Lebenslinie auf dem sogenannten Mondberg, dem Berg gegenüber dem Daumenballen, dann besteht große Reise- und Abenteuerlust. Dieses Zeichen ist günstig für Berufe, die viel mit Reisen verbunden sind.

Die *Kopflinie* fängt häufig etwa an der gleichen Stelle wie die Lebenslinie an. Sie geht quer über die Hand in Richtung Handkante. Sie ist die Linie des Verstandes, der Geisteskraft. Der Verlauf dieser Linie gibt Auskunft über einige wichtige Charaktereigenschaften. Läuft die Kopflinie ein Stück, etwa einen Zentimeter, gemeinsam mit der Lebenslinie, dann trifft der Handeigner Entscheidungen überlegt, erst nach sorgfältigem Nachdenken. Ist diese Verbindung allerdings sehr lang, mehr als zwei Zentimeter, dann wird dieser Mensch unter Entschlußlosigkeit leiden; er wird unsicher und unentschlossen sein. Läuft der Beginn der Kopflinie ein Stück über der Lebenslinie, dann ist der Träger einer solchen Hand entschlußfreudig, impulsiv, spontan. Je größer der Zwischenraum zwischen Lebenslinie und Kopflinie, um so impulsiver, vielleicht auch reizbarer wird er sein.

Die Kopflinie zieht von der Innen- zur Außenseite, von der Ich-Seite zur Du-Seite der Hand und drückt so das Verhältnis zu anderen Menschen aus. Hört sie ein Stück vor dem Rand der Hand auf, dann läßt ein Mensch mit dieser Hand auch die Meinung anderer Menschen gelten. Geht die Kopflinie aber bis an die Handkante, dann haben Sie es meist mit einem Menschen zu tun, der seinen Kopf durchsetzen und recht behalten will, vielleicht sogar halsstarrig ist.

Eine waagrecht verlaufende Kopflinie deutet auf einen klaren, sachlichen Verstand. Menschen mit linear verlaufender Kopflinie versuchen alles verstandesmäßig zu erfassen und logisch zu erklären. Neigt sich die Kopflinie nach unten zum Mondberg, dem Ort der Phantasie und der Gefühle, dann spielen Phantasie und

Ein Blick in die Innenhand

Träume eine größere Role im Leben dieses Menschen, der somit auch Zugang zu schöpferischen Möglichkeiten hat.

Die *Herzlinie* läuft mehr oder weniger parallel zur Kopflinie, aber in der anderen Richtung. Sie beginnt auf der Kleinfingerseite und endet in der Regel zwischen Mittelfinger und Zeigefinger. Die Herzlinie wird auch Emotionalis genannt, denn sie zeigt, wie stark die Emotionen eines Menschen sind. An ihr erkennen wir, wie sich ein Mensch gefühlsmäßig in Bezug auf das *Du*, auf den anderen, verhält.

Liegt die Herzlinie sehr tief, ist also der Raum zwischen Fingerenden und Herzlinie sehr groß, dann ist das Gefühls- und Gemütsleben intensiv. Die Gefühle für andere Menschen sind stark. Ist andererseits die Fläche von den Fingerbasen bis zur Herzlinie sehr klein, dann spielt das Gefühlsleben eine weniger große Rolle. Diese Menschen nehmen das Leben wesentlich leichter.

Verläuft die Herzlinie in einem schönen Schwung und endet zwischen Zeige- und Mittelfinger, dann bestehen uneigennützige, zwischenmenschliche Gefühle. Endet sie unter dem Mittelfinger, dann dürfte dieser Mensch introvertiert sein, meist kühl wirken, was aber nicht bedeutet, daß er keine tiefen Gefühle hat. Eine kettenartige Herzlinie bedeutet unbeständige Gefühle.

Die *Schicksalslinie*, die mehr oder weniger senkrecht von unten nach oben in Richtung Mittelfinger geht, findet sich nicht in jeder Hand. Der Name drückt aus, daß sie etwas über das Schicksal eines Menschen aussagt und zwar darüber, wie er sein Schicksal gestaltet und meistert. Manchmal liegt ihr Anfang an der Lebenslinie, oder sie verläuft ein Stück gemeinsam mit der Lebenslinie. Dies läßt auf eine starke Bindung an das Elternhaus oder sogar eine Abhängigkeit vom Elternhaus schließen. Kommt sie aus dem unteren Teil der Hand und entspringt an einem Ort zwischen dem Daumenballen und dem gegenüberliegenden Handberg, dann wird dieser Mensch konservativ und traditionsgebunden sein. Eine gerade und ausgeprägte Schicksalslinie findet man bei zielstrebigen, leistungsorientierten und demzufolge oft wirtschaftlich erfolgreichen Menschen. Für eine genauere Analyse ist es natürlich auch wichtig, das Ende der Schicksalslinie zu betrachten.

Die *Sonnenlinie* geht vertikal in Richtung des Ringfingers und endet im Ringfingerberg. Sie wird auch Kunstlinie genannt, denn Kunstsinn, künstlerischer Geschmack oder künstlerische Talente und Begabungen werden durch sie angezeigt. Es kann sich dabei sowohl um ausgeführte Kunst wie Malerei, Musik, Schauspielkunst, als auch um Kunstinteressen, ästhetisches Empfinden oder einfach Freude an schönen Dingen handeln. Wiederum gilt, daß diese Eigenschaften und Interessen besonders stark sind, wenn die Kunstlinie betont ist.

Die *Merkurlinie* heißt auch Bewegungslinie, denn sie spricht für geistige und manchmal auch körperliche Beweglichkeit, Gewandtheit und Geschicklichkeit. Die geistige Beweglichkeit kann sich auf die Bereitschaft zur Kommunikation und zu Kontakten mit anderen beziehen sowie auf unterschiedliche kaufmännische, wissenschaftliche, schriftstellerische und sprachliche Tätigkeiten und Fähigkeiten. Diese Linie kann aber nicht unabhängig vom kleinen Finger gesehen werden. Eine klare Merkurlinie bestätigt die Fähigkeiten, die vom kleinen Finger symbolisiert werden. Eine zerrissene Merkurlinie kann auf ein schwaches Nervensystem hinweisen. Ein Mensch, der sich gut und klar mündlich und schriftlich ausdrücken kann, hat sehr häufig mehrere kleine Linien nebeneinander auf dem Kleinfingerberg. Die Merkurlinie wird manchmal auch als Intuitionslinie bezeichnet, denn sie soll die Gabe der Intuition anzeigen. Eine Variante der Merkurlinie, die Geschäftslinie, verheißt Erfolg in geschäftlichen Dingen. Sie fängt im Mondberg an, berührt die Schicksalslinie und geht dann bis unter den kleinen Finger.

In jeder Hand findet man auch verschiedene *Zeichen,* Punkte, Inseln, Vierecke, Kreuze, Sterne und so weiter. Sie haben alle bestimmte Bedeutungen. Eines dieser Zeichen konnte ich immer als zuverlässig überprüfen, das Lehrerviereck. Es liegt unterhalb des Zeigefingers auf dem Jupiterberg. Ein Mensch mit diesem Zeichen ist der geborene Pädagoge. Er hat die Fähigkeit, einen Lehrstoff optimal zu vermitteln.

KAPITEL 8

Farbe und Charakter

Was Farben uns bedeuten

Leider gibt es nur wenige fundierte Untersuchungen über den Zusammenhang zwischen Farben und Charakter. Vieles ist Vermutung, bloße Annahme, manches entspricht intuitivem Erkennen. Es lohnt sich aber trotzdem, auf Farben zu achten, wenn wir einen Menschen erkennen wollen. Nehmen Sie die folgenden Ausführungen als Grundlage für Ihre eigenen Beobachtungen. Bilden Sie sich ein eigenes Urteil. Sie werden bald feststellen, daß Farben durchaus ein hilfreiches Mittel zur Menschenkenntnis sind.

Wir leben in einer farbigen Welt. Die Natur ist reich an vielen Farbschattierungen. Auch unsere Umwelt ist bunter geworden. Das Grau des Krieges und der Nachkriegszeit ist hellen Farben gewichen. Die ersten Autos, die es gab, waren nur schwarz lackiert. Als HENRY FORD gefragt wurde, in welcher Farbe sein berühmter Wagen, die *Tin Lizzy*, zu haben sei, sagte er: »Sie können sie in jeder Farbe haben, vorausgesetzt, daß es Schwarz ist.« Heute ist die Vielfalt der Farbeffekte kaum zu übersehen. Häuser und Wohnungseinrichtungen sind wieder in lebendigen Farben gehalten. Am stärksten aber ist die Veränderung bei unserer Kleidung. Selbst Männer tragen jetzt farbige Freizeitkleidung. Nur die Bürokleidung hat diese Revolution noch nicht ganz mitgemacht.

Jede Farbe hat eine andere Wellenlänge, einen Bereich im Spektrum der Schwingungsfrequenzen der Lichtwellen. Jede Farbe ruft aber auch in uns eine Schwingung hervor. Sie spricht uns an, sie wirkt auf uns warm oder kalt, leicht oder schwer, laut oder leise, beruhigend oder anregend, passiv oder aktiv. Das sind nur einige der möglichen Eigenschaften, die klarmachen, daß Farben bestimmte Gefühle entstehen lassen. Umgekehrt können wir unsere Gefühle und Stimmungen in Farben ausdrücken.

Für die meisten Menschen ist eine Farbe an sich raumhaft oder flächenhaft nicht vorstellbar. Dies zeigt sich deutlich, wenn sie versuchen, sich mit Hilfe von Farbvorstellungen zu entspannen. Bei der Farbentspannung stellt man sich bei geschlossenen Augen die Farben des Farbspektrums der Reihe nach vor und kommt durch diese Vorstellung zu einer immer tieferen Ruhe. Man beginnt bei Rot und geht dann über Orange, Gelb, Grün, Blau zu Violett. Für viele Menschen ist das sehr schwer. Versucht man zum Beispiel, sich Gelb vorzustellen, dann kann man häufig überhaupt keine Farbe sehen, oder sie ist undeutlich und verändert sich laufend. Denkt man aber an eine gelbe Zitrone, dann ist dieses Bild der Zitrone meist sofort da – und häufig nicht nur das Bild, sondern auch der Geruch. Das Wasser läuft einem geradezu im Mund zusammen!

Ein Grund dafür, daß Farben in uns bestimmte Stimmungen hervorrufen, liegt darin, daß sie bestimmte Erinnerungen wachrufen. Stellen Sie sich einmal vor, daß Sie im Sommer auf einer grünen Wiese mit bunten Blumen liegen, in den blauen Himmel schauen, weiße Wolken vorüberziehen sehen. Ein bunter Schmetterling gaukelt an Ihnen vorbei... Diese farbigen Bilder erzeugen sehr schnell eine friedvolle Stimmung in Ihnen. Ihr Körper reagiert so, als würden Sie wirklich auf einer grünen Wiese liegen. Sie entspannen sich, atmen ruhiger, vielleicht schlafen Sie sogar ein.

Farben sind gleichsam Sinnbilder, Symbole, die als Programm im Unterbewußtsein gespeichert worden sind. Ein Symbol ist etwas, das zeichenhaft und stellvertretend für etwas anderes, meist für etwas Umfassenderes, steht. Die Farbe Grün kann symbolhaft stehen für Ruhe, Entspannung, für alles, was als Erfahrung der grünen Wiese entstanden ist. Die Farbe vermittelt aber das gleiche Bild nur, wenn sie der ursprünglich erfahrenen Ordnung entspricht. Zu einer Wiese gehören zum Beispiel Grüntöne in verschiedenen Schattierungen. Eine rote Wiese lassen wir höchstens einem modernen Maler durchgehen. Wir verstehen vielleicht nicht, was er damit aussagen will, aber auf jeden Fall ist es etwas, was nicht der natürlichen Wirklichkeit entspricht. Ist die Ordnung, in der wir eine bestimmte Farbe erlebt haben, gestört, dann finden wir das unnatürlich.

Leckere Speisen auf einem schön gedeckten Tisch zum Beispiel regen unseren Appetit an. Der Appetit aber ist sofort verschwunden, ja uns kann übel werden, wenn die Speisen nicht mehr die gewohnte Farbe haben. In Versuchsreihen hat man in die Lampe über dem Tisch eine blaue Glühbirne geschraubt. Können Sie sich vorstellen, wie ein Braten bei blauem Licht aussieht? Die Versuchspersonen jedenfalls waren nicht in der Lage weiterzuessen. Lebensmittelhersteller haben diese Zusammenhänge längst erkannt und färben viele Lebensmittel so, daß sie frisch aussehen, appetitanregend wirken und besser verkauft werden können.

Farben wirken nicht nur auf die Psyche, sie haben auch eine direkte körperliche Wirkung. Seit alten Zeiten werden sie deshalb als Heilmittel eingesetzt. In Indien, China und Ägypten gab es Priester, die mit Farben heilten. Heute versucht man das gleiche mit der Colortherapie, die immer mehr Anwendung findet. Ausgangspunkt der Colortherapie ist die Überzeugung, daß Krankheit eine Störung der Harmonie ist. Durch Bestrahlung mit ausgesuchten Farben soll das Gleichgewicht im Körper wiederhergestellt werden.

Der Körper reagiert deutlich, wenn er der richtigen Farbstrahlung ausgesetzt wird. Natürlich müssen die Farben sorgfältig ausgewählt werden. Rot wirkt anregend, steigert die Pulsfrequenz und den Blutdruck, fördert die Durchblutung und regt die Atmung an. Orange wirkt allgemein gesundheitsfördernd. Es hat einen positiven Einfluß auf die Psyche, fördert den Stoffwechsel und regt Lymphe und Nieren an. Gelb stimuliert die Drüsen, fördert die Sekretion, wirkt auf die Psyche ausgleichend und heiter. Grün hilft zu regenerieren und dient zur Unterstützung anderer Farben. Blau hemmt das Wachstum, wirkt antibakteriell, durchblutungshemmend, senkt den Schmerz, wirkt sedierend, also beruhigend, verlangsamt die Pulsfrequenz und erleichtert den Schlaf. Besonders entspannend und dämpfend wirkt Violett, das einen starken Einfluß auf das zentrale Nervensystem hat.

Was können Sie aus den Farben deuten?

Da wir bei jeder Farbe Hunderte von Farbmischungen und Nuancen unterscheiden, muß ich mich hier auf eine Auswahl der wichtigsten Farben beschränken. Dazu gehören die drei reinen Grundfarben Rot, Gelb und Blau und die drei Mischfarben erster Ordnung, Orange, Grün und Violett, die aus den Grundfarben entstehen. Rot und Gelb ergibt Orange, Gelb und Blau ergibt Grün, und Blau und Rot gemischt wird zu Violett. Von Bedeutung in der Charakteranalyse sind noch Braun, Rosa, Weiß, Schwarz und Grau. Eine solche Beschränkung erscheint auf den ersten Blick sinnlos. Wenn wir zum Beispiel erleben, daß eine Frau im Laufe eines Tages eine Vielzahl von Farben und Farbmischungen am Körper trägt – welche Farbe ist dann für sie aussagefähig? Kann man davon ausgehen, daß sie die Farben trägt, die ihrem Charakter entsprechen?

Wenn es nach CAROLE JACKSON ginge, müßte eine Frau je nach Typ ganz bestimmte Farben wählen, um ihre Persönlichkeit farblich voll zum Ausdruck zu bringen. In ihrem Buch *Color Me Beautiful* (23) begründet sie die Theorie der Jahreszeitentypologien. Sie teilt alle Frauen in vier Schönheitstypen ein. Entsprechend den Jahreszeiten gibt es den Winter-, Sommer-, Herbst- und Frühlingstyp. Sie erklärt, daß jede Frau auf Grund ihrer Haut-, Augen- und Haarfarbe zu einem dieser vier Typen gehört und daß ihr die Farben dieses Typs besonders gut stehen. Carole Jackson setzte die Erkenntnisse von JOHANNES ITTEN in die Praxis um. Dieser Schweizer Maler, Kunstpädagoge und Mitbegründer des *Bauhauses* in Weimar fand schon 1928 heraus, daß es eine starke Übereinstimmung gibt zwischen der eigenen Hautfarbe, der Augen- und Haarfarbe und den Farben, zu denen man sich intuitiv hingezogen fühlt.

Eine schwarzhaarige Frau, die zum Wintertyp gehört, trägt dann zum Beispiel nach Carole Jackson zum Frühstück den weißen Morgenmantel über einem eisrosa Nachthemd aus Seide. Ihr schwarzes volles Haar und ihre dunkelbraunen Augen kontrastieren zu diesem Weiß. Zum Einkauf wählt sie ein hellgraues Leinenkostüm, dazu eine Bluse in Shocking Pink. Wenn sie das Mittagessen zubereitet, hat sie ein weinrotes Hauskleid an. Am Nachmittag ist es ein türkisblaues Top mit anthrazitfarbenem Rock. Die Abendgarderobe besteht aus einem schwarzen Cocktailkleid. Ich habe bewußt übertrieben. Leider hilft uns auch diese »Typologie« nicht weiter, da sie nichts über den Charakter aussagt.

Wovon wird nun aber bestimmt, in welcher Farbe man sich kleidet? Manche Menschen richten ihre Farbwahl einfach nach der Mode, den Gewohnheiten oder Traditionen aus. Einige spüren intuitiv, welche Farbe ihnen steht. Häufig ist das ihre Lieblingsfarbe. Für die Menschenkenntnis entscheidend ist aber nicht die Lieblingsfarbe, auch nicht die Farbe, die einem Menschen besonders gut steht, sondern die Eigenfarbe. Es ist deshalb keinesfalls sinnlos, wenn wir versuchen, die prägende Farbe bei jedem Menschen herauszufinden. Für jeden Menschen gibt es eine Eigenfarbe, sozusagen eine Farbidee. Das kann, muß aber nicht seine Lieblingsfarbe sein. Es ist die Farbe, die seinem inneren Wesen entspricht.

Die *Farbübung* aus der Oberstufe des autogenen Trainings ist ein Mittel, mit dessen Hilfe man seine Eigenfarbe erkennen kann. Schon J. H. Schultz, der Begründer des autogenen Trainings, hat in der Oberstufe das Arbeiten mit Farben und Farbvorstellungen vorgesehen. Farben eignen sich gut, um die bildliche Vorstellungskraft zu üben. Die Übung besteht darin, daß man ein Farbmuster betrachtet, dann die Augen schließt, um sich die gewählte Farbe bei geschlossenen Augen vorzustellen. Das gleiche kann man dann mit verschiedenen Farben wiederholen.

Versuchen Sie es einmal selbst. Besorgen Sie sich mehrere Farbmuster, Muster der Grundfarben und der wichtigsten Farbmischungen. Wählen Sie Ihre Lieblingsfarbe aus, und schauen Sie diese ein bis zwei Minuten ganz entspannt und ruhig an. Schließen

Sie dann die Augen. Sagen Sie zu sich selbst: »Vor meinem inneren Auge entwickelt sich eine Farbe. Es ist meine Farbe.« Nach einiger Zeit sehen Sie dann wahrscheinlich eine Farbe vor den geschlossenen Augen auftauchen. Ist es Ihre Lieblingsfarbe? Dann entspricht sie auch Ihrer Eigenfarbe. Ist es aber eine andere Farbe, dann ist diese Ihre Eigenfarbe. Wenn Sie Ihre Eigenfarbe kennen, können Sie daraus Rückschlüsse auf Ihren Charakter ziehen. Was die einzelnen Farben möglicherweise bedeuten, werde ich noch beschreiben. Mit Hilfe der folgenden Ausführungen zu den verschiedenen Farben können Sie versuchen, Ihren Charakter zu deuten.

Diese Übung ist nicht nur ein weiterer Schritt auf dem Wege zur Selbsterkenntnis. Sie ist auch eine gute Vorübung für das Intuitionstraining, das im weiteren Verlauf des Buches beschrieben wird. Fällt es Ihnen schwer, sich Farben vorzustellen? Versuchen Sie es immer wieder! Nicht jeder Mensch kann sofort Farben sehen. Nach einiger Übung aber gelingt es den meisten.

Im Prinzip gibt es noch andere Quellen, aus denen wir unser Wissen über die Farben des Menschen bereichern können. Seit uralten Zeiten lehren die Weisen vieler Kulturen, daß es am menschlichen Körper feinstoffliche Energiezentren gibt, die in bestimmten Farben strahlen. Im Sanskrit nennt man diese Zentren *Chakras*, was so viel wie Rad bedeutet. Diese Energiezentren nehmen die von außen strömende Energie auf und verteilen sie im Körper.

Das Faszinierende an dieser Lehre ist, daß die sieben wichtigsten Chakras sich an den gleichen Stellen am Körper wie die endokrinen Drüsen befinden sollen. Das bedeutet, daß die Drüsen innerer Sekretion vom Energiefeld der Chakras beeinflußt werden. Aussagen über die Chakras sind so zahlreich und stammen aus so vielen Kulturen und Zeiten, auch aus der Gegenwart, daß sie glaubwürdig sind. Leider sind sie jedoch nur für den hellsichtigen Menschen zu erkennen. Außerdem widersprechen sich die Angaben über die Farben. Das kann einmal daran liegen, daß die Farben der Chakras je nach seelischem Entwicklungsstand und Vitalität des Menschen einen anderen Ton annehmen oder sich sogar verschieben, zum anderen daran, daß jeder Beobachter subjektiv andere Farben wahrnimmt, die Farben also nichts objektiv Feststehendes sind. Zur Verdeutlichung zwei Aussagen, eine von JACK SCHWARZ (43), dem bekannten amerikanischen Sensitiven, und die andere von LILLA BEK (53), einer englischen Yogalehrerin.

	Jack Schwarz	Lilla Bek
Wurzel- oder Sakralchakra (*Gonaden*)	*Rotorange*	*Rot*
Milzchakra (*Milz, Leber, Pankreas*)	*Rosa*	*Orange*
Solarplexuschakra (*Nebennieren*)	*Grün*	*Gelb*
Herzchakra (*Thymusdrüse*)	*Gold-Gelb*	*Grün*
Halschakra (*Schilddrüse*)	*Blau*	*Blau*
Stirnchakra (*Hypophyse*)	*Indigo*	*Indigo*
Scheitelchakra (*Epiphyse*)	*Violett*	*Violett*

Die Qualität der Farbe zeigt an, wie gut die einzelnen Zentren funktionieren, das heißt, auf welchem seelisch-geistigen Entwicklungsstand sich ein Mensch befindet. Das Ziel des Menschen sollte es sein, alle Zentren gleichmäßig zu entwickeln. Normalerweise aber dominiert ein Zentrum, und die zu diesem Zentrum gehörende Farbe ist somit charakteristisch für die Persönlichkeit.

Neben den Farben der Chakras hat der Körper an sich noch eine Ausstrahlung. In den esoterischen Lehren wird diese Ausstrahlung als *Aura* bezeichnet. Die moderne Forschung hat gezeigt, daß die Aura keineswegs eine Einbildung irgenwelcher Mystiker ist. Die bioenergetische Strahlung des Menschen, wie man den gleichen Vorgang heute nennt, ist mit physikalischen Methoden nachweisbar. Als ersten gelang es in den fünfziger Jahren dem Forscherehepaar SEMJON und VALENTINA KIRLIAN, diese bioenergetische Strahlung im Hochfrequenzfeld zu photographieren. Durch das Color-Plate-Verfahren von DIETER KNAPP kann die Strahlung jetzt sogar in Farbe auf dem Bildschirm sichtbar gemacht werden.

Im Zusammenhang des vorliegenden Buches interessiert weniger, daß die photographierten Biostrahlen Störungen im Energiefeld eines Menschen anzeigen und damit Aussagen über seinen Gesundheitszustand erlauben. Für die Zwecke der Menschenkenntnis genügt es, wenn wir die Farben der Aura sehen oder einen Eindruck von ihnen bekommen und intuitiv erkennen, was sie über den jeweiligen Menschen aussagen. Es kommt dabei nicht einmal darauf an, daß es die echten Farben sind, also jene, die zum Beispiel im Color-Plate-Verfahren photographiert werden können. Die Farben, die wir in irgendeiner Weise wahrnehmen, sind in erster Linie ein Hilfsmittel für unsere Intuition. Selbst wenn es sie in Wirklichkeit gar nicht gäbe, könnten sie zu richtigen Ergebnissen führen. Wie man die Farbdiagnose praktisch durchführt, werden Sie im Kapitel über Intuition erfahren.

Farben und ihre Grundbedeutungen

Rot

Rot ist eine kräftige Farbe, die erregend und anregend wirkt. Auf den Körper wirkt Rot aktivierend. Rot hebt etwas hervor. Kaiser unterzeichneten mit roter Tinte. Lehrer korrigieren und geben ihr Urteil in roter Farbe ab. Die rote Farbe ist Symbol der Revolution. Das Rot entspricht dem kämpferischen Mars. In Ministerien ist die rote Farbe dem Staatssekretär vorbehalten, das heißt, nur er darf Schriftstücke mit dem Rotstift abzeichnen.

Rot gehört zum Choleriker oder nach der Huterschen Naturell-Lehre zum Bewegungstyp. In der menschlichen Entwicklung kommt im Kindesalter zuerst eine Vorliebe für reines Rot. Sie entspricht der seelischen Struktur des Kindes bis etwa zum neunten oder zehnten Lebensjahr. Kinder lieben es, in ihren Bildern viel mit Rotstift zu malen. Nach den Untersuchungen von FRIELING (16) wird Rot von beiden Geschlechtern gleichermaßen bevorzugt. Wahrscheinlich drückt sich in der Vorliebe der Kinder zum Rot ihre noch sehr starke Beziehung zum Mütterlichen aus. Denn Rot ist die Farbe des Feuers und des Blutes, das den Körper durchfließt. Im übertragenen Sinne also eine Lebensfarbe, die das Körperliche und Mütterliche symbolisiert. Daraus könnte man schließen, daß jemand, der Rot ablehnt, in der Beziehung zu seiner Mutter Probleme hatte oder hat.

Der rote Mensch ist aktiv. Diese Aktivität kann bis ins Kämpferische gehen. Nach außen gerichtet und dynamisch, liebt er die Bewegung und die Auseinandersetzung mit der Umwelt. Er ist selbstbewußt, hat einen starken Willen, will Erfolg haben, Menschen gewinnen oder im Extremfall sie beherrschen. Seine natürliche Energie ist sehr stark. Außerdem ist er leidenschaftlich; körperliche Fitneß und sinnlicher Genuß sind ihm wichtig. Schwer fällt es ihm, sich zu entspannen.

Rosa

Wenn Rot und Weiß gemischt werden, entsteht Rosa. Die typische Eigenschaft des Rot, die Dynamik, das Kräftige, Feurige, ist im Rosa nicht mehr vorhanden. Rosa ist weich, weiblich, lieblich. Es wird von Frauen bevorzugt, die damit Zartheit, Weichheit, Empfindsamkeit ausdrücken. FRIELING (16) weist auf den Zusammenhang zwischen Rosa und dem Verlangen nach Süßigkeiten im Sinne von Zärtlichkeit hin.

Orange

Beim Rotorange ist das triebhafte Element stärker betont als beim reinen Rot. Kinder bevorzugen es während der Pubertät. Auch der Mensch, bei dem Orange überwiegt, liebt Bewegung, Sport und Aktivität. Er ist vermutlich gesellig und kommt selten zur Ruhe. Meist ist er ein guter Organisator. Orange-Menschen sind herzlich und warm, lieben Harmonie und Ausgleich. Sie haben einen guten Geschmack und sind dem Schönen zugeneigt. Häufig haben sie künstlerische Interessen. Sie lieben das Leben, sind fröhlich und erfolgreich im Beruf.

Rotorange hat im Naturszenentest eine besondere Bedeutung. In diesem Test wird aus einer farbig gemalten Naturszene auf die Lebenssituation eines Menschen geschlossen. Auffallend ist, daß Menschen, die eine große, kräftige Sonne in Rotorange malen, in der Regel einen dominierenden Vater oder sonstige Vaterprobleme haben.

Orange ist eine auffällige Farbe. Deshalb benutzt man sie, um auf Gefahren aufmerksam zu machen. In manchen Kaufhäusern sind mir grüne Schilder aufgefallen, die auf den Notausgang hinweisen. Vielleicht will man damit erreichen, daß Menschen im Falle einer Gefahr ruhig bleiben. Sinnvoller schiene mir, wenn sie den Notausgang sofort finden. Dafür ist die geeignete Farbe Orange. Als Kleidung sieht man Orange selten. Wenn, dann bei Frauen. Deshalb können wir aufgrund der Kleidung nicht auf den Orange-Menschen schließen.

Braun

Braun ist eine Erdfarbe, die einem verdunkelten Orange entspricht. Es ist eine gedämpfte, zurückhaltende, ruhige Farbe. Früher war es die Farbe des Bürgers. Kinder lehnen Braun meist ab, Depressive fühlen sich dagegen in dunkelbraunen Wänden wohl. Dort können sie ihre niedergedrückte Stimmung ausleben. Der braune Mensch ist erdverbunden, beständig, in sich selbst ruhend. Seine Kraft ist gebändigt. Er hat starke seelische Widerstandskraft und läßt sich nicht leicht von seinem Weg abbringen. Frauen in braunen Kleidern wirken einfach, schlicht, anspruchslos, bescheiden, aber auch vornehm, distinguiert.

Gelb

Gelb ist eine leichte Farbe, strahlend, heiter. Es wirkt auf die Motorik des Körpers. Gelb deutet auf Menschen mit einem wachen Verstand, der die Dinge schnell erfaßt. Er ist vielseitig, praktisch, kontaktfreudig, im Denken nicht sehr tiefgehend, aber aktiv und danach strebend, die Welt geistig zu erfassen. Gelbe Menschen haben einen guten Bezug zum Geld. Sie wissen, wie man es verdient und nutzbringend einsetzt. Der Körper ist für sie sekundär. Ihr Geschmack ist fein, ganz gleich, ob es sich um Kleidung oder Essen handelt. Gelb ist die Farbe des lebhaften, leichtblütigen Sanguinikers oder des Empfindungsnaturells. Man findet gelbe Menschen häufig dort, wo der Intellekt eingesetzt werden muß. Sie selbst bleiben meist nüchtern und engagieren sich nicht mit tieferen Gefühlen.

Grün

Grün ist eine eher passive Farbe. Sie ist die Farbe der Vegetation, des Lebens. Das grüne Chlorophyll ist der Ausgangspunkt des Pflanzenwachstums. Grün bedeutet Hegen, Sicherung des Daseins. Grün hat in der Natur viele Abstufungen. Es kann beruhigend wirken, aber es gibt auch ein unangenehmes Giftgrün.

Der grüne Mensch ist aufgeschlossen, umgänglich, reich an Gefühlen. Er hängt an Traditionen, meidet Kraftanstrengungen, läßt sich nicht von Leidenschaften hinreißen. Für ihn ist Ruhe und Geborgenheit wichtig, im Materiellen wie im Gefühlsmäßigen. Grün ist der Typ des Phlegmatikers, der ruhig, bedächtig, kaltblütig ist und sich nicht leicht erregen läßt. Der grüne Mensch ist konservativ. Er hat guten Kontakt zu anderen Menschen und ist tolerant.

Blau

Wir müssen bei Blau zwischen dem kalten Eisblau und dem dunkleren volleren Ultramarin und Indigo unterscheiden. Eisblaue Menschen wenden sich mehr nach innen und schließen sich von der Umwelt ab. Sie sind zurückhaltend, vorsichtig und verschlossen. Viel Wärme und Herzlichkeit wird man bei ihnen nicht finden. Sie sind ernst, schwerblütig, grübeln viel. Eisblau ist die Farbe des Melancholikers. Andererseits sind Menschen, für die diese Farbe typisch ist, leistungsfähig, ausdauernd und tüchtig im Beruf. Sie scheuen keine Arbeit, sind geduldig und praktisch, führen ein geregeltes Leben, lieben die Ordnung, sind pflichttreu und beständige Freunde.

Ultramarin ist die Farbe des Lapislazuli. Bei einem solch tiefen Blau hat man das Gefühl, von der Farbe angezogen zu werden. Es ist eine innerliche Farbe. Dunkles Blau beruhigt den Körper. Bei Hypotonikern, also Menschen mit niedrigem Blutdruck, kann Blau aber auch allmählich den Blutdruck erhöhen. Auf eine blaue Farbe kann man sich gut konzentrieren.

Das blaue Indigo der Kornblume oder des Enzians hat einen gewissen Gehalt an Rot. Der Indigo-Mensch wirkt freundlich, harmonisch, sympathisch. Er ist ruhig und gesammelt, aber im Gegensatz zum kalten Blautyp sind bei ihm Nächstenliebe und Menschenliebe stark ausgeprägt. Er ist sozial und religiös eingestellt und häufig in sozialen Berufen tätig.

Violett

Das Violett mit einem Flieder- oder Lavendelton, die Farbe des Amethyst oder des Veilchens, geht noch mehr ins Rot. Es ist die Farbe der Meditation. Menschen, die durch Violett charakterisiert sind, sind häufig Träumer, Außenseiter, auf jeden Fall nicht alltägliche Naturen. Ihre Stimmung wechselt leicht. Sie sind sensibel, innerlich empfindsam, äußerlich zurückhaltend, ja weltfremd. Ihren Mitmenschen sind sie manchmal ein Rätsel und werden von diesen gern als Spinner bezeichnet. Sie haben Erfolg, wenn es ihnen gelingt, ihre Sensibilität in Kunst, Musik oder Mode zum Ausdruck zu bringen. Violette Menschen brauchen viel Liebe und Bewunderung.

Weiß und Schwarz

Weiß ist eine Farbe, die einerseits kühl und kalt, ja sogar unheimlich, andererseits im Licht der Sonne hell, lebendig, schön wirkt. Weiß ist die Farbe des Lichtes, der Liebe, der Makellosigkeit, des Reinen und Unbefleckten. Weiß ist aber auch die Farbe des Übernatürlichen, einer jenseitigen Wirklichkeit. Früher war es die Farbe des Todes. Weiße Kleidung kann heute Tradition sein, wie das Brautkleid oder die Sportkleidung. Viele Sportler aber versuchen, das Weiß durch andere Farben zu ersetzen. Menschen, die Weiß als Kleidung vorziehen, drücken damit ihr Streben nach geistiger und seelischer Reinheit und Vollkommenheit aus.

Die schwarze Farbe ist ebenso wie Weiß ein Symbol des Unendlichen, dessen, was wir nicht mehr mit unseren Sinnen erfassen können. Es bedeutet Absonderung von der Masse, etwas Besonderes. Kinder lehnen Schwarz ab. Die Vorliebe für Schwarz deutet auf Bedrückung und innere Konflikte, die bis zur Neurose gehen können.

Grau

Grau ist die Farbe des Nebels, der Dämmerung, des Schattenhaften, des Unauffälligen. Der graue Mensch zeigt genau diese Charaktereigenschaften. Er ist so passiv wie der graue Nebel, unbestimmt, ohne Spannung. Er will nicht auffallen, nicht durchschaut werden. In starker negativer Ausprägung ist der graue Mensch stumpf und geistig träge. Er neigt zu Schwermut und findet kaum Freude im Leben. Grau ist aber offen für Entwicklungen zum Hellen, zum Licht. Die erste positive Stufe einer solchen Entwicklung ist ein Mensch, der ruhig und zurückhaltend aber doch beständig und zuverlässig ist. Wenn er sich weiter nach außen öffnet, dann wird das triste Grau bald von einer lebendigeren Farbe abgelöst.

KAPITEL 9

Durch Intuition das Wesen des Menschen erkennen

Was ist Intuition?

Der *Duden* definiert *Intuition* erstens als Erkennen des Wesens eines Gegenstandes oder eines komplizierten Vorganges in einem Akt ohne Reflexion, das heißt ohne Nachdenken, und zweitens als Eingebung oder ahnendes Erfassen. Mittels Intuition erkennt man also etwas spontan und nicht dadurch, daß man darüber nachdenkt, sondern indem man es »einfach weiß«, unmittelbar in seiner Ganzheit erfaßt.

Intuition ist eine Fähigkeit, die vermutlich jeder besitzt. Sie ist eine natürliche Anlage, die jedoch in unterschiedlichem Maße ausgeprägt ist. Intuition findet man bei allen Menschen, bei Männern und Frauen, vor allem aber bei Kindern, weil bei ihnen die natürliche Spontaneität noch nicht durch ein Zuviel an anerzogener rationaler Kontrolle überlagert ist. Manche Menschen sind sich nicht bewußt, daß sie eine gute Intuition besitzen, andere setzen sie gezielt zur Lösung von Problemen ein. Viele erfolgreiche Persönlichkeiten verdanken ihren Erfolg der Intuition. Intuition ist jedoch kein Ersatz für das rationale, logische, analytische Denken, sondern sie ist etwas grundsätzlich anderes.

Das rationale, logische Denken geht linear, das heißt Schritt für Schritt vor. Durch Denken kommen wir zu einem Schluß. Für diese Art des Denkens ist eine bestimmte Denkstruktur erforderlich. Die Denkstruktur des logischen Denkens wird durch unser Schriftsystem mitgeprägt. Wenn wir Schriftzeichen entziffern, dann sehen unsere Augen ein Zeichen nach dem anderen, demzufolge werden uns auch die Details nacheinander bewußt. Die Augen erfassen also die Einzelheiten nacheinander. Das Lesen führt dazu, daß unser Gehirn die Wirklichkeit anders wahrnimmt und verarbeitet, als es bei Menschen der Fall ist, deren Kultur kein alphabetisches Schriftsystem kennt. Ein Bild wird vom Menschen nicht Stück für Stück, sondern als Ganzes wahrgenommen.

Bei der Intuition kommt die Erkenntnis nun gerade nicht durch logisches Nachdenken, sondern ganzheitlich wie ein Bild, spontan, oft unerwartet. Wie man zur intuitiven Erkenntnis gekommen ist, kann man nicht verbal, also mit Worten, erklären. Intuition setzt aber meist voraus, daß vorher über den Gegenstand der Intuition entsprechende Informationen vorliegen und geistig verarbeitet wurden. Der intuitive Geistesblitz kommt keineswegs aus heiterem Himmel. Manche Intuitionen sind das Ergebnis jahrelanger Erfahrungen.

Als der Physik-Nobelpreisträger des Jahres 1985, KLAUS VON KLITZING, der den sogenannten *quantisierten Hall-Effekt* entdeckte, von einem Reporter gefragt wurde, ob seine Entdeckung dem Zufall zu verdanken sei, antwortete er: »Ich glaube, die Entdeckung läßt sich nur durch die langjährige Forschungsarbeit verstehen. Durch meine Erfahrung mit sehr vielen Proben war es überhaupt erst möglich, eine Besonderheit in einem Bereich zu erkennen, der uns eigentlich gar nicht interessiert hatte. Nur so konnte mir in jener Nacht vom 5. Februar 1980 auffallen, daß die Meßkurven in einem Randgebiet alle dasselbe Charakteristikum aufwiesen.« »Sie haben also Ihren Effekt nicht bewußt gesucht?« fragte der Reporter. »Wir haben ihn absolut nicht bewußt gesucht. Es war ein Effekt am Rande.« (3)

Bei den Erfahrungen kann es sich auch um solche handeln, die unbewußt aufgenommen wurden und überhaupt nicht ins Bewußtsein gelangten. Der englische Arzt Dr. EDWARD BACH, der die *Bach-Blütentherapie* entwickelte, war vorher ein erfolgreicher Arzt mit einer bedeutenden Praxis. Er hatte große Erfahrungen als Bakteriologe und Homöopath. In seinen letzten sechs Lebensjahren suchte er eine einfache und natürliche Heilmethode, die seinen Erkenntnissen über Krankheit und Gesundheit gerecht werden konnte. Er ging nicht von den Krankheitssymptomen aus, sondern von den negativen seelischen Zuständen des Kranken. Diese zeigen sich in Gefühlen wie Angst, Haß, Eifersucht, Ärger, Ungeduld oder mangelndem Selbstvertrauen und können Ursache für körperliche Krankheiten werden. BACH entdeckte, daß bestimmte Pflanzen höherer Ordnung eine Schwingungsfrequenz haben, die diese negativen emotionalen Zustände beim Menschen harmonisieren können. Wenn ein Mensch die Essenz solcher Pflanzen zu sich nimmt, kann er wieder ganz er selbst werden. BACH fand diese Pflanzen auf intuitivem Wege. Er brauchte sich nur das Blatt der betreffenden Pflanze auf die Zunge zu legen, um ihre Wirkung auf Körper, Seele und Geist zu fühlen.

Die *Bach-Blütentherapie* gehört heute zu den wichtigsten natürlichen Heilmethoden. Sie versucht nicht, Symptome zu bekämpfen, sondern die seelischen Ursachen zu finden und dem Kranken zu helfen, den zur Heilung notwendigen Ausgleich in sich herzustellen. Viele Ärzte und Heiler, die mit Bach-Blüten behandeln, benutzen wiederum ihre Intuition, um die für den jeweiligen Fall geeignete Essenz auszusuchen.

Neben dem rationalen Weg zum Wissen einerseits und der Intuition andererseits gibt es noch andere Arten des Erkennens. Diese werden häufig der Intuition zugerechnet – je nachdem, wie weit man den Begriff Intuition faßt. In manchen Fällen kommen Menschen durch scharfe Schlußfolgerungen zu erstaunlichen Ergebnissen, die wie Intuition anmuten, jedoch keine sind. Strenggenommen ist auch die *außersinnliche Wahrnehmung* (ASW) keine Intuition. Zur außersinnlichen Wahrnehmung zählen nach allgemeinem Verständnis *Telepathie*, also Gedankenübertragung, *Hellsehen* oder Hellhören und *Präkognition* oder Vorahnung; es handelt sich um einen Informationsempfang ohne Mitwirkung der körperlichen Sinne und auch über die Schranken von Zeit und Raum hinaus.

Gerade bei der Menschenkenntnis ist die außersinnliche Wahrnehmung ein unschätzbares Hilfsmittel. Sie hilft uns, zu Informationen zu kommen, die wir sonst nie erhalten würden. Hellsehen oder Hellhören ist nur wenigen Menschen gegeben. Telepathie, das heißt, die Gedanken eines anderen Menschen aufzunehmen, ist dagegen mit entsprechender Übung im Prinzip jedem Menschen bis zu einem gewissen Grade möglich. Vielleicht kennen Sie das Gefühl, das einen überkommt, wenn man in einer Straßenbahn oder einem Bus sitzt und von hinten starrt einem jemand in den Nacken. Nach kurzer Zeit spürt man diesen Blick und dreht sich um. Oder wir kommen in eine Gruppe fremder Menschen und es schlägt einem eine Welle von Sympathie entgegen. Wir fühlen uns sofort wohl. Wie merken wir das? Ist es der Ausdruck der Gesichter, sind es die Stimmen, die Fröhlichkeit? Im Falle der Antipathie erleben wir umgekehrt die starke Ablehnung. Letztlich mag diese spontan und intuitiv erfaßte Wahrnehmung auf einer Summe registrierter und gespeicherter Erfahrungen beruhen – aber im Augenblick des »Empfangs« erfolgt kein bewußtes rationales Abfragen vorhandenen Wissens mehr, sondern ein blitzartiges Erkennen. Wir sind also in der Lage, die Gefühle anderer Menschen zu »spüren«. Das ist noch keine Telepathie, aber der Weg zur Telepathie ist nicht weit.

Mit Bezug auf die Menschenkenntnis, scheint es mir sinnvoll, den Begriff Intuition nicht zu eng zu fassen. Auch wenn Telepathie keine Intuition ist, so gibt sie uns doch Informationen, die der Intuition förderlich sind. Von der Intuition kaum ganz streng abzutrennen ist die Präkognition. Vorher zu ahnen, daß etwas Bestimmtes geschehen wird, ist sicherlich eine besondere Form der Intuition. Solche Vorahnungen zeigen sich häufig auch im Traum. Da aber nur wenige Menschen mit ihren Träumen arbeiten, sie aufzeichnen und analysieren, gehen die meisten dieser wichtigen Botschaften verloren. Intuition und außersinnliche Wahrnehmung sind zuweilen schwer voneinander zu unterscheiden; deshalb sei es für die Praxis gestattet, sie einfach zusammenzufassen. Auf die Bezeichnungen kommt es ja für unsere Zwecke weniger an. Entscheidend ist zu wissen, daß es Fähigkeiten gibt, die uns unterstützen, wenn wir einen Menschen spontan erkennen wollen.

Was ist Intuition?

Intuition vollzieht sich nichtsprachlich, also ohne Worte und Begriffe. Sie ist auch meist nicht so konkret wie das verbale Denken. Sehr häufig taucht ein Bild auf, das, auch wenn es nicht ganz klar ist, ausreicht, die intuitive Information zu vermitteln, ein Gefühl, einen Eindruck, eine Stimmung wahrnehmbar zu machen. Ein Symbol kann den gleichen Zweck erfüllen.

Zum Beispiel kann eine Farbe, in die wir das Gesicht eines Menschen eingetaucht sehen, uns etwas über den Charakter dieses Menschen sagen. Symbole erscheinen vor allem in Träumen. Um sie zu entschlüsseln brauchen wir dann wieder ein gewisses Maß an Intuition.

Ein Beispiel aus einer Gruppe, in der über Träume gesprochen wurde, soll dies veranschaulichen. Margot, eine sehr sensible Frau, berichtete von ihrem Traum:

»Ich stand vor einer Hauswand, die ganz mit kleinblättrigem Efeu bewachsen ist. Plötzlich griff ich nach den Zweigen und riß große Teile des Efeus herunter. Mein Gefühl dabei war: es geschieht dem Efeu recht. Dann sagte ich zum Efeu, er solle selbst wieder anwachsen. Ich erwartete, daß er das tun würde, da er an die Wand gehörte. Er aber hing wie tot herunter und richtete sich nicht von selbst auf. Ich war traurig, daß ich ihm einen Teil seines Lebens genommen hatte. Als ich aufwachte, war ich über diese böse Tat so erschüttert, daß ich mich über mich selbst schämte!«

Ein Teilnehmer der Gruppe fragte: »Wie kam es, daß du zum Efeu gesprochen hast? Ist er für dich ein Lebewesen?«

»Ja«, antwortete sie, »ich hatte gerade gestern ein Buch über das Bewußtsein von Pflanzen gelesen. Ich weiß, daß Pflanzen empfinden und Informationen aufnehmen können.«

»Hast du selbst eine Idee, was dein Traum bedeuten könnte?«
»Nein, ich weiß es nicht.«

»›Efeu an einer Mauer sehen‹ kann – dem *Lexikon der Traumsymbole* zufolge – bedeuten, daß ein bestehendes Verhältnis befestigt wird. Du hast den Efeu aber abgerissen. Hat das was mit einem Verhältnis zu tun?« (28a)

Sie schüttelte den Kopf.

»Für mich hat Efeu etwas mit Tod und Friedhof zu tun. Viele Gräber sind mit Efeu bewachsen. Möchtest du jemanden am liebsten töten?«

»Nein, niemals.«

»Du liebst Pflanzen und tötest sie trotzdem. Wolltest du dir selbst damit wehtun?«

Sie schwieg betroffen, ehe sie antwortete. »Ja, ich glaube, das stimmt.«

»Wolltest du dich selbst bestrafen?«

»Ja, wahrscheinlich hängt das mit meiner Vergangenheit zusammen. Ich leide immer noch unter den Erlebnissen meiner Vergangenheit. Irgendwie fühle ich mich schuldig. Ich bin mit der Vergangenheit noch nicht fertig.«

Die Teilnehmer der Gruppe kamen also zu Hilfe, ohne zu beeinflussen. Jede Beeinflussung ist unzulässig, jeder muß seine eigene Deutung finden. Sie hörte zu und ließ die Worte in sich nachklingen. Plötzlich »klickte« es bei ihr, und sie wußte, daß dies die Lösung war.

Sie brauchte nicht mehr nachzudenken, denn sie hatte das Symbol verstanden. Was der Traum ihr sagen wollte, war jetzt ganz klar für sie. Eine Traumdeutung führt allerdings nicht immer so schnell zum Erfolg wie in diesem Fall.

Intuition kann sich auch durch ein Gefühl ausdrücken. Solche Gefühle können so stark sein, daß sie körperlich spürbar sind. Gefühle erlebt man besonders häufig im zwischenmenschlichen Kontakt.

Der Maler DORÉL DOBOCAN erzählte mir, daß er, wenn er einen Menschen kennenlernt, sofort spürt, ob er diesem Menschen vertrauen kann und ob er zu ihm ein gutes Verhältnis haben wird. Ein starker, fast schmerzhafter Druck oder ein eigenartiges Gefühl in der Magengegend sind für ihn eindeutige Warnsignale, die ihn noch nie getäuscht haben.

Das rechte Gehirn

Es spricht viel dafür, daß Intuition etwas mit der rechten Gehirnhälfte zu tun hat. Das menschliche Gehirn besteht, sehr vereinfacht dargestellt, aus den drei Bereichen, die seiner stammesgeschichtlichen Entwicklung entsprechen: dem Stammhirn, dem Zwischenhirn und dem Großhirn. Das Großhirn ist der Teil, der direkt unter der Schädeldecke liegt und die anderen Teile des Gehirns von oben umschließt. Das Großhirn ist aber kein einheitliches Organ, sondern es besteht aus zwei Hälften oder Hemisphären, die in der Mitte durch Nervenfasern verbunden sind. Diese Verbindung nennt man *Corpus callosum* oder Balken. Wenn Sie mit dem Finger von ihrer Nase nach oben gehen und dann der Länge nach über den Schädel nach hinten bis in den Nacken fahren, dann sind Sie genau in der Mitte zwischen den beiden Gehirnhälften.

Die linke Gehirnhälfte ist über die Nervenfasern mit der rechten Körperhälfte, die rechte mit der linken verbunden. Die linke Hemisphäre ist also zuständig für das Sehen, den Tastsinn und die Bewegung auf der rechten Seite des Körpers, die rechte Hemisphäre für die gleichen Funktionen auf der linken Körperseite. Die beiden Hemisphären sind miteinander über das Corpus callosum mit Nerven verdrahtet. Ungefähr 200 Millionen Nervenfasern sorgen dafür, daß die Informationen von einer Gehirnhälfte zur anderen fließen können.

Die linke Gehirnhälfte kann die rechte Hand ganz einfach veranlassen, sich zu bewegen. Den gleichen Befehl für die linke Hand kann sie aber nur indirekt geben. Sie muß ihn über das Corpus callosum zuerst an die rechte Gehirnhälfte leiten, von wo aus wiederum eine direkte Verbindung zur linken Hand besteht. Das hört sich kompliziert an, ist aber im Prinzip ganz einfach. Wenn wir auf einem Tisch mehrere Gegenstände stehen haben und wir richten unsere Augen in die Mitte des Tisches, dann sehen wir mit dem linken Auge nur die Gegenstände auf der rechten Tischseite und mit dem rechten Auge die auf der linken Seite. Der Ausgleich erfolgt wiederum über das Corpus callosum, so daß unser Gehirn die komplette Information erhalten hat. Wir sehen alle Gegenstände auf dem Tisch und bekommen gar nicht mit, daß unsere Augen so eigenartig über Kreuz schauen.

Ausgehend von den Beobachtungen an Patienten mit epileptischen Anfällen, bei denen die Nervenverbindungen zwischen den beiden Gehirnen durchgetrennt wurden und nach vielen Experimenten, Tests und Beobachtungen, weiß man heute, daß die beiden Hälften unseres Gehirns ganz unterschiedlich denken. Ohne in die Einzelheiten zu gehen kann man sagen, daß das linke Gehirn verbal, also mit Worten, denkt. Das logische Folgern in einzelnen Schritten, Sprechen, Lesen, Schreiben, Abstrahieren, musikalische Fertigkeiten, das sind die Hauptgebiete des linken Gehirns.

Das rechte Gehirn denkt nichtverbal, also in Bildern. Wenn es um Aufgaben geht, die schwer in Worte zu fassen sind, die man nicht logisch angehen kann, wenn große Mengen von Informationen erfaßt und beurteilt werden müssen, wenn es um das Erkennen von Gesichtern geht, um räumliche Wahrnehmung, um die Fähigkeit zu zeichnen und um musikalisches Empfinden, dann kommt das rechte Gehirn zum Zuge.

Da die beiden Gehirnhälften jeweils auf bestimmte Aufgaben spezialisiert sind, werden sie auch mit Vorteil zur Erledigung dieser Aufgaben eingesetzt. Aufgaben, die mit dem Wort zu tun haben, wie Vokabeln lernen, wissenschaftlich arbeiten, das Arbeiten mit Fakten, Daten und Formeln zum Beispiel, erledigt die linke Gehirnhälfte. Die rechte wird eingesetzt, wenn es darum geht, eine Gesamtsituation zu überblicken, aber auch zum Beispiel, um sportliche Spitzenleistungen zu erbringen.

Der amerikanische Tennislehrer TIMOTHY GALLWAY suchte jahrelang nach einer Antwort auf die Frage, warum Tennisspieler meist dann versagen, wenn sie sich besonders anstrengen. In seinem Buch *Tennis und Psyche* vermittelt er die Ergebnisse seiner Studie. Seiner Meinung nach ist das kontrollierte Denken im Hochleistungssport eher hinderlich. Erst wenn der Spieler sich seinen intuitiven Gefühlen überläßt, kommt er in Hochform. Das rechte

Gehirn verhilft dem Spieler zu natürlichen Bewegungsabläufen, zu flüssigem Spiel und zu einem intuitiven Erfassen vieler komplexer Vorgänge beim Schlagen und beim Zurückschlagen des Balles. Die gleichen Erkenntnisse gelten für viele andere Sportarten. Auch Musiker benötigen die Fähigkeiten des rechten Gehirns. Die linke Seite hilft dem Musiker, nach Noten zu spielen. Um nach Gehör zu improvisieren benötigt er aber die rechte Seite. Schöpferische, kreative, intuitive Leistungen sind ohne die rechte Gehirnhälfte nicht denkbar.

Die unterschiedliche Arbeit der beiden Gehirnhälften wird sehr deutlich bei einem Gespräch mit einem anderen Menschen. Wir wissen aus der Kommunikationsforschung, daß bei einem Gespräch immer zwei Ebenen beim Zuhörer angesprochen werden, die Inhaltsebene und die Beziehungsebene. Auf der Inhaltsebene nehmen wir die Worte und ihre Bedeutung wahr. Das ist natürlich die linke Hälfte des Gehirns. Auf der Beziehungsebene bemerken wir die Signale der Körpersprache, den Tonfall, die Mimik. Das Problem ist nun, daß die Eindrücke des rechten Gehirns dort unbewußt bleiben können. Vielleicht haben wir nur ein Gefühl für das, was wir gespürt haben. Erst wenn wir die Eindrücke über das linke Gehirn in Worte fassen, werden sie uns richtig bewußt.

Auch eine Rede verläuft auf zwei Ebenen. Die Worte, die ein Redner spricht, kommen vom linken, die Körpersprache vom rechten Gehirn. Deshalb ist vielen Rednern nicht bewußt, wie sie mit ihrem Körper wirken. Ich erlebte vor kurzem in einer großen Konferenz, wie eine rednerisch sehr erfahrene Frau in der Diskussion ihre innere Unruhe so deutlich zeigte, wie ich es nie erwartet hätte. Ihr Oberkörper, die Bewegung der Arme und Hände, die Mimik waren ihren Worten angepaßt. Über dem Tisch hatte sie alles im Griff. Unter dem Tisch regierte die andere Seite des Gehirns. Eines ihrer übergeschlagenen Beine führte einen regelrechten Tanz aus. Es wippte, vibrierte, zuckte, ohne daß sie es selbst merkte. Es war fast so, als würde der Tisch sie in zwei Teile trennen. Die übrigen Teilnehmer der Konferenz schienen es übrigens auch nicht wahrzunehmen.

Der gesunde Mensch setzt jeweils automatisch diejenige Gehirnseite ein, die eine Aufgabe am besten übernehmen kann. Viele Menschen aber sind so einseitig gepolt, daß sie ihre bevorzugte Gehirnseite auch für Aufgaben verwenden, die besser mit der anderen Seite erfüllt würden. In unserer modernen Industriegesellschaft ist es bei den meisten Menschen die linke Gehirnhälfte, die dominiert. Der reine Intellektuelle ist typisch dafür. Für ihn gilt nur das Wort, die Logik, die Wissenschaftlichkeit, das Beweisbare.

Es gibt aber auch den umgekehrten Fall. Menschen, die rein gefühlsmäßig leben, die die Zusammenhänge intuitiv erkennen, sie aber nicht in Worte ausdrücken können. Für solche Menschen gehören Phantasie und Träume zum Lebensinhalt. Zu dieser Gruppe gehören manche Künstler, die sich ganz auf ihre rechte Gehirnhälfte stützen können.

Die Eigenschaften der rechten Hirnhälfte sind demnach die gleichen, durch die sich auch die Intuition auszeichnet: nicht verbal, sondern bildhaft; nicht linear, sondern gleichzeitig; nicht Stück für Stück, sondern parallel, ganzheitlich.

Damit ist allerdings nicht gesagt, daß Intuition nur in der rechten Gehirnhälfte entsteht. Beide Hälften arbeiten ja sehr eng zusammen. Die Grundlage der Intuition, die Informationen, aber auch unbewußte Erfahrungen, kommen von beiden Seiten des Gehirns. Die Intuition muß dann daraufhin überprüft oder analysiert werden, ob sie wahrscheinlich, sinnvoll, richtig und praktisch verwertbar ist. Hier ist die linke Gehirnhälfte führend.

Dank der modernen Gehirnforschung wissen wir jetzt, wie wir unser geistiges Potential vergrößern können. Wir benötigen beide Seiten des Gehirns. Jede Hälfte wird zwar für andere Aufgaben verstärkt eingesetzt, ist aber deshalb nicht weniger wichtig. Die typische Linkslastigkeit vieler Menschen erschwert ihnen den Zugang zu den schöpferischen, intuitiven Fähigkeiten. Für sie ist es von entscheidender Bedeutung, daß sie die rechte Gehirnhälfte gezielt einsetzen und versuchen, sie in ihr Leben zu integrieren. Menschen jedoch, die vom logischen Denken nichts wissen wollen, die sprunghaft, zeitlos, ganz gefühlsbetont in den Tag hineinleben, tun gut daran, ihre linke Gehirnseite etwas mehr zu pflegen, damit sie den Boden unter den Füßen nicht verlieren.

Wie zuverlässig ist Intuition?

Wenn wir über vollständige Informationen verfügen, um damit ein Problem lösen zu können, dann brauchen wir im Grunde genommen keine Intuition. Leider ist jedoch diese Voraussetzung in unserer komplexen, sich rasch wandelnden Welt sehr selten erfüllt. Natürlich können wir versuchen, mit Hilfe der Datenverarbeitung immer mehr Daten zu erfassen, zu speichern und aufzuarbeiten. Das setzt aber voraus, daß uns alle für die vorliegende Aufgabe entscheidenden Variablen vorliegen. In komplizierten Fällen ist das selbst im materiellen Bereich nicht möglich.

Noch weniger erfaßbar sind die nichtmateriellen, psychischen, menschlichen Faktoren, besonders wenn es sich um zukünftiges Verhalten von Menschen handelt. Aus diesem Grund sind zum Beispiel längerfristige Konjunkturprognosen fast immer falsch. Viele in die Zukunft reichende wirtschaftliche Unternehmensentscheidungen beruhen zwar auf sorgfältig erarbeiteten Grundlagen, sind aber trotzdem sehr unsicher. Zu viele Faktoren beeinflussen unser Leben, als daß eine Vorhersage mehr als eine Annahme sein könnte.

Besonders deutlich wird diese Unsicherheit bei medizinischen Diagnosen. In früheren Zeiten waren die Ärzte viel mehr als heute bei der Diagnose und Behandlung eines Kranken auf ihre Intuition angewiesen. Der moderne Arzt verfügt über eine Vielzahl medizinischer Geräte und Hilfsmittel und macht die Diagnose und Behandlung von diesen abhängig. So unbestritten die Erfolge der Gerätemedizin sind – wenn es aber um den subjektiv menschlichen Faktor geht, kann sie dem Arzt nichts helfen. Er braucht Intuition, wenn er die seelischen Ursachen einer Krankheit erkennen will. Er muß intuitive Menschenkenntnis haben, um den Patienten seinem Wesen gemäß erfolgreich zu therapieren. Schon wie er ihn anspricht, wie er mit ihm umgeht, ist bei einem guten Arzt von Fall zu Fall verschieden. Jeder Patient spricht anders auf eine Behandlung an. Es ist schwer zu sagen, welchen Anteil die langjährige Erfahrung und welchen Anteil die Intuition hat. Vermutlich geht beides Hand in Hand.

»Vollständige Information« heißt bei der Menschenkenntnis, daß wir einen Menschen längere Zeit kennen, ihn beobachten und aus seinem Verhalten ohne Vorurteile Schlüsse ziehen können. Wie schon erwähnt, gehört dazu auch die Beobachtung von Körperbau, Physiognomie und Körpersprache. Zur vergleichenden Beurteilung der Entwicklung seiner Persönlichkeit dient die Kenntnis seiner Lebensgeschichte.

Diese Voraussetzungen sind fast nie gegeben. Selbst wenn uns noch so viele Informationen vorliegen – bei der Bewertung führt unsere subjektive Interpretation sehr leicht zu Fehldiagnosen. Um sicherzugehen, daß unsere Intuition zuverlässig ist, müssen wir darauf achten, daß wir sie nicht mit anderen Erfahrungen verwechseln. In erster Linie können Gefühle zur Selbsttäuschung führen. Ein Gefühl kann aber auch eine Intuition sein. Deshalb ist es manchmal sehr schwer zu unterscheiden, ob es sich um ein ganz normales Gefühl oder um eine Intuition handelt.

Wenn Sie sich etwas vornehmen und dann das Gefühl haben, das wird schiefgehen, dann kann das eine intuitive Eingebung, ebenso aber auch einfach Ihr negatives Denken sein. Das folgende Beispiel illustriert den Unterschied. Ein junger Diplomingenieur hatte bei seiner sehr intuitiven Mutter wiederholt erlebt, wie Intuition funktioniert. Für sich selbst aber lehnte er es ab, sich mit »solchen Dingen« zu beschäftigen. Nach seinem Examen suchte er eine Anfangsstelle. Auf seine vielen Bewerbungen bekam er nur Absagen. Schon eine flüchtige Durchsicht der Bewerbung zeigte mir, daß diese ungeschickt abgefaßt war. Eine Bewerbung ist ja wie ein Verkaufsbrief, mit dem sich der Bewerber anbietet. Die verbesserten Bewerbungen brachten dann die erste Einladung zur Vorstellung. Der junge Mann aber war von vornherein davon überzeugt, daß er nicht genommen würde. »Meine Intuition sagt mir, daß es nicht klappt«, erklärte er mir, kurz bevor er zur Vorstellung fuhr. Ich wies ihn darauf hin, daß er bis jetzt nicht daran geglaubt hatte, intuitive Fähigkeiten zu besitzen. Aber gegen seine Überzeugung war nichts auszurichten. Wie er erwartet hatte, wurde er nicht genommen.

»Erst sah es ganz gut aus«, berichtete er. »Die Arbeit hätte mir gelegen, und ich weiß, daß ich es geschafft hätte. Aber dann bekam ich das Gefühl, daß der Personalchef irgend etwas gegen mich hat – genauso, wie es mir meine Intuition vorhergesagt hatte.« Es war ein hartes Stück Arbeit, ihm klarzumachen, daß seine negativen Gefühle nichts mit Intuition zu tun haben mußten. Es kamen viele Gründe in Frage, warum er nicht genommen wurde. Falls sie alle nicht zutrafen, konnte es sich in seinem Fall auch um eine *self-fulfilling prophecy* gehandelt haben. Bei dieser »sich-selbsterfüllenden Prophezeiung« führt die Erwartung, daß ein Umstand eintreten wird, dazu, daß er auch eintritt. In diesem Fall führte wahrscheinlich das negative Denken dazu, daß genau das eintrat, was er befürchtet hatte. Wer von sich und seinem Erfolg überzeugt ist, der drückt das durch seinen Körper, sein Verhalten, den Klang seiner Stimme, mit seinem ganzen Wesen aus. Genauso geschieht es aber auch im negativen Fall. Wenn ein geschulter Personalchef solche unbewußt ausgesandten negativen Signale empfängt, wird er im Zweifelsfall davor zurückschrecken, den betreffenden Bewerber in die engere Wahl zu ziehen.

Intuition kann man auch mit Gefühlen verwechseln, die durch Wunschdenken ausgelöst werden. Wenn wir uns etwas ganz intensiv wünschen, dann sind wir manchmal ganz sicher, daß dieser Wunsch in Erfüllung gehen wird. Nehmen wir an, ich wünsche mir, daß ich im Lotto gewinnen werde. Ich denke dauernd daran, und plötzlich habe ich das feste Gefühl, daß ich eine große Summe gewinnen werde. Meine Intuition sagt mir, daß ich diesmal Glück haben werde. Leider zeigt es sich dann bald, daß es statt Intuition nur Wunschdenken war.

Natürlich können starke Wünsche dazu führen, daß unser Wunsch in Erfüllung geht. Der Schwerkranke wünscht sich mit aller Kraft, gesund zu werden. Er glaubt daran, tut alles Menschenmögliche dafür und wird gesund. Hier handelt es sich allerdings nicht um Intuition, sondern um die Kraft positiven Denkens.

Unsere innere Stimme kann uns also täuschen. Um zu erkennen, ob eine Intuition richtig ist oder ob eine Selbsttäuschung vorliegt, müssen wir Erfahrung mit unserer inneren Stimme sammeln. Wir müssen lernen *zu wissen*, wann eine Intuition vorliegt und wann nur ein anderes Gefühl. Ob es sich wirklich um Intuition gehandelt hat, erfährt man immer erst nach Eintreten des Ereignisses.

Auch Sie können intuitiv werden

Ein Merkmal der Intuition ist, daß sie unerwartet kommt. Sie kommt wie der Traum in der Nacht. Je mehr wir uns anstrengen, um so geringer ist die Wahrscheinlichkeit, daß wir eine intuitive Erfahrung haben werden. Wir können Intuition nicht erzwingen. Wir brauchen das aber auch gar nicht. Wenn wir das Tor in uns weit öffnen, kommt sie von selbst. Es ist wie mit so vielen Dingen im Leben. Will man sie mit aller Gewalt haben, bekommt man sie nicht. Eines Tages denkt man nicht mehr daran, und plötzlich hat man sie.

Suchen Sie zum Beispiel krampfhaft nach einem entfallenen Wort, wird es Ihnen garantiert nicht einfallen. Kurze Zeit später ist es von selbst da. Oder Sie brauchen ein Buch aus Ihrem Bücherschrank. Alle Bücher, die Sie schon lange vermißt haben, finden Sie, nur nicht das eine, daß Sie jetzt lesen wollen. Am nächsten Tag gehen Sie ohne Nachdenken an den Schrank und halten das Buch in der Hand. Kommt Ihnen das nicht bekannt vor? Wer von früh bis abends daran denkt, daß er Geld braucht, hat keine Chance, wohlhabend zu werden. Wer statt dessen daran denkt, daß verdienen nach dem Dienen kommt, wer sich einer Aufgabe, einer Arbeit widmet und sie so gut wie möglich macht, der schafft damit günstige Voraussetzungen, seine finanziellen Ansprüche durchsetzen zu können. Bekannt sind auch die Fälle, daß Ehepaare sich sehnlichst ein Kind wünschten – und erst als sie ihren Wunsch aufgegeben hatten, kam es.

Stellen Sie sich also darauf ein, daß auch Sie die Fähigkeit zur Intuition haben, lassen Sie die Intuition einfach kommen. Es ist ganz sicher, daß Intuition nicht nur eine Gabe für wenige Auserwählte ist. Auch Sie können intuitiv werden. Was hindert Sie daran, es zu versuchen? Warum glauben Sie nicht einfach daran? Sie können nur gewinnen.

Eine solche kostbare Fähigkeit ist jede Anstrengung wert. Erzählen Sie aber niemandem davon. Im Gegenteil, wenn Ihre Freunde erfahren, daß Sie nach solchen für viele unwissende Menschen immer noch anrüchigen Dingen streben, werden sie alles daran setzen, um Sie wieder auf den »richtigen« Weg zu bringen. Lange Diskussionen, ob so etwas wohl möglich sei, Zweifel, Beweise, daß so etwas doch nicht funktionieren kann – all das untergräbt Ihre Sicherheit. Ihre Freunde erreichen damit genau das, was sie prophezeit haben. Wenn Sie sich aber mit dem Wesen der Intuition vertraut machen, sich geistig darauf einstellen, zuerst die Methoden einsetzen, mit denen andere Erfolge hatten und dann eigene Wege ausprobieren, dann werden Sie Erfolg haben. Sollten es am Anfang nur kleine Erfolge sein, dann ist das gut so. Sie erkennen daran, was alles möglich ist und arbeiten an sich selbst weiter, ohne gleich vermessen zu werden.

KAPITEL 10

Die Schulung der Intuition

Die Vorbereitung erfolgt in zwei Stufen

Zwar scheint es oft so, als würde die intuitive Erkenntnis aus dem Nichts kommen. In Wirklichkeit aber liegt ihr in der Regel ein großer Schatz an persönlicher Entwicklung, an Wissen und Erfahrung zugrunde. Deswegen besteht die erste Stufe zur Intuition darin, Informationen zu beschaffen und sie geistig zu verarbeiten. Da wir wissen, daß der Mensch zwei Gehirnhälften hat, sollten wir auch von beiden Gebrauch machen. Die Erkenntnis, daß die meisten Menschen linkslastig sind, darf aber andererseits nicht dazu führen, daß wir nun die linke Gehirnhälfte möglichst wenig einsetzen. Unterschätzen wir nicht das rationale, analytische Vorgehen bei der Menschenkenntnis.

In den ersten Kapiteln dieses Buches haben Sie erfahren, nach welchen Gesichtspunkten man einen Menschen bewußt beobachten kann, um daraus zu einer Analyse zu kommen. Darüber hinaus ist es immer sinnvoll, alle Informationsquellen zu benutzen, die in Frage kommen, also Lebenslauf, graphologisches Gutachten, Tests, Befragungen und so weiter. Solch ein Vorgehen kostet viel Zeit, und nicht immer werden wir uns diese Mühe machen können. Wie Sie bemerken werden, ist von Gefühlen noch nicht die Rede. Wir sind immer noch im Stadium des Sammelns. Alle Erkenntnisse, die wir so gewinnen, versuchen wir geistig zu verarbeiten, zu ordnen, abzuwägen und auf ihre Richtigkeit zu überprüfen. Später werden die gespeicherten Informationen zu der von uns angestrebten intuitiven Erfahrung werden.

Die zweite Stufe zur Intuition ist die Arbeit an sich selbst. Intuitive Menschen schaffen in sich die Voraussetzung, um Zugang zu tieferen Bewußtseinsschichten zu finden. Sie streben danach, in ihrem Gefühlsleben ausgeglichen zu sein. Nur der emotional stabile Mensch ist in der Lage, subtile Informationen aufzunehmen, sie im Unterbewußtsein reifen zu lassen, um dann als Ergebnis intuitive Erfahrungen machen zu können. Gelassen ist nur der Mensch, der loslassen kann, loslassen, was des Festhaltens nicht wert ist, das Besitzstreben, die Forderungen an andere, die Ängste und Sorgen um die Zukunft, den Ehrgeiz, das unablässige Streben nach mehr. Wer gelassen ist, steht nicht unter Spannung, er ist entspannt, empfindsam und empfangsbereit.

Gelassenheit ist nicht Passivität, sie ist auch keine Gleichgültigkeit. Der intuitive Mensch ist im Gegenteil geistig aufgeschlossen, offen für alles Neue. Er prüft alle Informationen, ehe er entscheidet, ob sie für ihn wichtig sind oder nicht. Dabei weiß er, daß nicht die Einzelheiten wichtig sind, sondern daß es immer darauf ankommt, das Wesentliche zu erfassen. Er ist auch durchaus bereit, unkonventionelle Methoden auszuprobieren. Wenn er zum Beispiel von außersinnlicher Wahrnehmung hört, so lehnt er das nicht von vornherein ab. Seine Devise ist: Ich weiß etwas nur, wenn ich es selbst versucht und erfahren habe.

Vor langer Zeit notierte ich mir einen weisen Ausspruch Buddhas. Ich halte ihn für sehr treffend, und jeder, der seine Intuition entwickeln möchte, sollte die darin zum Ausdruck kommende Lehre beherzigen:

»Glaubt nicht, bloß weil die Überlieferung es sagt, selbst wenn sie schon sehr alt und vielerorts verbreitet ist. Glaubt nicht, bloß weil viele Leute von etwas sprechen. Auch dem, was die Weisen vergangener Zeiten sagten, sollt ihr keinen blinden Glauben schenken. Glaubt nicht an eure eigenen Vorstellungen, indem ihr euch einredet, ein Gott habe sie euch eingegeben. Glaubt nicht, bloß weil eure Lehrer und Priester es behaupten. Prüft alles selbst und glaubt an das, was ihr in euch selbst erfahren und als vernünftig befunden habt, und nach dem sollt ihr euren Lebenswandel richten.«

Bei der Menschenkenntnis heißt das für den intuitiven Menschen, daß er durchaus offen auf den anderen zugeht. Er läßt das erste Gefühl auf sich wirken, vertraut aber diesem ersten Eindruck keineswegs bedingungslos. Er macht vor allem nicht den Fehler, den anderen ohne Nachdenken überschwenglich in sein Herz zu schließen – oder abzulehnen. Er hält die Augen offen, beobachtet unauffällig, macht sich Gedanken. Dann erst bemüht er sich, den anderen intuitiv zu erfassen. Dem Urteil, das er auf diese Weise erhält, kann er ganz vertrauen.

Warten heißt reifen lassen

Gut Ding will Weile haben – das gilt auch für die Intuition. In der aktiven Phase nehmen wir Informationen auf, sammeln Fakten, Eindrücke, Gedanken, alles, was zu unserem Thema, unserer Aufgabe oder unserem Problem gehört. Irgendwann geht es dann nicht weiter. Wir können noch soviel nachdenken, uns den Kopf zerbrechen – unser Gehirn scheint leer zu sein. Der kreative Durchbruch will einfach nicht gelingen. Jede Anstrengung bedeutet jetzt verlorene Zeit. Es gibt nur eins, das wir tun können: warten.

Die Erfahrung zeigt, daß es für jede Intuition eine Reifephase gibt. In der Antike nannte man den Tempelschlaf, in dem man Heilung oder Belehrung durch den Gott erfahren wollte, die Inkubation. Eine solche Inkubation brauchen wir auch für unseren intuitiven Durchbruch. Wir wissen von allen bedeutenden Persönlichkeiten, die durch Intuition zu großen Entdeckungen kamen, daß die Reifephasen ein wichtiger Teil des intuitiven Prozesses waren.

Nehmen wir als Beispiel THOMAS ALVA EDISON, einen der größten Erfinder unserer Zeit. Obwohl er sich praktisch nie Ruhe gönnte, fand er doch die Möglichkeit, seine Ideen reifen zu lassen: er wechselte von einer Sache zu einer anderen. Er selbst erklärte es so: »Ich denke niemals über eine Sache länger nach als ich will. Wenn ich mein Interesse daran verliere, wende ich mich etwas anderem zu. Ich halte immer sechs oder acht Dinge gleichzeitig in Gang und beschäftige mich einmal mit dem einen, dann mit dem anderen, wie ich Lust habe. Sehr häufig kommt es vor, daß ich an einem Ding arbeite und so weit komme, daß ich es nicht mehr sehen mag, und ich lasse es liegen und wende mich etwas anderem zu; und urplötzlich kommt mir dann genau die Idee, nach der ich gesucht habe. Dann lasse ich das andere fallen, kehre zu meinem ursprünglichen Problem zurück und löse es.« (10)

Auch HENRY FORD wußte, daß man Ideen nicht erzwingen kann. Der Journalist GARET GARRETT fragte ihn einmal, woraus denn Ideen entstünden. Ob er sie aus seinem Kopf presse, oder ob er eine nackte Wand so lange anstarre, bis sie ihm entgegensprängen? Auf seinem Schreibtisch stand ein Gegenstand, der wie eine Untertasse aussah. Er nahm ihn, drehte ihn spielerisch um, trommelte mit seinen Fingern auf der Rückseite und antwortete: »Wissen Sie, daß ein atmosphärischer Druck von vierzehn Pfund auf jedem Quadratzentimeter dieser kleinen Fläche liegt? Man kann ihn weder sehen noch fühlen. Trotzdem weiß man, daß dem so ist. Genau so ist es mit den Ideen. Sie liegen in der Luft. Sie klopfen an deinen Schädel. Man darf nicht zuviel darüber nachdenken. Man muß nur wissen, was man will. Man braucht das, was man will, nur in der Vorstellung verankert zu haben. Wenn man das tut, dann kann man es wieder vergessen. Man kann sich um seine Angelegenheiten kümmern, über andere Dinge reden, an andere Dinge denken, und die Idee dessen, was man will, wird plötzlich zum Durchbruch kommen. Sie war immer da.« (19)

Als er einmal bei Tisch saß, »spannte sich plötzlich sein großer schlanker Körper, der Ausdruck seines Gesichtes, der bis dahin sehr lebhaft gewesen war, wurde zu dem eines Schlafwandlers, und er sagte zu niemandem im besonderen – eigentlich zu sich selbst: ›A-h-h! In Wirklichkeit denke ich ja an etwas ganz anderes.‹ Ohne ein weiteres Wort stand er abrupt auf, stieß seinen Stuhl zurück und ging eilig fort. Eine Idee, die er gesucht hatte, war durchgebrochen, und er ging, um sich mit ihr zu beschäftigen«. (19)

Diese Beispiele zeigen, daß es in der Reifephase darauf ankommt, nicht länger über unser Problem nachzudenken. Statt dessen können wir alles tun, was uns in eine entspannte Stimmung bringt, denn die Entspannung ist dem Reifeprozeß förderlich. Streß, Überarbeitung, auch körperliche Überforderung, Ärger, Angst, Ungeduld – all das engt unser Bewußtsein ein. Entspannung, Fröhlichkeit, positive Erwartung, Liebe, alles, was uns in einen gelösten Zustand versetzt, bringt uns weiter.

Wie lange die Inkubationszeit ist, kann man nicht vorhersagen. Es kann Tage und Wochen dauern, vielleicht auch nur wenige Minuten oder Sekunden. Manchmal scheint es fast, als habe es diese Zwischenphase überhaupt nicht gegeben. Gerade wenn es um menschliche Gefühle geht, können die intuitiven Eindrücke unter Umständen sehr schnell kommen. Bei wichtigen Entscheidungen aber sollten wir die Angelegenheit besser *überschlafen*. Damit meine ich, daß wir zum Beispiel durch einen Inkubationstraum eine intuitive Antwort auf unsere Frage erhalten könnten.

Die Trauminkubation

Der Traum in der Form des sogenannten Inkubationstraums kann sowohl Reifephase als auch Ergebnis sein. Da jeder Mensch träumt, steht auch jedem Menschen das Hilfsmittel des Traums zur Verfügung. Voraussetzung ist nur, daß wir bereit sind, Traumarbeit zu leisten. Es gibt eine umfangreiche Literatur zum Thema Traum, darunter einige sehr gute Traumbücher. FREUD nannte den Traum den »Königsweg zum Unbewußten«. Mir geht es hier natürlich weniger darum zu untersuchen, was Träume bedeuten können, welche Hilfen sie uns sein können, sondern wie wir sie für intuitive Zwecke nutzbar machen können. Die folgenden Beispiele für kreative Träume werden in der Literatur immer wieder zitiert:

Der deutsche Chemiker AUGUST KEKULÉ entdeckte den Benzolring (1865) als er von Schlangen träumte. Eine der Schlangen erfaßte den eigenen Schwanz und gab Kekulé die Erkenntnis, daß die Benzolstruktur ein geschlossener Kohlenstoffring ist. Der italienische Komponist und Violinist GIUSEPPE TARTINI (1692–1770) verdankt die berühmte Teufelssonate einem Traum, in dem der Teufel ihm diese Sonate vorspielte. Dem Assyrologen HERMANN VON HILPRECHT (1893) wurde die Entschlüsselung einer alten Keilschrift auf zwei Achatfragmenten im Traum von einem vorchristlichen Priester mitgeteilt. ROBERT LOUIS STEVENSON (1850–1894) führt seinen schriftstellerischen Erfolg auf seine Träume zurück, denn alle Geschichten, die er schrieb, erlebte er vorher im Traum.

Für uns ist es wichtig zu wissen, daß jeder Mensch solche Träume, die zu Problemlösungen, intuitiven Eingebungen oder Erkenntnissen führen können, haben kann. Je eingehender wir uns mit diesem Gebiet beschäftigen, desto mehr werden wir feststellen, daß Träume im Leben unserer Mitmenschen eine dominierende Rolle spielen. Wenn wir uns im Bekanntenkreis umhören, werden wir von beeindruckenden Träumen hören. Die meisten Menschen sprechen nicht von sich aus darüber. Fragt man aber, ob sie etwas Interessantes geträumt haben, kommen häufig ausführliche Traumschilderungen. Viele Träumer scheinen, wenn sie angesprochen werden, einen inneren Drang zu spüren, sich durch Erzählen das im Traum Erlebte noch einmal bewußtzumachen. Immer wieder kommen dann Berichte wie: »Stell dir vor, ich habe geträumt, daß meine Tochter Hilfe braucht. Und als ich sie heute morgen anrief, war sie ganz verzweifelt, ihr Freund hat sie im Stich gelassen.«

Manche dieser Träume sind wirkliche Hilfen zur Lösung anstehender Probleme, vorausgesetzt man weiß, wie man sie anschließend deuten soll. Trauminhalte sind meist verschlüsselt, deshalb ist es notwendig, sie zu analysieren und die Symbolsprache zu deuten. Leider sind viele der üblichen Traumsymbolbücher dabei nur von sehr geringem Nutzen. Die Erklärung eines Traumsymbols, wie wir sie ja gerade in Traumbüchern finden, kann nämlich nicht mehr sein als ein Hinweis darauf, was das Symbol bedeuten *könnte*. Es gibt aber keine *allgemeingültigen* Deutungen von Symbolen. Jedes Symbol hat eine ganz individuelle Bedeutung, die von

Mensch zu Mensch – und je nach dem speziellen Zusammenhang – ganz unterschiedlich sein kann. Akzeptieren Sie deshalb eine Deutung nur, wenn Sie von innen heraus das sichere Gefühl haben, daß sie für Sie persönlich zutrifft! Auch hier ist Intuition gefordert.

Meditation verstärkt intuitive Fähigkeiten

Das Thema *Meditation* ist äußerst komplex. Es gibt Hunderte von Meditationsarten, viele gehören zu den ältesten Praktiken der Menschheit. Der Begriff Meditation ist keineswegs eindeutig. Der eine versteht darunter eine tiefe Versenkung, der andere das Nachdenken über einen religiösen Text, der dritte das Sitzen in äußerster Gelassenheit, wie bei der Zen-Meditation.

Meditation ist mehr als Konzentration. Man kommt dem Wesen der Meditation näher, wenn man fragt, wozu Meditation führt. Durch Meditation findet man zu sich selbst, man geht in seine Mitte. Meditation führt uns zu unmittelbarer Erkenntnis, nicht durch den Intellekt, sondern durch intuitives Erkennen.

Meditation ist ein Zustand, in dem für das Bewußtsein des Meditierenden die Außenwelt nicht mehr existiert. Er wird eins mit dem Objekt der Meditation. Meditation ist ein Suchen nach der Wahrheit, die man nur erlangt, wenn man eins wird mit seinem inneren Wesen. Meditation verstärkt die Fähgkeit, Probleme intuitiv zu lösen. In der Meditation lernt man, die Dinge einfach geschehen zu lassen und schafft so günstige Voraussetzungen für die Intuition.

Sicher sind manche Arten der Meditation nicht für jeden Menschen geeignet. Stundenlanges gelassenes Sitzen wie in der Zen-Meditation ist für die meisten Menschen in unserer Gesellschaft unerträglich und natürlich auch zeitlich nicht durchführbar. Andere Formen, wie die mit besonderer Atemtechnik oder jene durch Visualisierung, können aber durchaus von fast jedem mit Gewinn ausgeübt werden. Auch die Meditationsformen, die ohne Anstrengung vor sich gehen, sind wertvoll und sind die Zeit wert, die Sie dafür einsetzen. Um richtig zu meditieren, bedarf es einer intensiven Beschäftigung mit diesem Thema und möglichst einer praktischen Anleitung durch einen Lehrer. Ein Versuch wird Sie überzeugen, das Meditation nicht nur hilfreich ist, sondern darüber hinaus Ihrem Leben einen tieferen Sinn geben kann.

Ich beschreibe Ihnen jetzt eine sehr wirkungsvolle Visualisierungsübung, die man strenggenommen nicht zur Meditation rechnen kann, die aber in die Richtung einer meditativen Erfahrung geht. Zuerst einige Erläuterungen. Die Sprache des Unterbewußtseins ist das Bild. Deshalb können wir mit bildlichen Vorstellungen psychische Prozesse in Gang setzen. Angefangen von den Schamanen und Medizinmännern bis zu neueren Formen der Psychotherapie – überall sind Visualisierungen ein wichtiges Mittel, um unbewußte Kräfte zu entdecken, den Geist zu schulen oder die Intuition zu erwecken. Visualisierungen können Ihnen helfen, Ihr inneres Gleichgewicht wiederzufinden, bewußter zu werden, mehr Lebensfreude zu erfahren, seelische Blockaden aufzulösen und Ihre positiven Kräfte zu aktivieren. Um dies zu erreichen, ist allerdings ein systematisches Training erforderlich. Machen Sie einmal mit der folgenden Übung einen Versuch. Ich bin sicher, daß Sie sie als hilfreich empfinden werden und vielleicht auch als Anreiz, sich mit den faszinierenden Möglichkeiten der Visualisierung intensiver zu beschäftigen. Das Ziel der Übung ist es, Stille zu entdecken. Unser Normalzustand ist fast immer ein Zustand der inneren Unruhe. Unsere Gedanken fließen und kreisen unaufhörlich, pausenlos. Wenn wir einen Gedanken mit Gewalt unterdrücken, kommt sofort der nächste nach. Ruhig und still zu werden – das gelingt uns selten, obwohl wir uns danach sehnen. Wahre Stille schafft ein Energiefeld, in dem sich intuitive Fähigkeiten entfalten können.

Um Stille zu visualisieren, benötigen wir ein bildhaftes Symbol für einen Ort der Stille. Bitte wählen Sie das Bild aus, das für Sie Stille bedeutet: das kann ein alter Dom sein, ein Tempel, der Sternenhimmel, eine große unterirdische Grotte, eine Lichtung im Wald, ein Garten ...

Meditation verstärkt intuitive Fähigkeiten

Setzen Sie sich dann ganz bequem hin, möglichst mit geradem Rücken. Schließen Sie die Augen. Atmen Sie eine Weile ganz ruhig und gleichmäßig. Wenn Gedanken kommen, versuchen Sie nicht, diese zu verdrängen. Lassen Sie sie einfach vorbeiziehen, wie die Wolken am Himmel. Sie sind da, aber sie sind jetzt nicht mehr wichtig. »Was kümmert es die Karawane, wenn die Wölfe heulen, sie zieht ihres Weges«, lautet ein arabisches Sprichwort. Ziehen auch Sie so Ihres Weges. Nehmen Sie die Gedanken zwar zur Kenntnis, aber setzen Sie sich nicht mit ihnen auseinander.

Stellen Sie sich dann den Ort der Stille in allen Einzelheiten vor. Das ist ein aktiver Prozeß. Sie müssen den Ort nicht sehen. Vielleicht haben Sie ein intensives Gefühl, daß es so ist. Oder Sie hören eine Stimme, die zu Ihnen spricht. Bei jedem Menschen dominiert ein anderer Wahrnehmungskanal: sehen, hören, fühlen. Sie können das Wort *sehen* also jederzeit durch *spüren*, *fühlen* oder *hören* ersetzen.

Nehmen wir an, Sie haben einen alten Dom gewählt. Draußen ist ein heißer Sommertag. Sie sehen sich vor dem Portal des großen Domes stehen, und wie Sie so nach oben schauen, fühlen Sie sich ganz klein. Schreiten Sie in Ihrer Vorstellung durch das reichverzierte Tor. Spüren Sie die angenehme kühle Luft, wenn Sie eintreten. Sie gehen durch das Hauptschiff langsam nach vorn, zum Altar.

Kurz vor dem Altar verhalten Sie Ihren Schritt. Sie stehen jetzt auf großen Marmorplatten. Sie wissen, daß Marmor eine besonders positive Wirkung auf den Menschen ausübt, der darauf steht. Die Energie strömt durch Sie, Ihnen wird warm. Aber da ist noch mehr dahinter als die Wirkung eines Steines. Ihnen ist, als würde sich Ihr Herz weit öffnen. Sie atmen tiefer, fühlen sich frei und tauchen mit allen Sinnen ein in die Schwingung dieses Domes. Fast ist es, als würden Sie nach oben gezogen und zu schweben beginnen.

Bleiben Sie in dieser Vorstellung. Setzen Sie sich auf eine Bank in einer der vordersten Reihen in der Mitte des Schiffes. Sie sind allein im weiten Dom. Stille umfängt Sie. Sie fühlen Frieden und

Liebe. Jetzt scheint es Ihnen sogar, als würde sich aus der Kuppel des Domes ein warmes Licht auf Sie senken, Sie einhüllen und jede Zelle Ihres Körpers mit leuchtender Kraft erfüllen. Ihr Körper ist ganz ruhig und gelöst. Ihr Geist aber ist seltsam hell und klar, und Sie werden eins mit der Stille.

Halten Sie sich offen für alle Eindrücke und Empfindungen. Verlassen Sie später ruhig den Dom, und treten Sie hinaus in den Sommertag. Draußen ist alles heller und klarer als vorher. Die Geräusche sind intensiver. Und in Ihrer Vorstellung lächeln Sie glücklich vor sich hin.

Beenden Sie die Übung, wann immer Sie wollen. Atmen Sie tief ein und aus, spannen Sie die Arme und Hände fest an und öffnen Sie langsam die Augen. Bleiben Sie noch ein wenig sitzen und lassen Sie die wundervolle Stille in sich nachschwingen.

Übungen der Stille schaffen einen fruchtbaren Boden, auf dem sich die Intuition entwickeln kann.

KAPITEL 11

So bereiten Sie sich vor

Durchbrechen Sie alte Denkgewohnheiten

Bestimmte Gewohnheiten oder Muster erleichtern das Denken des Menschen. Ohne solche Denkmuster würde es für uns viel schwieriger sein, mit den anfallenden Problemen fertigzuwerden. Aus Erfahrung wissen wir, welches Muster für eine anfallende Aufgabe geeignet ist und danach gehen wir vor. Unser Denken wird dadurch ökonomisch.

Denken in vorgegebenen Mustern erleichtert zwar unser Leben, engt uns aber andererseits ein. Viele Probleme sind auf diese Weise nicht lösbar. Technischer Fortschritt zum Beispiel, große umwälzende Erfindungen oder Entdeckungen sind mit dieser Art des Denkens nicht möglich. Bedeutende Entdeckungen sind meist nicht das Ergebnis systematischen Forschens nach bekannten Methoden, sondern sie entstehen *beim* systematischen Forschen durch eine *zufällige* Beobachtung, durch Fehler, durch andere ungewöhnliche Umstände oder indem jemand in der Lage war, seine eingefahrenen Denkgewohnheiten zu durchbrechen.

Wenn man eine kreative Idee hat, dann erscheint einem das im Nachhinein ganz vernünftig, und man fragt sich, warum man nicht gleich darauf gekommen ist. Alles ist doch so logisch. In Wirklichkeit muß erst ein neues Denkmuster geschaffen werden, um solche kreativen Durchbrüche zu erreichen.

EDWARD DE BONO, der als führende Autorität für Denkunterricht und Kreativitätstraining gilt, nennt die Fähigkeit, von einem Denkmuster zu einem anderen zu wechseln, *laterales Denken*. Für ihn ist laterales Denken sowohl eine Geisteshaltung als auch eine Anzahl genau festgelegter Methoden. Laterales Denken fördert die Bereitschaft, Dinge aus verschiedenen Blickwinkeln zu betrachten und zu erkennen, daß es viele Arten gibt, etwas zu sehen. Ferner setzt es die Bereitschaft voraus, eingefahrene Denkmuster aufzugeben und auf andere, bessere, überzuwechseln.

Zur Illustration eines seiner Beispiele für das laterale Denken: Es ging um das Problem parkender Verkehrsteilnehmer in einer Kleinstadt. Die Berufspendler parkten gewöhnlich im Zentrum, und wenn Besucher zum Einkaufen in die Stadt kamen, waren keine Parkplätze mehr frei. Der ungewöhnliche Lösungsvorschlag war, daß alle Autos überall uneingeschränkt parken durften, solange sie ihre Scheinwerfer eingeschaltet hatten. Dadurch würde die Parkdauer von selbst auf wenige Minuten begrenzt werden. Natürlich ist das Problem dadurch nicht gelöst. Was DE BONO zeigen wollte, ist, daß es durchaus andere Möglichkeiten als Parkverbote oder Parkuhren gibt. Mit Hilfe des lateralen Denkens wird es auch gelingen, praktikable Lösungen zu finden, die besser sind als die althergebrachten Methoden.

Denkgewohnheiten können auch hinderlich sein, wenn es darum geht, das Wesen des Menschen zu erfassen. Viele Fachleute zum Beispiel, gerade auch Psychologen oder Personalchefs, haben ein bestimmtes Vorgehen entwickelt, um ihre Probleme zu lösen und Antworten auf die sich ihnen stellenden Fragen zu finden. Wenn dieses Vorgehen erfolgreich war, wiederholen sie es immer wieder. Aber erst wenn sie aus den eingefahrenen Bahnen austreten und die Welt auch einmal aus einer anderen Perspektive sehen, sind sie bereit für intuitive Erfahrungen.

Stärken Sie Ihre Wahrnehmungskraft

An das Ereignis, von dem ich Ihnen jetzt berichte, erinnere ich mich so deutlich, als wäre es erst gestern geschehen. Dabei liegt es schon über dreißig Jahre zurück. Ich war damals zu Beginn meiner beruflichen Tätigkeit in einer großen Firma beschäftigt. Der betreffende Tag war hart gewesen, und ich war froh, als ich mit meiner Arbeit Schluß machen konnte. Wir verließen das Gebäude zu dritt, außer mir mein Freund und Gaby Sprengel. Sie war eine junge, hübsche Sekretärin aus dem Vorstandssekretariat, mit der wir auch manchmal dienstlich zu tun hatten. Sie setzte sich auf ihr Fahrrad und fuhr davon, während wir zu Fuß weitergingen.

Wir waren etwa fünfzehn Minuten gegangen, als wir auf eine Menschenansammlung stießen. Auf der Fahrbahn stand der Werksbus, und daneben lag neben einem verbogenen blauen Fahrrad eine junge Frau. Irgend jemand kniete neben ihr, versuchte anscheinend zu helfen. Ich warf einen Blick auf die Schwerverletzte, sah die langen blonden Haare, den Trenchcoat, der blutverschmiert war. Wir standen wortlos und entsetzt da. Endlich kam der Rettungswagen. Die Sanitäter bemühten sich eine Weile um die junge Frau. Dann stand einer auf, holte eine Decke aus dem Wagen und legte sie über die Verunglückte. Sie war gerade gestorben. »Das ist die Gaby Sprengel«, hörte ich jemanden sagen. Wir waren erschüttert. Eben noch hatten wir mit ihr gescherzt, und jetzt schauten wir auf ihre tote Gestalt hinab.

Am nächsten Tag saßen mein Freund und ich uns wieder an unseren Schreibtischen gegenüber, als die Tür geöffnet wurde. Wir blickten beide auf. Plötzlich wurde mir ganz elend. Es war, als würde ich in ein tiefes Loch stürzen. Eine Tote stand vor uns, oder war es eine vom Tode Auferstandene? Von der Tür her lächelte Gaby uns an. Ich schaute auf meinen Freund. Er war kreidebleich.

Gaby Sprengel dürfte sich gewundert haben, daß wir an diesem Tag so seltsam einsilbig zu ihr waren. Wir haben es ihr nicht erklärt. Später diskutierten wir den Vorfall und zogen unsere Lehre daraus. Gabys Haar war dunkler als das der Überfahrenen. Daß wir das in dieser besonderen Situation nicht erkannten, hatte noch nicht viel zu sagen. Aber Gaby hatte eine Jacke getragen, keinen Trenchcoat; ihr Fahrrad war silbrig statt blau. Die Nennung ihres Namens hatte genügt, um unsere Wahrnehmung zu verfälschen. Wir sahen nur noch das, was wir sehen »wollten«, ja, glaubten, sehen zu müssen. Seit dieser Erfahrung weiß ich, wie wichtig die richtige und unvoreingenommene Wahrnehmung im Leben ist.

Um die richtigen Informationen zu erhalten, die später auch die Grundlage Ihrer Intuition sein werden, müssen Sie genau beobachten können. Wenn Sie nicht von Natur aus eine gute Beobachtungsgabe haben, müssen Sie das Beobachten lernen. Lernen heißt, absichtlich beobachten, als Übung, bis Sie diese Fähigkeit so beherrschen, daß sie zu Ihrer zweiten Natur geworden ist, zu einem natürlichen, unbewußten Verhalten. Beobachten heißt nicht nur Sehen. Wie schon erwähnt, gehören zu Ihrem Wahrnehmungssystem neben den visuellen Sinneseindrücken auch auditive und kinästhetische, das heißt, Sie sehen, hören und spüren. Je mehr Sinne Sie beim Beobachten einsetzen, um so umfassender und präziser wird Ihre Beobachtung sein.

Beobachtung fängt mit Bewußtheit an. Bewußtheit heißt, daß Sie achtsam sind, aufmerksam und wach. Bewußtheit ist ein Begriff, den Sie im Buddhismus ebenso finden können wie im Yoga oder in der Gestalttherapie von FRITZ PERLS. Machen Sie sich diesen Begriff einmal am *Kriya-Yoga* klar, einer Yogaform, die durch das Buch von PARAMAHANSA YOGANANDA, *Autobiographie eines Yogi*, auch im Westen bekannt geworden ist.

Kriya-Yoga ist eine sehr wirkungsvolle und doch einfach zu praktizierende Form des Yoga. Neben Atem-, Visualisierungs- und einigen Körperübungen ist ein wichtiger Bestandteil des Kriya-Yoga die Meditation im Alltag. Meditation durch bewußtes Leben. Bewußt leben heißt, alles, was während eines Tages getan wird, bewußt und achtsam zu tun, während wir gleichzeitig im eigenen Zentrum, im inneren Selbst ruhn. Aus diesem Zentrum heraus nehmen wir wahr und handeln.

Jede Handlung, jeder Gedanke, jedes Gefühl wird bewußt wahrgenommen. Es ist ohne Bedeutung, was wir tun. Geschirr spülen und dabei jede Bewegung zu registrieren, das Wasser an der Hand zu spüren, den Klang der Teller und Gläser zu hören, die eigene Haltung zu erleben, den Glanz des abgetrockneten Geschirrs zu bewundern, nur auf das eine achten, was wir im Augenblick tun, ganz dabei zu sein, das ist mehr als Geschirr spülen, das ist gleichzeitig Meditation. Nichts wird bewertet, es wird nur auf alles geachtet. Auch die Gedanken und Gefühle werden beachtet, aber nicht wertend kommentiert. In der Gestalttherapie heißt der Satz: Ich nehme jetzt wahr.

Bewußtheit ist der Ausgangspunkt zur Selbstentfaltung und Selbstverwirklichung. Wenn wir das, was ist, wahrnehmen, uns bewußtmachen und damit so akzeptieren, wie es ist, sind wir schon auf dem Weg zur Veränderung und zum persönlichen Wachstum.

Ebenso wie sich selbst können Sie auch einen anderen Menschen bewußt wahrnehmen. Dies setzt wie bei der eigenen Wahrnehmung voraus, daß Sie *beobachten, ohne zu werten*. Bewerten *in diesem Stadium* kann Ihr Ergebnis verfälschen. Die Beurteilung nehmen Sie deshalb erst zu einem späteren Zeitpunkt vor: Sie sehen also keine von Gram gebeugte alte Frau, sondern nur eine alte Frau, die gebeugt ist; keinen überheblichen jungen Mann, sondern einen jungen Mann, der die Nase etwas hoch hält. Sie sollen den anderen so erleben, wie er ist und wie er sich verhält – ohne Vorurteil, unvoreingenommen.

Üben Sie sich deshalb darin, ganz bewußt wahrzunehmen. Das ist einfacher als es klingt, wenn Sie sich darauf konzentrieren. Jedesmal, wenn Sie etwas beobachten, stellen Sie im Geist für sich fest: Ich mache dies, und ich nehme dies und das wahr ... Das ist praktisch alles. Beobachten können Sie überall. Im Wartezimmer eines Arztes sind die meisten Menschen so mit sich beschäftigt, daß Sie sie gut beobachten können, ohne daß ihnen das auffällt. Die Patienten denken an ihre Krankheit, fühlen sich unwohl im stickigen, überfüllten Wartezimmer, manche haben Angst, andere lenken sich ab, indem sie unaufmerksam in alten Zeitschriften lesen. In öffentlichen Verkehrsmitteln, am Flughafen, im geselligen Kreis, am Strand, in der öffentlichen Sauna, bei Vorträgen, und vor allem bei Konferenzen findet man gute Gelegenheiten, Menschen unauffällig zu beobachten. Voraussetzung ist immer, daß man selbst Zeit und Muße hat. Wer eine Konferenz leitet, hat kaum Gelegenheit, die Teilnehmer der Konferenz systematisch zu betrachten.

Achten Sie darauf, daß Sie der zu beobachtenden Person etwas schräg gegenübersitzen oder -stehen, damit Sie auch das Profil sehen können. Wenn Sie eine Gruppe von Menschen beobachten, zum Beispiel in einem Restaurant, dann kann es lohnender sein, nicht denjenigen zu beobachten, der spricht, sondern die anderen am Tisch. Wie reagieren sie auf den Sprecher, in welcher Beziehung stehen sie zu ihm, akzeptieren sie ihn, oder lehnen sie ihn ab? Was sagt ihre Haltung, ihre Mimik, ihr Blick aus?

Nehmen wir an, Sie sind am Strand. In Ihrer Nähe sehen Sie eine Familie: Vater, Mutter, ältere Tochter, etwa siebzehn, und jüngere Tochter, etwa zwölf Jahre alt. Sie wollen den Mann beobachten. Sagen Sie zu sich selbst: »Ich nehme jetzt wahr...« Gehen Sie dann systematisch vor. Was für eine Gestalt hat er? Wie sind die Proportionen, wie hält er sich, ist er im Lot? Wie bewegt er sich, wirken seine Bewegungen weich oder hart? Dann der Kopf und das Gesicht. Aber denken Sie daran – nicht: »Er hat eine lange Nase, also ist er...!« Das wäre eine Beurteilung. Sondern einfach: »Er hat eine lange Nase.« Was fällt Ihnen sonst alles auf? Formen, Farben, Art der Haut, Laute, zum Beispiel der Klang seiner Stimme, Gerüche. Aber natürlich werden Sie auch den Mann als Teil der Familie sehen. Wie verhält er sich, welche soziale Stellung nimmt er in der Familie ein? Wie ist die allgemeine Stimmung?

Sammeln Sie einfach Informationen. Ihre Augen sind wie ein Laserstrahl, der den anderen Stück für Stück abtastet. Achten Sie darauf, daß Sie in diesem Stadium möglichst neutral bleiben, das heißt, daß Sie keine gefühlsmäßigen Eindrücke zulassen sollten. Auch Ihre Phantasie hat beim konkreten Beobachten noch nichts zu tun. Falls Sie jetzt schon ein Bild des Mannes, den ich eben erwähnte, vor sich sehen, dann zeigt das lediglich Ihr lebhaftes Phantasieleben.

Sie können Ihre Fähigkeit des bewußten Beobachtens noch stärken, wenn Sie auch sich selbst beobachten. Die meisten Menschen glauben, daß sie sich selbst gut kennen. Die Wirklichkeit sieht demgegenüber ganz anders aus. Selbsterkenntnis ist eine der schwersten Aufgaben in unserem Leben. Versuchen Sie einmal, sich selbst zu beobachten. Nehmen Sie Ihren eigenen Körper und seine Empfindungen wahr. Wie wirkt Ihr Körper auf Sie? Fühlen Sie sich groß, klein, dick, dünn? Entspricht dieses Gefühl der Wirklichkeit? Wie ist es mit Ihrem Bauch, mit den Schultern? Wie halten Sie den Kopf? Sind die Augen müde, ist die Haut um die Augen angespannt, oder ist dieses Gebiet locker und weich? Ist der Kiefer verkrampft? Fragen über Fragen, Sie selbst treffen die Auswahl. Später können Sie einmal darüber nachdenken, warum Sie die Aufmerksamkeit auf ganz bestimmte Dinge gelenkt haben. Machen Sie sich weiterhin bewußt, wie Sie sitzen oder stehen und was Sie dabei spüren. Den Druck des Stuhles, den Kontakt der Füße zum Boden, die Hand, die die Lehne des Sessels berührt. Fühlen Sie sich in Ihrem Körper wohl oder unbehaglich? Haben Sie irgendwo Schmerzen, Unruhe, Müdigkeit?

Diese Beobachtung des eigenen Körpers geht über die Beobachtung einer anderen Person hinaus. Jetzt sind es weniger Äußerlichkeiten, die Sie sehen, als Gefühle und Empfindungen, die Sie registrieren. So nehmen Sie selbst sich wahr. Bei Ihrer nächsten Beobachtung können Sie dann auch versuchen, die Gefühle des anderen zu spüren. Viele Gefühle drücken sich in der Körperhaltung, der Körpersprache oder den Gesichtszügen aus. Was geht im anderen vor, welche Gefühle beherrschen ihn? Bereitet Ihnen selbst das, was Sie aufnehmen, Wohlbehagen oder Unbehagen? Wirkt der andere positiv oder negativ auf Sie? Der Versuch, den anderen gefühlsmäßig zu erfassen, ist eine gute Vorbereitung für Ihr Intuitionstraining.

Stellen Sie sich auf die Wellenlänge des anderen ein

Damit unsere Sinne auch die feinsten Signale aufnehmen können, müssen wir frei sein von Störungen irgendwelcher Art. Es ist so ähnlich, als wenn wir in den Wald gehen und erleben wollen, was dort geschieht. Dann müssen wir ganz ruhig werden. Wer mit Kofferradio oder Kassettenrekorder in den Wald geht, durch das Unterholz trampelt und die dünnen Zweige knacken läßt, wer laut singt und durch die Gegend schreit, dem wird sich die Natur nie offenbaren. Wer aber leise ist und seine Sinne den Eindrücken öffnet, der hört nicht nur den Specht am trockenen Baum trommeln. Er wird eins mit dem Wald, mit allem, was im Wald lebt und sich bewegt. Er spürt den Wind, atmet den Duft der Tannen ein, vernimmt die feinsten Geräusche. Ihm erschließt sich die Sprache der Natur, es entsteht ein Gefühl, wie es Dichter beschreiben.

So ist es auch, wenn wir einen Menschen von innen her erfassen wollen. Die erste Forderung ist, daß wir ruhig und still sind und möglichst wenig gestört werden. Damit meine ich weniger äußere Störungen. Viel gravierender sind die Störungen, deren Ursprung in uns selbst liegt. Es sind vor allem unsere negativen Gefühle und Gedanken, innere Unruhe, Ängste, Minderwertigkeitsgefühle, Haß, übersteigerter Ehrgeiz, maßloses Geltungsstreben.

Auch wenn wir immer nur an uns selbst denken, unsere Gedanken sich im Kreise um unsere Probleme drehen, oder wenn es nur eine Stimme gibt, die für uns wichtig ist, nämlich unsere eigene, dann ist unsere Aufmerksamkeit eingeschränkt. Zögern Sie nicht, wenn es nötig ist, die Hilfe eines geschulten Therapeuten in Anspruch zu nehmen. Unabhängig davon können Sie aber auch schon viel erreichen, wenn Sie es lernen, ruhig und entspannt zu sein. Dafür bietet sich das autogene Training an oder eine der vielen anderen Entspannungsmethoden. Ich möchte Ihnen hier zwei weniger bekannte Wege beschreiben, mit denen Sie in überraschend kurzer Zeit erstaunlich ruhig und gelassen werden können. Es sind das *das innere Lächeln* und *der weiche Blick*.

Das *innere Lächeln* ist eine sehr wirkungsvolle taoistische Technik. Ich habe sie beim taoistischen Meister MANTAK CHIA gelernt, der zur Zeit in New York lebt. Er bemüht sich, das geheime Wissen alter buddhistischer und taoistischer Meister auf unsere westliche Kultur zu übertragen. MANTAK CHIA lehrt, daß Lächeln eine positive Energie ist, deren Kraft wir alle kennen. Wenn wir lächeln, fühlen wir uns wohl, ebenso wie diejenigen, denen wir zugelächelt haben. Folgerichtig werden sich auch unser Körper und seine Organe wohlfühlen, wenn wir ihnen zulächeln.

Natürlich fällt es uns westlichen Menschen schwer, so etwas zu glauben. Wir nehmen das Leben so ernst, daß wir kaum etwas zu lächeln, geschweige denn zu lachen haben. Dabei könnten wir in der Tat mit ein wenig Lächeln gesünder, harmonischer und glücklicher werden. Viele Teilnehmer meiner Seminare haben mir bestätigt, daß ihnen gerade die Übung des inneren Lächelns sehr wohl getan hat. Sie haben das intensive Gefühl gehabt, daß ihr Körper auf das Lächeln reagiert. Es ist, als würde die Weisheit unseres Körpers den Organen sagen, daß sie die Energie des Lächelns aufnehmen und in Wohlbefinden verwandeln sollen. Nach MANTAK CHIA ist das Lächeln zu sich selbst, also das innere Lächeln, wie ein Baden in Liebe. Auch Sie werden feststellen, daß Ihnen diese Übung guttut und daß sie darüber hinaus hilft, in den gelösten Zustand zu kommen, den Sie für Ihre Intuition benötigen.

Da das innere Lächeln mit den Augen beginnt, sollten wir erst dafür sorgen, daß unsere Augen wohlig entspannt sind. Gönnen Sie deshalb Ihren Augen etwas Ruhe, bevor Sie lächeln. Der einfachste und wirkungsvollste Weg dazu ist das *Palmieren*. Wenn ich lange am Schreibtisch gesessen habe und meine Augen zu brennen anfangen, dann hilft mir das Palmieren in wenigen Minuten über die Ermüdung hinweg. Diese wohltuende Übung kann man zu jeder Tageszeit in das Tagesprogramm einschieben. Sie dauert nicht lange, die Wirkung aber hält eine ganze Zeit vor. Palmieren ist eine Übung, die auch verwendet wird, um die Sehfähigkeit der Augen zu trainieren.

Der Ausdruck Palmieren kommt von dem englischen Wort *palm* und bedeutet Handfläche, Handteller, hohle Hand. Beim Palmieren werden die Augen mit den hohlen Handflächen bedeckt. Das Palmieren entspannt nicht nur die Augen, sondern alle Sinnesnerven. Reiben Sie vor dem Palmieren kräftig Ihre Hände aneinander, um den Energiefluß in den Händen anzuregen. Legen Sie dann beide Hände schalenförmig über die Augen. Die Handflächen sind also nach innen gekrümmt, als würden Sie daraus Wasser trinken. Die Handwurzeln liegen auf den Backenknochen und die Finger überkreuzen sich auf der Stirn. Die Handflächen dürfen die Augen nicht berühren. Die Hände müssen so gehalten werden, daß kein Licht hindurchdringen kann. Dabei ist es wichtig, den Körper zu entspannen. Die Ellbogen kann man zum Beispiel auf dem Tisch aufstützen. Halten Sie aber den Rücken und den Nacken gerade. Um dies zu erreichen, können Sie einige Bücher auf den Tisch legen und die Ellbogen darauf stützen.

Im Prinzip können Sie bei geschlossenen Augen, von denen jedes Licht ferngehalten wird, nichts sehen. Trotzdem haben viele Menschen farbliche oder bildliche Eindrücke. Schließen Sie die Augen leicht und genießen Sie das samtartige Schwarz vor Ihren Augen. Je tiefer das Schwarz wird, um so ruhiger und entspannter sind Sie. Auf keinen Fall dürfen die Augen beim Palmieren starr werden. Um dies zu vermeiden, können Sie sich schöne Bilder vorstellen. Das können Erinnerungen an frühere freudige Erlebnisse sein oder einfach etwas, was Sie sich in Ihrer Phantasie ausmalen.

Nach fünf Minuten Palmieren sieht die Welt heller und schöner aus. Sie können palmieren, solange Sie Lust dazu haben. Ein nicht unwichtiges Nebenprodukt dieser Entspannungsübung ist, daß Ihre Sehschärfe sich verbessern kann.

Nun zum inneren Lächeln. Wir beginnen das innere Lächeln mit den Augen. Während Ihr Gesicht ganz weich und entspannt ist, vor allem das Gebiet um die Augen, lächeln Sie ganz leicht, fast unmerklich. Es geht ja nicht um das äußere, sondern um das innere Lächeln. Wenn also auf Ihren Lippen kein deutliches Lächeln erscheint, so ist das in Ordnung. Trotzdem wird man in Ihrem Gesicht diesen Hauch eines Lächelns *sehen* können.

Spüren Sie jetzt dieses strahlende Lächeln in Ihren Augen. Schließen Sie die Augen und lassen Sie dann das Lächeln nach innen strömen: zuerst in die Augen, dann von den Augen in Ihr Gesicht, vor allem in den Kiefer, der bei fast allen Menschen verkrampft ist. Gehen Sie als nächstes am Körper abwärts zum Hals, zum Herzen, zu den Lungen, der Leber auf der rechten Körperseite, der Milz auf der linken und der Bauchspeicheldrüse in der Mitte. Zum Schluß der ersten Phase erhalten die Nieren und Nebennieren die Energie des Lächelns.

Stellen Sie sich auf die Wellenlänge des anderen ein 177

Stellen Sie sich ein zweites Mal vor, wie die Augen mit Lächeln angefüllt sind und lenken Sie das Lächeln durch den Mund in den Magen, den Dünndarm, Dickdarm und Mastdarm.

Die letzte Phase beginnt an den Augen und geht dann die Wirbelsäule abwärts, Wirbel für Wirbel. Gerade die überlasteten Bandscheiben werden es Ihnen danken. Konzentrieren Sie sich nach Beendigung dieser Übung auf Ihren Bauchnabel, das wichtigste Energiezentrum, und speichern Sie die Energie dort.

Vielleicht werden Sie das Ganze für einen ziemlichen Unsinn halten. Wie kann man denn seinen Organen zulächeln? Sind das etwa Lebewesen, die fühlen und empfinden können? Genau das ist der Fall. Das Wissen um die Psychosomatik, den Zusammenhang zwischen Psyche und Körper, ist heute schon so groß, daß kaum noch jemand seine Organe für willenlose komplizierte Maschinen halten wird. Wer je eine Gallenkolik erlitt, weil er sich vorher geärgert hatte, wem Streß, Angst und Sorgen auf den Magen schlagen, wem die Furcht das Herz zum Jagen brachte, der weiß, wie negative Gefühle sich auf seinen Körper auswirken. Der Gedanke, daß positive Gefühle sich positiv auswirken, ist dann durchaus einsichtig. Lächeln ist ein positives Gefühl, auf das jedes Organ reagiert. Die Weisheit unseres Körpers ist so groß, daß er die Zuwendung wohltuend spürt.

Das innere Lächeln ist eine Übung, die leicht und unauffällig durchzuführen ist. Nach einigen Tagen braucht man nur noch eine ganz kurze Zeit für den kompletten Zyklus. Man kann sie auch mit geöffneten Augen machen, überall, selbst beim Autofahren oder wenn man irgendwo wartet. Schon bald werden sich Ihre Freunde wundern, wie gelöst und glücklich Sie aussehen! Es gibt nur ein Problem dabei, aber das gibt es bei allen Übungen dieser Art: Man muß sie regelmäßig durchführen! Mit anderen Worten, man muß sie zu einer Gewohnheit werden lassen, sie in das Tagesprogramm aufnehmen, sie zu einem Bestandteil des Lebens machen.

Wenn Sie gelernt haben, körperlich ruhig und geistig still zu werden, dann haben Sie die erste Forderung erfüllt.

Die zweite Forderung ist, nicht störend in das Bewußtsein des anderen einzudringen. Nur wenn Sie sich neutral verhalten, bekommen Sie ein der Wirklichkeit entsprechendes Bild des anderen. Auch Ihr Gegenüber spürt ja Ihre Gedanken. Wenn er das Gefühl hat, daß Sie fordernd und drängend sind oder daß Sie sein Selbstwertgefühl verletzen könnten, daß Ihre Einstellung ihm gegenüber negativ sei, wird er sich wie eine Auster verschließen. Entscheidend für Ihren Erfolg ist, eine Ja-Haltung dem anderen gegenüber zu entwickeln, ihn so, wie er ist, anzunehmen mit einem positiven Gefühl des Einverständnisses und der Achtung.

In dieser Beziehung kann man viel von guten Psychotherapeuten lernen. Ein guter Therapeut schafft immer erst eine gemeinsame Basis mit dem Klienten. Er schaltet sein Verhalten sozusagen mit dem Klienten gleich. Hypnotiseure nennen diesen Zustand *Rapport.* Es gibt ihn aber nicht nur in der Hypnose, sondern in jeder zwischenmenschlichen Kommunikation. Dieses Sichaufeinandereinstellen kann so weit gehen, daß der Therapeut seinen eigenen Rhythmus an den des Klienten angleicht. Er atmet im gleichen Rhythmus wie er, paßt seine Gesten den Gesten des anderen an, die Art und Stärke zu sprechen, das Sprechtempo und den Sprechrhythmus. Wenn er so im Einklang mit dem anderen ist, voll und ganz mitgeht, dann ist er sozusagen ein Spiegel des anderen.

Auch Ihr Ziel als Menschenkenner sollte es sein, die Empfindsamkeit Ihrer Sinne zu steigern, eine höhere Sensibilität zu entwickeln, um noch die schwächsten Signale des anderen voll erfassen zu können. Wenn Sie diesen Zustand erreicht haben, wird Ihre bewußte Wahrnehmungsfähigkeit immer mehr verfeinert, und die Informationen fließen Ihnen ohne Widerstand zu.

Beginnen Sie am besten mit dem Atmen. Achten Sie auf den Atem Ihres Partners und versuchen Sie, im gleichen Tempo und Rhythmus wie er zu atmen. Es gehört sicher etwas Übung dazu, denn Ihre anderen Tätigkeiten wie Sprechen und Zuhören dürfen Sie natürlich nicht unterbrechen. Wenn Sie wissen wollen, ob Sie den Rapport hergestellt haben, versuchen Sie einmal, etwas langsamer als der andere zu atmen. Seien Sie aber nicht verblüfft, wenn er seinen Atem ebenfalls verlangsamt. Auch er nimmt ja auf, was Sie tun oder fühlen, und unbewußt paßt er sich Ihrer Führung an. Sie werden bald das Gefühl haben, daß Sie mit ihm schwingen, mit ihm auf gleicher Wellenlänge sind.

Erfassen Sie ganzheitlich

Wenn Sie sich in diesem besonderen Zustand des Gleichklangs mit dem anderen befinden, wird es Ihnen schwerfallen, Ihr Gegenüber scharf zu beobachten. Sie sollten dies auch gar nicht tun. Der nächste und sehr wichtige Schritt zur intuitiven Menschenkenntnis ist nämlich, daß Sie vom scharfen Beobachten und analytischen Erfassen übergehen zu einem weichen Beobachten und einem ganzheitlichen, rezeptiven, also aufnehmenden, synthetischen Erfassen.

Eine der hilfreichsten Fähigkeiten dafür ist das Sehen mit dem *weichen Blick*. Diesen Begriff prägte GEORGE LEONARD in seinem faszinierenden Buch *Der Rhythmus des Kosmos* (31). Ich will versuchen, den Unterschied zwischen dem weichen und dem scharfen Blick deutlich zu machen.

Ich gehe hier nicht von den Menschen aus, die wie blind durch die Gegend laufen und genaugenommen überhaupt nichts sehen. Beobachten ist ein aktiver Prozeß; er setzt entsprechendes Bewußtsein und Konzentration voraus.

Wenn ein geschulter Beobachter einen Menschen genau ansieht, dann tut er das normalerweise, indem er auf einzelne Teile oder Punkte blickt. Das, was ihn am meisten interessiert, schaut er zuerst aufmerksam an. Ich selbst schaue zuerst einen Moment in die Augen des anderen, gehe dann nach oben zu den Haaren, schweife über das Gesicht und den Hals nach unten und erfasse die ganze Gestalt. Andere Beobachter gehen ganz anders vor. Manchmal geht der Blick zuerst auf die Hände, dann in die Augen und auf den Mund. Vermutlich hat jeder Mensch seine eigenen Rangordnungen, je nach der Bedeutung, die er den einzelnen Körperteilen beimißt. Immer aber wird beim scharfen Blick ein Teil von dem anderen Teil abgehoben und begrenzt gesehen. Die Aufmerksamkeit geht in eine bestimmte Richtung und ist wie ein Laserstrahl auf den ausgewählten Bereich konzentriert.

Der weiche Blick ist nicht auf Einzelheiten gerichtet. Er nimmt Ganzheiten wahr, ganze Strukturen. Das Sehen ist nicht aktiv, sondern es ist mehr ein passives Aufnehmen. Ohne Anstrengung erfassen wir das Fluidum des anderen Menschen, wir spüren die Ausstrahlung seiner Lebensenergie, aber auch die negativen Strömungen. Es ist nicht das scharf gestochene Bild einer Kamera, sondern eher ein Aquarell.

Auch manche impressionistischen Bilder erzeugen eine Atmosphäre der Weichheit. Bei einigen Gemälden von CLAUDE MONET zum Beispiel hat man den Eindruck, daß er die Natur mit dem weichen Blick aufgenommen und mit der besonderen Maltechnik der Impressionisten wiedergegeben hat. In diesen Gemälden treten die Einzelheiten gegenüber dem Gesamteindruck, der Impression, zurück.

Die scharfen Linien sind beim weichen Blick aufgehoben, so als würde man unter Wasser schwimmen und dort einen anderen Schwimmer beobachten. Das Blickfeld ist viel weiter als beim scharfen Sehen. Und obwohl wir scheinbar weniger sehen als mit dem scharfen Blick, nehmen wir doch genausoviel, wenn nicht noch mehr wahr. Das, was wir wahrnehmen, ist das Wesentliche. Wir sehen das Verbundene, das Ganze hinter den Teilen.

Der weiche Blick ist besonders wertvoll, weil er uns nicht nur hilft, Menschen anders zu sehen, sondern weil durch ihn ein veränderter Bewußtseinszustand entstehen kann. Nun soll man den veränderten Bewußtseinszustand nicht überbewerten. Viele Menschen streben nach einer Bewußtseinsveränderung, ohne recht zu wissen, was das ist. Nicht selten sehen jene, die mit ihrem Leben nicht so recht fertigwerden, in einer Bewußtseinsveränderung oder -erweiterung etwas Magisches. Am weichen Blick und der durch ihn hervorgerufenen Bewußtseinsveränderung ist jedoch absolut nichts Geheimnisvolles.

Bewußtseinsveränderung durch den weichen Blick bedeutet einfach, daß die rechte Gehirnhälfte aktiver wird. Es ist so, als würde der weiche Blick eine Art Signal sein: Jetzt kommt eine Aufgabe, für die die rechte Hälfte geeigneter ist. GEORGE LEONARD berichtet, daß beim Umschalten vom scharfen auf den weichen Blick das Hirnwellenmuster sich verändert. Man kann die elektrischen Ströme des Gehirns messen, indem man Elektroden am Schädel anbringt. Auf dem Elektroenzephalogramm (EEG) sieht man dann Wellen mit einer bestimmten Frequenz. Bei Versuchen zeigte sich, daß beim Umschalten auf den weichen Blick die Gehirnwellen der linken Hemisphäre sich von 16 auf 12 Hertz verlangsamten, während die Wellen der rechten Hemisphäre bei 16 Hertz blieben. Die linke Hemisphäre schaltete praktisch auf Leerlauf und überließ der rechten Hemisphäre die Führung. Der weiche Blick verschafft uns also Zugang zur rechten intuitiven Gehirnhälfte.

Um den weichen Blick zu lernen, müssen zwei Voraussetzungen erfüllt sein. Als erstes müssen wir entspannt sein. Die zweite Voraussetzung ist, daß wir zentriert sind. Erinnern Sie sich an die Ausführungen über die Aussagekraft des Körpers? Dort erwähnte ich, wie wichtig es ist, daß der Körper im Gleichgewicht ist. Jetzt gehe ich noch einen Schritt weiter und fordere, daß Sie nicht nur im Gleichgewicht, sondern auch zentriert sind. Was bedeutet dieser Ausdruck: *zentrieren*? In allen Systemen zur Entwicklung des Körperbewußtseins gibt es die Vorstellung, daß der Mensch seine Mitte finden muß. Die Mitte ist sicher nicht die Brust, die bei uns im Westen immer noch überbetont wird. Es gibt heute noch Sportlehrer, die ihren Schülern das *Brust raus, Bauch rein* einbleuen. Dies führt dazu, daß sich die Muskeln verspannen, der Körper starr und nicht mehr als etwas Lebendiges wahrgenommen wird. So entsteht der marionettenhafte, seiner Individualität beraubte Mensch, den man sich seit eh und je beim Militär »formen« möchte.

Die Mitte des Menschen ist dort, wo sich auch das physikalische Schwerkraftzentrum befindet. Die Japaner nennen es *Hara*, die Chinesen *Tan Tien*. Es ist das Gebiet um den Bauchnabel, der das ungeborene Lebewesen mit dem Leben der Mutter verband.

Wenn wir zentriert sind, dann fühlen wir den Schwerpunkt unseres Körpers in diesem Zentrum. Wir atmen mit dem Zwerchfell und lenken unsere Aufmerksamkeit auf dieses Zentrum. Beim Stehen lassen wir die Knie ein wenig gebeugt. Die Schultern fallen leicht ab, die Brust ist locker, keinesfalls angespannt. Auf diese Weise sind wir ausbalanciert. Wir fühlen uns frei. Unsere Bewegungen sind anmutig, und wir sind voller Energie.

Wenn wir sitzen, stehen unsere Füße fest auf dem Boden. Der Körper ist aufgerichtet, der Rücken und der Kopf werden gerade gehalten. Diese Haltung fällt fast allen westlichen Menschen schwer, denn von Kindheit an sind sie daran gewöhnt, sich bequem im Stuhl zurückzulehnen. Dadurch wird die Wirbelsäule gekrümmt, der Nacken angespannt, und die Energie kann nicht richtig fließen. Sehr häufig werden die Beine übereinandergeschlagen; auch das führt zu Energieblockaden.

So einfach es sich anhört, so schwer ist es, sich ohne Anleitung selbst zu zentrieren. Wenn Sie die wunderbare Erfahrung machen wollen, wie es ist, völlig zentriert zu sein, dann sollten Sie eine der vielen Möglichkeiten nutzen, um in einem Seminar sich Ihres Körpers bewußtzuwerden.

Sie sind jetzt bereit, für den weichen Blick. Versuchen Sie nicht, etwas Bestimmtes zu sehen, sondern seien Sie einfach offen für alles, was Ihre Augen völlig ohne Anstrengung in sich hineinlassen. Besser kann ich das nicht beschreiben. Man weiß erst richtig, was ein weicher Blick ist, wenn man ihn ausprobiert hat. Es ist aber keine Geistesabwesenheit. Wenn Ihre Augen träumerisch in die Gegend starren, ohne daß Sie etwas sehen, hat das nichts mit dem weichen Blick zu tun. Aufmerksam muß man schon sein. Aber es ist keine gespannte, sondern mehr eine schwebende Aufmerksamkeit.

Der weiche Blick ist natürlich nicht nur bei der Menschenkenntnis wichtig. Immer dann, wenn es in komplizierten Situationen nicht möglich ist, Vorgänge einzeln in Ruhe nacheinander zu betrachten, dann bewährt sich der weiche Blick.

Meine erste Erfahrung im ganzheitlichen Wahrnehmen – und

Erfassen Sie ganzheitlich

ich glaube, daß diese Fähigkeit nur mit dem weichen Blick möglich ist – machte ich im Alter von zwölf Jahren. Ich verdanke sie meinem Vater. Mein Vater war schon mit fünfundzwanzig Jahren Meister in einer Weberei geworden. Im Jahre 1926 war das etwas Außergewöhnliches. Um so wichtiger war es für ihn, daß er sich Tag für Tag in seiner Arbeit bewährte. Lächelnd erzählte er mir, wie er es schaffte, den Weberinnen im großen Fabriksaal und den anderen Arbeitern das Gefühl zu vermitteln, daß er alles sah und über alles im Bild war. Wo immer er hinkam, ob in den großen Saal mit den vielen Webstühlen, in die Spinnerei oder in das Lager, er erfaßte die Situation mit einem einzigen Blick. Er wußte nichts von ganzheitlichem Wahrnehmen oder vom weichen Blick, aber genau das muß es gewesen sein. Dieser eine, allumfassende Blick verschaffte ihm die notwendigen Informationen, die vermutlich zu einem Teil intuitiv waren. Er wußte sofort, wo etwas nicht stimmte. Dort ging er gezielt hin und half mit seiner Erfahrung und seinem Organisationstalent.

Nach seinen Anweisungen übte ich das schnelle Erfassen vieler Einzelheiten mit einem einzigen Blick. Ich konnte zum Beispiel mit dem Fahrrad auf schlechten Feldwegen oder im Wald mit großem Tempo dahinrasen, ohne je zu stürzen. Wehe aber, ich versuchte, die Steine und Löcher genau zu sehen. Dann ging es meistens schief. Jetzt, als Erwachsener, hilft mir der weiche Blick vor allem, wenn ich einem Menschen gegenübersitze, der meine Hilfe braucht. Am Anfang machte ich mir manchmal Vorwürfe, weil ich das Gefühl hatte, schlecht zu beobachten. Wenn ich einem Menschen zum erstenmal gegenübersaß, sah ich häufig keine Einzelheiten. Ich konnte hinterher bestimmt nicht sagen, welche Farbe die Augen einer Person hatten oder wie die Nase aussah. Irgendwann wurde mir aber bewußt, daß ich auf diese Weise etwas viel Wichtigeres wahrnahm, nämlich die prägenden Eigenschaften eines Menschen. Ich erfasse den Energiestrom; die Belastungen und die seelischen Nöte werden deutlich. Genaugenommen kann ich nicht sagen, ob ich das wirklich sehe oder ob der weiche Blick nur mein intuitives Einfühlungsvermögen zur Wirkung bringt.

Wichtig ist, daß Sie von der einen auf die andere Sichtweise schnell umschalten können. Das Hinüberwechseln vom scharfen Blick in den weichen und umgekehrt bringt Ihnen erst die volle Nutzung Ihres Potentials. Sie schauen jemanden bewußt an, fixieren ihn, analysieren, und dann wechseln Sie über in den weichen Blick. Vielleicht sind es nur Sekunden. Dem anderen fällt es überhaupt nicht auf, daß Ihr Blick wie leer wirkt. Diese wenigen Sekunden geben Ihnen aber eine ganze Traube von Informationen. Es sind Informationen anderer Art, aber sie ergänzen die vorherigen und erhöhen deren Wert.

Erweitern Sie Ihr Bewußtsein

Bei manchen Menschen genügt der weiche Blick, um in einen veränderten Bewußtseinszustand zu gelangen. Sollte das bei Ihnen nicht der Fall sein, dann können Sie mit der folgenden Methode diese Umschaltung erreichen. Natürlich können Sie auch den weichen Blick mit dieser Methode kombinieren.

Erinnern Sie sich bitte an die Übung der Stille. Dort haben Sie durch Visualisierung in Ihrem Geiste einen Ort geschaffen, an dem Sie allein durch Ihre Vorstellungskraft zu innerer Ruhe und Frieden finden konnten. Mit Hilfe eines solchen geistigen Entspannungsortes gelangen Sie aber auch auf eine tiefe Bewußtseinsebene. Eine Ebene, auf der sich Ihre psychischen Fähigkeiten ungehindert entfalten können.

Es kommt darauf an, daß Sie sich im Geiste einen Ort schaffen, der zum Symbol für einen veränderten Bewußtseinszustand wird. Ein Bewußtseinszustand also, der der Funktion Ihrer rechten Gehirnhälfte entspricht. Ein Zustand, der manchmal tranceartig ist, es aber nicht sein muß. Auf jeden Fall muß dies ein Ort der Ruhe und Harmonie sein, an dem Sie persönlich sich absolut wohl fühlen könnten. Das kann ein Ort sein, an dem Sie einmal waren, aber auch ein Ort, den Sie in Ihrer Phantasie erschaffen haben. Wo kann man sich wirklich gut fühlen? Meist ist es die unberührte Natur, die uns dieses Gefühl gibt. In unserem Bewußtsein gibt es diese heile Natur noch! Wir schaffen uns einfach eine andere Realität.

Nehmen wir an, Sie wählen einen Garten. Was möchten Sie in diesem Garten alles haben? Blumen, eine Wiese, vielleicht eine Quelle, einen Bach, einen Teich, große schattenspendende Bäume eine Bank zum Ausruhen, Büsche, die eine Art Höhle bilden, eine Hecke als Sichtschutz... Das Bild wird Sie beim erstenmal kaum ganz befriedigen. Aber nach und nach wird es Ihren Vorstellungen immer mehr entsprechen, bis es nicht mehr verbessert werden kann. Dann sollten Sie dabei bleiben. Von nun an ist dieser Garten Ihr Symbol für einen besonderen Bewußtseinszustand. Sie brauchen sich nur noch im Geiste in diesen Garten zu versetzen, sich einzustimmen auf diesen Ort, und schon sind Sie vom Wachzustand übergewechselt in einen Zustand, in dem Sie unmittelbaren Zugang haben zu Ihren kreativen, intuitiven Kräften. Ebenso schnell können Sie wieder in das Wachbewußtsein zurückkehren.

Vielleicht meditieren Sie schon regelmäßig und haben Ihren eigenen Weg der Bewußtseinsveränderung gefunden. Dann sollten Sie dabei bleiben. Falls dies nicht der Fall ist, versuchen Sie es einmal in der Form, die ich jetzt beschreibe. Setzen Sie sich auf einen Stuhl so hin, daß Ihr Rücken gerade ist. Sie können sich ganz nach hinten setzen, um den Rücken an der Lehne zu stützen, oder weiter vorn, wenn Ihnen das möglich ist. Stellen Sie die Füße gerade auf den Boden. Legen Sie die Hände mit den Handflächen nach oben auf die Oberschenkel. Konzentrieren Sie sich dann auf Ihren Atem. Der Atem sollte ruhig und tief sein. Mit Hilfe des Zwerchfells füllen Sie die Lungen mit Sauerstoff an. Stellen Sie sich vor, daß Ihr ganzer Körper, jede Zelle des Organismus, sich mit reinem Sauerstoff anfüllt. Entspannen Sie sich dabei so gut wie möglich. Lassen Sie einfach los, einfach loslassen. Dann gehen Sie in Ihrer Vorstellung in Ihren Garten oder einen anderen Ort der Ruhe. Sie können den Garten sehen, spüren oder einfach wissen, daß Sie in ihm sind. Wenn Sie wollen, schließen Sie zuerst die Augen. Später wird es Ihnen gelingen, mit geöffneten Augen in diesen Zustand zu kommen.

In Ihrer Imagination können Sie in Ihrem Garten alles tun, was Ihnen gefällt. Vielleicht kommen auch jetzt schon Bilder, Eindrücke, Gefühle. Nach Beendigung der Übung spannen Sie die Armmuskeln an oder auch den ganzen Körper, atmen tief ein und aus und öffnen die Augen, falls Sie sie nicht die ganze Zeit geöffnet hielten. Dieses Zurücknehmen können Sie so unauffällig machen, daß andere Menschen es überhaupt nicht merken. Je häufiger Sie diese Übung durchführen, um so mehr wird der Garten oder ein anderer Ort zu einem festen Bestandteil Ihrer Psyche. Sie sind dann jederzeit in der Lage, sich in einen Zustand zu versetzen, den Sie benötigen, um einen Menschen intuitiv zu erfassen.

Da es in der Praxis darauf ankommt, daß der Wechsel von einem Bewußtseinszustand zum anderen schnell vor sich geht, empfiehlt sich zusätzlich eine Konditionierung auf diese Umschaltung. Konditionieren heißt, eine Bedingung zu schaffen, bei deren Vorliegen ein bestimmter Vorgang reflexartig erfolgt.

Viele unserer täglichen Gewohnheiten sind konditioniert. Das typischste Beispiel ist das Rauchen. Für manche Raucher sind zum Beispiel Kaffeetrinken und Rauchen eng miteinander verknüpft. Wenn sie eine Tasse Kaffee trinken, greifen sie automatisch zur Zigarette. Auch Alkohol und Rauchen sind häufig miteinander gekoppelt.

Oder denken Sie an das Essen. Gerade Menschen mit Gewichtsproblemen sind in der Regel darauf konditioniert, ihren Teller leer zu essen. In der Kindheit hörten sie wahrscheinlich immer wieder die Ermahnung der Mutter: »Iß deinen Teller leer!« Irgendwann war die Verbindung zwischen *vollem Teller* und *leer essen* ganz fest in ihnen programmiert: Teller mit Essen hieß dann, den Teller auf jeden Fall leer zu essen.

Die Konditionierung gilt natürlich auch in positiver Richtung. Nicht selten haben Menschen zum Beispiel ein bestimmtes Einschlafritual entwickelt. Sie essen vor dem Zubettgehen einen Apfel, rücken ihr Kissen in einer festgelegten Art und Weise zurecht, lesen einige Seiten in einem Buch, schreiben in ihr Tagebuch oder lassen den vergangenen Tag vor ihrem geistigen Auge vorbeiziehen, beten – und können mit diesem konditionierten Ritual zu jeder Zeit und überall problemlos einschlafen.

Versuchen Sie also, sich darauf zu konditionieren, daß Sie sich ganz schnell in den besonderen Bewußtseinszustand einstimmen können. Um dies zu erreichen, müssen Sie sich jedesmal, wenn Sie eine Umschaltung anstreben, das gleiche Bild oder Symbol vorstellen. Das kann der Garten sein, den ich eben beschrieben habe, aber auch jedes andere Bild. Sie können auch die drei Finger einer Hand kurz zusammendrücken, an Ihr Ohrläppchen fassen oder mit der Hand Ihre Schulter auf der anderen Körperseite berühren. Genausogut ist es, wenn Sie ein bestimmtes Wort oder einen Satz leise sprechen oder denken. Wichtig ist nur, daß Sie mit diesem Bild, Signal oder Wort die feste Gewißheit verbinden, gleich tief entspannt zu sein und in den gewohnten besonderen Bewußtseinszustand zu sinken. Je häufiger Sie dieses Signal wiederholen, um so schneller wird es zu einer Art Taste, mit der Sie später in Sekundenschnelle das gewünschte Programm zur Bewußtseinsveränderung einschalten können.

KAPITEL 12

Praxis der intuitiven Menschenkenntnis

Zuerst das Bewußtsein verändern

Nachdem Sie – wenn Sie mir bis hierher gefolgt sind – Schritt für Schritt alle Voraussetzungen geschaffen haben, wird Ihnen die Praxis leichterfallen. Das einzige, was jetzt noch stören könnte, wären Zweifel an sich selbst. Die meisten Menschen blockieren sich, weil sie nicht an sich selbst glauben. Sie halten es nicht für möglich, daß auch sie Fähigkeiten haben, die über das Normalmaß, über das, was unsere Gesellschaft als Norm akzeptiert hat, hinausgehen. Falls dies so sein sollte – warum denken Sie soviel darüber nach? Machen Sie doch einfach einmal einen oder auch mehrere Versuche! Es kostet kein Geld. Auch Ihr Ruf leidet nicht darunter, vorausgesetzt, Sie erzählen niemandem davon. Sie können also nur gewinnen!

Wenn Sie einen Menschen spontan und intuitiv erfassen wollen, versuchen Sie, möglichst entspannt zu sein. Erinnern Sie sich an den Zustand eines anderen Bewußtseins.

Schaffen Sie in sich die gleiche Schwingung, die Sie hatten, als Sie in der Vorstellung an Ihrem geistigen Ort der Ruhe waren. Dafür brauchen Sie nur Sekunden. Schauen Sie die betreffende Person dann mit dem weichen Blick an. Am besten geht das, während der andere redet oder wenn mehrere an der Konversation beteiligt sind. Sie finden ganz sicher dafür genügend Zeit, denn Zeit ist ein relativer Begriff. Nicht die Quantität, sondern die Qualität der Zeit entscheidet. Sekunden hoher intuitiver Aufnahmebereitschaft können mehr sein als Stunden flacher Konversation. Alles, worauf es ankommt, ist: die richtigen Informationen zu erhalten und dem Wachbewußtsein zugänglich zu machen. Von den verschiedenen

Möglichkeiten, dies zu erreichen, beschreibe ich jetzt einige, die sich bewährt haben.

Intuition im Traum

Bei der Traumintuition erfolgt die Veränderung des Bewußtseins im Schlaf. Für Ihre Traumarbeit benötigen Sie ein Traumtagebuch. Das kann ein großes Notizbuch, ein Ringbuch oder ein Tagebuch sein. Je wichtiger Ihnen die Traumarbeit ist, um so schöner wird Ihr Traumtagebuch sein. Solche Dinge sind wichtig für Ihr Traumbewußtsein, dem Sie auf diese Weise signalisieren, daß es Ihnen mit der Traumarbeit ernst ist.

Beginnen Sie mit der Formulierung der Frage, die Sie Ihrem Tagebuch anvertrauen. Vermerken Sie außerdem Besonderheiten, die mit dieser Aufgabe zusammenhängen, zum Beispiel Ereignisse des Tages oder besondere Gefühle. Die Frage an Ihr Traumbewußtsein muß präzise sein, möglichst in Form eines einfachen Satzes.

Es gibt keinen Zweifel daran, daß jeder Mensch normalerweise träumt. Die moderne Schlaf- und Traumforschung hat eindeutig bewiesen, daß vier bis fünf Traumphasen in einer Nacht die Regel sind. Der Mensch träumt also insgesamt etwa eineinhalb Stunden während seines Schlafs. Man nennt die Traumperioden REM-Phasen. REM ist die Abkürzung von *Rapid Eye Movements* (schnelle Augenbewegungen). Während der REM-Phase bewegen sich nämlich die Augen schnell, der Puls beschleunigt sich, der Blutdruck steigt und das Elektroenzephalogramm (EEG), das die elektrischen Vorgänge im Gehirn aufzeichnet, zeigt eine Veränderung des Hirnwellenmusters. Wir sind im Schlaf also keineswegs so ruhig, wie wir das von uns glauben. Die REM-Phasen sind zwischen die anderen Phasen des Schlafes eingeschaltet. So sinkt man zum Beispiel einige Zeit nach dem Einschlafen in einen Tiefschlaf. 30 bis 40 Minuten danach kommt schon die erste REM-Phase, also die erste Traumphase. Die letzte Traumphase vor dem Aufwachen ist die längste.

Die meisten Träumenden können sich nach dem Erwachen nur an den letzten Traum erinnern. Wenn man aber einen Schläfer während einer REM-Phase vorsichtig weckt, erfährt man, daß er gerade geträumt hat. Man träumt zwar auch in anderen Phasen des Schlafs, die Träume in den REM-Perioden aber sind die intensivsten.

Wenn jemand behauptet, er träume nie, dann sagt er damit in Wirklichkeit nur, daß er seine Träume nicht behält. Für Ihre Traumintuition müssen Sie sicherstellen, daß Sie sich nach dem Aufwachen noch an den Traum erinnern. Nach meiner Erfahrung eignet sich dafür am besten die Selbstsuggestion.

Sie könnten so vorgehen: Lesen Sie sich Ihre Frage noch einmal durch, bevor Sie sich ins Bett legen. Nachdem Sie dann die Augen geschlossen haben, sagen Sie zu sich selbst etwa folgende Worte: »Ich bitte mein Traumbewußtsein, mir meine Frage zu beantworten. Meine Frage lautet... Wenn ich einen Traum habe, in dem die Antwort auf meine Frage kommt, werde ich sofort wach werden. Ich werde mich an alle wesentlichen Einzelheiten der Antwort erinnern. Sofort nach dem Aufwachen werde ich die Antwort vollständig aufschreiben. Ich werde verstehen, was der Traum mir sagen will.«

Sie müssen die Worte nicht laut sprechen; es genügt, wenn Sie sie intensiv in Gedanken formulieren. Wichtig ist, daß es Ihre eigenen Worte sind, also Worte, mit denen Sie sich voll identifizieren können. Sehr günstig ist es auch, wenn Sie sich solche Suggestionen in der tiefen Entspannung geben. Im autogenen Training zum Beispiel kann man sich vor dem Zurücknehmen suggestiv auf die Traumarbeit programmieren.

Wenn Sie fest daran glauben, daß Sie nach einem wichtigen Traum wach werden und sich an den Traum erinnern, dann wird Ihr Unterbewußtsein Sie auch wecken. Es ist übrigens ganz einfach, sich durch einen Test zu überzeugen, wie kooperativ Ihr Unterbewußtsein ist. Bei diesem Test handelt es sich um die altbekannte Fähigkeit des Menschen, mit Hilfe des Unterbewußtseins zu jeder gewünschten Zeit aufzuwachen. Um wach zu werden, braucht man keinen Wecker. Alles, was man tun muß, ist, sich vor dem Einschlafen einen Wecker vorzustellen. Nehmen wir an, Sie wollen morgens um sechs Uhr munter werden. Dann sehen Sie in Ihrer Vorstellung den Zeiger auf der sechs stehen, so als sei es schon sechs Uhr und Sie blickten gerade auf die Uhr. Sprechen Sie zu sich selbst ganz intensiv: »Ich werde morgen früh um sechs Uhr wach werden.« Das ist alles. Sie werden bestimmt um sechs Uhr aufwachen. Aber stellen Sie nicht zur Sicherheit auch noch den Wecker auf sechs Uhr. Denn damit würden Sie ja zeigen, daß Sie nicht an Ihre eigene Suggestion glauben. Warum soll Ihr Unterbewußtsein Sie dann noch wecken? Vertrauen gegen Vertrauen.

Vorteilhaft ist es auch, wenn Sie sich ein bestimmtes Ritual schaffen. Durch eine bestimmte Handlung im Zusammenhang mit der Suggestion verstärken Sie die Wirkung der Suggestion. Essen Sie einen Apfel, trinken Sie ein Glas Wasser, hören Sie Ihre Lieblingsmelodie und denken Sie dabei, daß Sie diese Nacht einen wichtigen Traum haben werden. Falls Sie ein bestimmtes Einschlafritual haben, können Sie es sehr gut für diesen Zweck benutzen.

Vergessen Sie nicht, vor dem Einschlafen Ihr Traumtagebuch und ein Schreibgerät griffbereit zu legen, so daß Sie, ohne sich viel bewegen zu müssen, danach greifen können. Sorgen Sie auch für entsprechendes Licht. Eine kleine Nachttischlampe oder auch eine Taschenlampe, falls Sie nicht allein schlafen, erfüllt den Zweck. Schon manch ein Traum wurde nicht aufgeschrieben, weil der Träumende auf seinen Partner oder seine Partnerin Rücksicht nahm. Das Licht einer Taschenlampe wirkt weniger störend als eine Nachttischlampe. Ich habe auch schon versucht, im Dunkeln zu schreiben, konnte dann aber am nächsten Morgen meine eigene Schrift nicht mehr entziffern. Außerdem besteht die Gefahr, daß man schnell wieder einschläft, wenn es ganz dunkel bleibt.

Sie haben etwa sieben bis acht Sekunden Zeit, um mit dem Schreiben zu beginnen. Wenn Sie länger warten, kann der Traum sich schon in nichts aufgelöst haben.

Schreiben Sie auf jeden Fall Ihren Traum auf oder sprechen Sie ihn auf Band. Es ist eine Illusion, wenn man glaubt, daß man sich einen Traum bis zum nächsten Morgen merken kann. Bestenfalls wissen Sie am Morgen noch, worum es in dem Traum ging. Die Einzelheiten allerdings sind in der Regel nicht mehr greifbar, oder, was noch schlimmer ist, sie werden unbewußt überarbeitet und entsprechen nicht mehr dem Traumerlebnis. Den letzten Traum vor dem morgendlichen Erwachen kann man meist besser behalten. Aber auch diesen Traum sollte man unbedingt schriftlich festhalten. Es ist äußerst wichtig, daß Sie sich Ihrer Suggestion entsprechend verhalten. Wenn die Suggestion besagt, daß Sie wach werden, sich an den Traum erinnern und ihn aufschreiben werden, dann müssen Sie, wenn Sie tatsächlich aufwachen, auch die Kraft aufbringen, die anderen Teile der Suggestion zu verwirklichen. Andernfalls werden Sie das nächste Mal vermutlich auch nicht mehr aufwachen.

Die Deutung des Traumes nimmt man zweckmäßigerweise gleich am Morgen vor. Notfalls ist sie auch zu einem späteren Zeitpunkt möglich. Sie gehört ebenfalls in Ihr Traumtagebuch. Es ist durchaus möglich, daß Sie mit einem Traum nicht gleich etwas anfangen können. Vielleicht ist Ihnen die Antwort auf Ihre Frage beim besten Willen nicht verständlich. Wenn Sie sich aber weiter mit Ihrem Problem beschäftigen, kann Ihnen irgendwann spontan klarwerden, was der Traum sagen wollte. Damit Sie Ihre Träume beim Nachlesen leichter auffinden, empfiehlt es sich, jedem Traum eine Überschrift zu geben.

Mit Hilfe der Traumintuition wird es Ihnen sehr gut gelingen, das Wesen eines Menschen zu erfassen. Auf Ihre Fragen nach bestimmten Charaktereigenschaften können Sie eine symbolische Antwort erhalten. Auch wenn Sie selbst zu einer Beurteilung gekommen sind, ist der Traum bestens dafür geeignet, das Ergebnis intuitiv zu überprüfen.

Kommt Körperintuition für Sie in Frage?

Der Begriff Körperintuition ist im Grunde genommen falsch, denn die Intuition kommt sicher nie aus dem Körper. Gemeint ist, daß man über ein Hilfsmittel intuitive Körpererfahrungen sichtbar macht. Solch ein Hilfsmittel kann zum Beispiel ein Pendel sein.

Ausgangspunkt für die Arbeit mit einem Pendel ist der bekannte *Carpenter-Effekt.* Er besagt, daß bei der Wahrnehmung oder Vorstellung einer Bewegung im Körper Bewegungsimpulse entstehen, die sich elektromyographisch nachweisen lassen. Die Vorstellung der Bewegung führt zur wirklichen Bewegung.

Um diesen Effekt zu demonstrieren, benutzt man normalerweise einen Pendel. Man hält den Faden des Pendels an seinem Ende zwischen Daumen und Zeigefinger und stellt sich dann vor, daß es in einer bestimmten Richtung schwingt. Meist dauert es nicht lange, und der Pendel tut uns den Gefallen. Er bewegt sich so, wie wir es uns vorstellen, vor und zurück oder von links nach rechts oder auch im Kreis.

Mit einem solchen Pendelversuch demonstriert man zum Beispiel in der ersten Stunde des autogenen Trainings, wie stark unser Körper auf intensive Vorstellungen reagiert. Denn hier passiert absolut nichts Geheimnisvolles. Die Vorstellung der Bewegung führt dazu, daß im Arm winzige Muskelbewegungen entstehen, die allerdings so schwach sind, daß wir sie überhaupt nicht erkennen, geschweige denn sehen. Diese Mikrobewegungen der Muskeln übertragen sich auf den Pendel, und durch die Eigenschaft des Pendels wird der Ausschlag immer stärker.

Aber nicht nur eine bewußte Vorstellung, auch unbewußte seelische Prozesse führen zu solchen Bewegungsimpulsen. Jeder, der einmal ganz starke Angst hatte und erlebte, wie sein ganzer Körper zitterte, kennt das Extrem solcher körperlichen Reaktionen. Subtile Eindrücke aus dem Unterbewußtsein sind dagegen im Körper so schwach zu spüren, daß sie nur mit einem ganz feinen Medium, wie es ein Pendel ist, angezeigt werden können.

Es gibt genügend Beweise dafür, daß man mit einem Pendel Informationen aus dem Unterbewußtsein holen kann. Einige Menschen vollbringen mit einem Pendel wunderbare Dinge, lassen sich aber ebenso häufig in die Irre führen. Der Selbsttäuschung sind nämlich Tür und Tor geöffnet. Wir müssen uns ganz klar darüber sein, daß die Informationen selbst nicht vom Pendel kommen. Der Pendel ist nur ein Instrument, das unbewußte Informationen, Gefühle und Eindrücke anzeigt.

Wenn ich in der Lage bin, Dinge zu spüren, dann hilft mir der Pendel, die Ergebnisse sichtbar zu machen. Nicht mehr. Wenn mein Spüren falsch war, kann auch der Pendel nur Fehler anzeigen. Wenn Sie es deshalb mit einem Pendel versuchen wollen, prüfen Sie sorgfältig, ob Sie in der Lage sind, den Pendel, also sich selbst, ganz neutral ohne innere Beteiligung eine Frage zu stellen. Sie müssen ganz sicher sein, daß Sie Ihr Wunschdenken völlig ausschließen können. Nur dann hat es einen Sinn, den Pendel für Fragen der Menschenkenntnis einzusetzen.

Aber gehen wir systematisch vor. Was Sie als Pendel nehmen, ist zunächst unwichtig. Es kann ein Ring an einem Faden sein, eine eiserne Mutter oder ein gekaufter kleiner Pendel, der wahrscheinlich leichter schwingen wird. Er soll so am Faden hängen, daß er gleichmäßig schwingen kann. Setzen Sie sich bequem hin, nehmen Sie den Faden zwischen Daumen und Zeigefinger oder legen Sie ihn über den Zeigefinger, und lassen Sie den Pendel 15 bis 20 Zentimeter nach unten hängen.

Probieren Sie dann zuerst Ihre Vorstellungskraft aus. Stellen Sie sich möglichst klar vor, wie den Pendel sich in eine bestimmte Richtung bewegt. Sie können sich auch auf einem Blatt Papier einen großen Kreis aufzeichnen, der senkrecht und waagrecht in vier Teile geteilt wird. Dann halten Sie den Pendel darüber, und lassen ihn auf den Linien von oben nach unten oder von links nach rechts, wenn Sie wollen auch im Kreis, schwingen. Bewegt sich der Pendel in der gewünschten Richtung, dann ändern Sie in Ihrer Vorstellung die Richtung. Er wird stehen bleiben und das tun, was Sie sich vorstellen.

Jetzt können Sie weitergehen. Da Sie ja Fragen stellen wollen, müssen Sie einen Code für die Beantwortung der Fragen haben. Möglich sind immer nur eindeutige, einfache Antworten. Bewährt haben sich die Antworten *ja, nein, ich weiß nicht* und *ich will keine Antwort geben*.

Sorgen Sie dafür, daß Ihre Vorstellungskraft ausgeschaltet ist, daß heißt, verhalten Sie sich völlig neutral, machen Sie sich geistig leer. Bleiben Sie weiterhin ganz entspannt und beginnen Sie einen Dialog mit Ihrem Pendel. Fragen Sie zuerst: was heißt *ja*. Halten Sie Ihren Pendel ruhig und warten Sie, in welche Richtung er schwingt. Vielleicht schwingt er vor und zurück oder von links nach rechts, im Kreis im Uhrzeigersinn oder andersherum; auch schräg kann er schwingen.

Nehmen wir an, er schwingt von oben nach unten, dann heißt das für Sie *ja*. Bei jedem Menschen ist die Antwort anders. Diese Antwort gilt nur für Sie persönlich! Die nächste Frage: Was heißt *nein?* Wieder das gleiche Verfahren. Dann können Sie fragen: Was heißt *Ich weiß nicht?* Und zuletzt: Was heißt *Ich will keine Antwort geben?* Es gibt nämlich auch unzulässige Fragen, und dann will, auch wenn es das könnte, Ihr Unterbewußtsein keine Antwort geben. Wenn Sie zum Beispiel fragen, wann Sie sterben werden, werden Sie keine Antwort bekommen. Der Pendel bewegt sich einfach nicht. Diese Frage ist unzulässig!

Sie haben also jetzt vier Möglichkeiten, wie Ihr Pendel auf Ihre Frage antworten kann. Jetzt kommt die Probe aufs Exempel. Nehmen wir an, Sie sitzen einem Freund gegenüber. Er denkt, Sie spielen nur mit dem Pendel. In Wirklichkeit beabsichtigen Sie, sich im Geiste eine Frage über Ihren Freund zu stellen und die Antwort am Ausschlag des Pendels zu ersehen. Vergewissern Sie sich aber zuerst, ob es für Ihre Beziehung überhaupt zulässig ist, daß Sie auf diese Weise in die Sphäre Ihres Freundes einbrechen. Auch wenn es um andere Menschen geht, sollten Sie sich immer fragen, ob es in Ordnung ist, wenn Sie in deren Persönlichkeit eindringen, ganz gleich ob mit oder ohne Pendel. Die Achtung vor der Integrität eines Menschen gebietet es, ihm nicht zu schaden. Gedanken sind Kräfte, für die wir verantwortlich sind. Wenn wir mit einem Menschen eine Beziehung eingehen, und eine Beziehung gehen wir schon ein, wenn wir mit einem Menschen sprechen, sollten wir immer sicher sein, daß sie auch für den andern von Nutzen ist.

Die erste gedachte Frage an Ihren Pendel ist also, ob Sie über Ihren Freund etwas erfahren dürfen. Sagt der Pendel ja, dann kommt die eigentliche Frage zum Thema. Mein Freund Dieter wollte Lehrer werden. Als Referendar hatte er Probleme mit den Schülern. Vereinfacht ausgedrückt, die Disziplin in der Klasse war nicht die beste. Es stellte sich also die Frage, ob der Lehrerberuf für meinen Freund wirklich der richtige Beruf war.

Meine erste Frage lautete: »Hat Dieter pädagogische Fähigkeiten?« Die Antwort war *ja*.

»Ist er für den Beruf des Lehrers geeignet?« Wieder *ja*.

Dann ging ich das Problem der Disziplin an, indem ich versuchte, den ganzen Komplex in Teilbereiche aufzuteilen.

»Verhält er sich in der Klasse richtig?« Antwort *nein*.

»Ist er konsequent in seinem Verhalten?« Antwort *nein*.

Ich hatte also sehr schnell erfahren, woran Dieter als Lehrer gescheitert war. Wer Disziplin erreichen will, muß konsequent sein, ganz gleich, ob es um Kindererziehung geht oder um eine ganze Klasse von Schülern. Hier hatte ich einen Anhaltspunkt, um mit Dieter gemeinsam sein Verhalten zu analysieren und ihn zu notwendigen Verhaltensänderungen zu motivieren.

Bei dieser Art der Intuition müssen Sie das Problem auf Fragen reduzieren, auf die man mit ja oder nein antworten kann. Der Pendel fängt an zu schwingen, und Sie haben jeweils eine Antwort. Aber haben Sie sie wirklich? Wenn Sie auch nur ein bißchen gewünscht haben, daß die Antwort *ja* lauten soll, dann wird sie *ja* lauten. Erst wenn Sie Ihre Gedanken, Wünsche und Gefühle ganz ausschalten können und praktisch unmittelbar aus dem Unterbewußtsein die Information aufnehmen, dann kann der Pendel es richtig anzeigen. Manche Pendler stellen deshalb eine Frage und lenken sich dann ab, indem sie dauernd *brabelbrabel* oder dergleichen sagen. Abgesehen von jenen, die wissentlich betrügen, macht aber auch manch einer, der besten Willens ist, sich etwas vor.

Ohne es zu merken, beeinflußt er die Aussagen und glaubt felsenfest an sein richtiges Ergebnis.

Mit einem Pendel umzugehen ist also eine heikle Angelegenheit. Sie wird noch dadurch erschwert, daß Sie ja nicht, wenn Sie einem Menschen gegenübersitzen, den Pendel herausholen und ihn schwingen lassen können. Sie würden bald für verrückt erklärt werden. Glücklicherweise funktioniert der Pendel aber auch recht gut in Ihrem stillen Kämmerlein. Sobald die Informationen einmal im Unterbewußtsein gespeichert sind, können Sie sie zu jeder Zeit abrufen. Wenn Sie also nicht genau wissen, ob der Kassierer Sie betrügt (setzen Sie für Kassierer jeden x-beliebigen Beruf ein), dann stellen Sie die Frage, wenn Sie allein sind. Gehen Sie in Ihren anderen Bewußtseinszustand, sehen Sie im Geiste den Kassierer vor sich, und setzen Sie den Pendel in Bewegung. Das Ergebnis kann stimmen oder auch nicht.

Vielleicht lernen Sie Menschen kennen, die mit dem Pendel Wunderdinge vollbringen. Sie sagen Ihnen die Zukunft voraus, sie diagnostizieren sogar Krankheiten. Nicht, daß es so etwas nicht gäbe. Aber denken Sie bitte immer daran, der Pendel ist Materie. Wichtig ist der Mensch, der Ihnen etwas sagt. Wenn Sie ihm vertrauen, dann spielt es keine Rolle, ob er oder sie einen Pendel benützt oder Karten legt. Das sind alles nur Hilfsmittel. Die Information kommt aus einer unbewußten Ebene.

Das gleiche gilt auch für Sie, wenn Sie Ihre Intuition mit einem Pendel sichtbar machen. Einerseits setzt das voraus, daß Sie voll an sich glauben. Sie müssen von Ihren Fähigkeiten überzeugt sein. Solange Sie pendeln, darf es keinen Zweifel geben. Andererseits müssen Sie in jedem Fall mit anderen Methoden überprüfen. Ich kann das nicht genug betonen. Die Notwendigkeit, Resultate zu überprüfen, gilt im übrigen für jede intuitive Erfahrung, ganz gleich, in welcher Form sie sich ausdrückt.

Mögliche zukünftige Verhaltensweisen imaginieren

Auch die folgende Methode basiert darauf, daß wir von einem Menschen, mit dem wir längere Zeit zusammen sind, im täglichen Leben laufend auf der unbewußten Ebene Informationen aufnehmen, die wir uns aber normalerweise nicht bewußt und damit nutzbar machen. Diese Informationen sind wie eine unterirdische Ölquelle, die erst anfängt zu sprudeln, wenn man sie anbohrt. Mit Hilfe dieses unbewußten Informationsspeichers können wir auf ganz gezielte Fragen über einen Menschen hilfreiche Antworten bekommen.

Der Trick besteht darin, daß wir uns diese Person in bestimmten zukünftigen Situationen vorstellen. Wir überlegen uns genau, wie die Situation beschaffen sein muß, damit sie aussagefähig ist. Wie sich die betreffende Person aber in dem von uns angegebenen Rahmen wahrscheinlich verhalten würde, erleben wir ohne irgendwelche Beeinflussung, ganz *spontan*. Unser Unterbewußtsein liefert dafür die notwendigen Regieanweisungen aufgrund des Wissens, das wir über dieses Individuum haben. Es ist ein Wissen, das wir gesammelt haben, als wir mit diesem Menschen in Kontakt waren. Die Informationen sind uns zwar nicht bewußt geworden, sie sind aber in uns vorhanden.

Es ist leichter, als es sich liest. Sie überlegen sich eine Frage, und dann, im veränderten Bewußtseinszustand, imaginieren Sie die betreffende Person in einer Situation, die Ihrer Frage entspricht. Wenn Sie etwas Übung haben, erreichen Sie bald, daß sich die Bilder oder Eindrücke selbständig machen. Sie müssen nur aufpassen, daß Sie möglichst alles im Gedächtnis behalten, was Sie so erleben. Später, nach Beendigung der Visualisierung, können Sie dann aus dem, was Sie auf diese Weise erfahren haben, mit Ihrem wachen Verstand Schlußfolgerungen ziehen.

Am einfachsten geht es, wenn Sie sich vorstellen, daß Sie einen Film drehen. In diesem Film sind Sie zur gleichen Zeit Regisseur, Kameramann und Schauspieler. Außer Ihnen gibt es noch andere Schauspieler. Der Film stellt Ihre Wirklichkeit dar. Er zeigt die

Ausgangsposition Ihres Problems, anschließend einige wichtige Phasen und zum Schluß die Lösung. Sie drehen eine Szene nach der anderen; es gibt keinen Stillstand und keinen Weg zurück.

Erleben Sie am Beispiel von Anita diese Übung mit. Anita ist eine gutaussehende Frau Anfang Dreißig. Sie ist seit zwei Jahren geschieden, hat keine Kinder und ist in ihrem Beruf als Sekretärin sehr tüchtig. Während einer Geschäftsreise mit ihrem Chef lernt sie Manfred kennen und verliebt sich in ihn. Auch Manfred hat Feuer gefangen. Vordergründig scheint alles klar. Da Manfred noch ledig ist, steht einer Heirat nichts im Wege. Anita aber ist ein »gebranntes Kind«. Ihr erster Mann hatte sie mit ihrer besten Freundin betrogen, und sie ist nicht mehr jung genug, um ein erneutes Risiko einzugehen. Ich schlage ihr deshalb vor, ihre Intuition zu Rate zu ziehen.

Anita macht es sich bequem und beginnt damit, daß sie sich entspannt. Sie atmet gleichmäßig und ruhig und läßt sich auf eine tiefere Bewußtseinsebene sinken. Da sie regelmäßig meditiert, erreicht sie diesen Zustand sehr schnell. Zu Beginn stellt sie sich Manfred so vor, wie sie ihn kennt.

Sie sieht ihn auf sich zukommen. Er ist groß und kräftig; seine Bewegungen sind geschmeidig. Obwohl sein Bauch einen kleinen Ansatz zeigt, wirkt er noch jungenhaft. Sein dunkles Haar ist dicht und leicht gelockt. Im Gesicht fallen die betonten Augenbrauen, markante Gesichtszüge mit einem eckigen Kinn und vor allem eine kräftige, leicht nach außen gebogene Nase auf.

Anita glaubt zu fühlen, daß er sie freundlich anlächelt, so wie er zu allen Menschen freundlich ist, gut zuhören kann und ein angenehmes Wesen hat. Sie spürt aber gleichzeitig, daß er genau weiß, was er will, und daß er sich immer durchsetzen kann. In ihrer Vorstellung befindet er sich auf einer Parkbank, auf der sie beide schon oft saßen. Er schaut geistesabwesend irgendwohin in die Weite. Sie fühlt, daß sie jetzt in der Lage ist, sein wahres Wesen zu erfassen.

Die erste Frage, die ihr in den Sinn kommt: Wird er ein echter Partner sein, oder ist er dominant? Wird er versuchen, mich zu beherrschen? Als Antwort sieht sie ihn auf der Straße vor ihrem Büro. Anscheinend hat er sie von der Arbeit abgeholt. Aber er macht keinen gelösten Eindruck. Er redet auf sie ein und verlangt ganz bestimmt, daß sie ihren Beruf aufgibt, um nur noch für ihn dazusein. Dann verändert sich die Szene. Sie sitzt in einem Lokal zusammen mit guten Freunden. Auch Manfred ist dabei. Sie diskutieren über irgend etwas. Gerade will sie ihre Meinung in die Diskussion einwerfen, da schaut er sie tadelnd an, so als wollte er sie nicht zu Wort kommen lassen. Ihr wird bewußt, was er mit seinem Blick ausdrücken will. Nur was er sagt, hat Gewicht. Wenn er anwesend ist, hat sie tunlichst zu schweigen. Ihre erste Frage ist ganz klar beantwortet. In einer Ehe mit ihm gibt es nur einen, der bestimmt, das ist er.

Anita weiß von sich, daß sie eine starke Persönlichkeit ist. Aber sie ist nicht nur stark. Manchmal ist sie auch schwach, und dann möchte sie, daß ihr Partner sie in die Arme nimmt und als schwach akzeptiert. Wird Manfred sie als starke Frau bestehen lassen, oder erwartet er, daß sie ein idealisiertes Bild erfüllt, vielleicht das Bild des kleinen, schwachen Frauchens? Sie stellt sich vor, daß sie eine selbständige Entscheidung trifft, ohne ihn zu fragen. Sie kauft von ihrem Geld ein Auto nach ihrem Geschmack. Wird er ein Mitspracherecht verlangen, da sie ja als Frau von Autos nichts verstehen kann? Diesmal bekommt sie keine klare Antwort, aber sie hat den Eindruck, daß er seinen Unmut über ihre selbständige Entscheidung deutlich ausdrückt.

Toleranz ist in einer Ehe ein wesentliches Element. Toleranz heißt, den anderen so zu akzeptieren, wie er ist, auch wenn man es selber nicht so gut findet und es anders machen würde. Wie würde er sich zum Beispiel verhalten, wenn sie sich extravagant anziehen würde und das nicht nach seinem Geschmack wäre? Natürlich dürfte er ihr sagen, daß ihm ihre Kleidung nicht gefällt. Aber wenn er tolerant ist, dürfte er sie nicht zwingen, sich anders anzuziehen. Manfreds Gesicht verändert sich jäh in ihrer Vorstellung. Alle Freundlichkeit ist aus dem Gesicht gewichen, und sein Blick sagt ihr, daß er völlig intolerant ist. Dann erscheint noch eine Szene von selbst, vermutlich, weil sie oft über das Problem nachgedacht hat. Seit einiger Zeit meditiert sie regelmäßig. Wird er das tolerieren? Die Antwort ist schockierend. Sie sieht sich selbst in tiefer Meditation sitzen, dann kommt er ins Zimmer, geht zum Plattenspieler und dreht die Musik rücksichtslos ganz laut auf.

Sie hat noch weitere Fragen. Werde ich in ihm einen Mann haben, der für meine Sorgen und Probleme ein offenes Ohr hat? Der nicht nur in guten Zeiten zu mir hält, sondern mir auch im Leid beisteht? Oder wird er mir nur mit Ratschlägen helfen, die in Wirklichkeit keine Hilfe sind? In dem Wort Ratschlag steckt ja das Wort *Schlag* drin. Wer jemandem einen Ratschlag gibt, gibt ihm damit vielleicht auch einen Schlag. Ihr fällt eine Szene mit ihrem Chef ein, der ihr wieder einmal zu nahe getreten war. Wenn sie das Manfred erzählt und ihn um Unterstützung bittet, was wird er tun? Seine Antwort drang klar an ihr Ohr: »Du als Frau schaffst das schon.« Er würde sie also allein lassen. Sie kann zu ihm kein Vertrauen haben.

Und dann kommt in schneller Folge eine Szene nach der anderen. Sie sieht ihn abends nach Hause kommen. Er setzt sich vor den Fernseher, ohne etwas von seiner Arbeit, seinen Plänen, seinem Leben während des Arbeitstages zu erzählen. Sie würden also beide nebeneinander und nicht miteinander leben. Sie als bezahlte Haushälterin, als Geliebte und als Frau zum Vorzeigen.

Zum Schluß stellt sie die Frage nach seiner wichtigsten positiven Eigenschaft. Vor ihren Augen taucht das Wort *zuverlässig* auf. Sie weiß, daß er zuverlässig ist. Wenn er etwas zusagt, dann hält er es auch. Aber genügt das für eine Ehe?

Als sie in das Wachbewußtsein zurückkommt, wirkt sie erschüttert und doch erleichtert. Wenn das, was sie gesehen hatte, stimmt, dann würde eine Ehe zur Katastrophe werden. Ist ihre Liebe groß genug, um trotzdem diesen Schritt zu wagen? Ich erkläre ihr, wie wichtig es ist, sich nicht allein auf diese intuitive Antwort zu verlassen, sondern anschließend zu versuchen, in Gesprächen und durch sorgfältiges Beobachten zu prüfen, ob sie sich nicht geirrt hat.

Auf zwei Dinge kommt es in diesem Fall besonders an. Angenommen, ihre Intuition stimmte, dann stellt sich die Frage, ob er bereit wäre zur Veränderung. Vielleicht arbeitet er schon an sich selbst und ist dabei, die Voraussetzungen zu schaffen, unter denen sie es wagen könnte, ihn zu heiraten. Zweitens muß sie sich darüber klarwerden, ob das, was sie sah, nicht nur eine Projektion ihrer eigenen Gedanken war. Möglicherweise wird sie erst durch Selbsterfahrung in Einzeltherapie oder in einer Gruppe zur richtigen Erkenntnis kommen.

Das Wissen fließt Ihnen einfach zu

Die zuletzt beschriebenen Methoden kommen mehr dafür in Frage, wenn man sich im stillen Kämmerlein ein Urteil bilden will. Die folgenden Wege sind dagegen dazu geeignet, sozusagen Auge in Auge die Wahrheit zu erfahren. Einige wertvolle Anregungen für dieses Vorgehen verdanke ich GAYE MUIR, einer bekannten englischen Sensitiven mit ans Übernatürliche grenzenden Fähigkeiten. In ihren Seminaren konnte ich erleben, daß diese Methoden funktionieren, auch oder gerade bei jenen, die vorher daran gezweifelt haben. Und dazu gehörte auch ich.

Nehmen wir an, Sie sitzen zu dritt am Tisch, ein Bewerber für einen Arbeitsplatz, ein Kollege von Ihnen und Sie selbst. Ihr Kollege und Sie haben die Aufgabe, den Bewerber zu interviewen und ihn auf Herz und Nieren zu prüfen. Im Augenblick spricht Ihr Kollege, und so haben Sie Gelegenheit und Zeit, Ihre Fähigkeit zu erproben. Sie atmen einige Male tief ein und aus, schauen Ihr Gegenüber mit dem weichen Blick an und schalten um, das heißt, Sie gehen in einen besonderen Bewußtseinszustand, der dem früher erlebten und erfahrenen Zustand an Ihrem geistigen Entspannungsort entspricht. Es dauert nicht lange, und die ersten Eindrücke über den Bewerber fließen Ihnen zu. Je nach Ihrem Wahrnehmungssystem ist die Form der Information unterschiedlich. Vielleicht sehen Sie Bilder, hören Worte oder Sätze, haben bestimmte Gefühle, oder Sie wissen einfach, daß es so ist. Ob die Informationen stimmen, ist in diesem Stadium völlig gleichgültig. Sie registrieren einfach, ohne zu bewerten oder sich Gedanken darüber zu machen. Wenn es geht, notieren Sie unauffällig einige Stichworte.

Zuerst spüren Sie, daß von diesem Bewerber viel Energie ausgeht. Diese Energie aber ist so stark, daß Ihnen einen Augenblick das Atmen schwerfällt. Sie haben den Eindruck, daß dieser Mann nicht nur von sich selbst absolut überzeugt ist, sondern daß er rücksichtslos jeden, der sich ihm entgegenstellt, aus dem Weg räumen würde. Ist das, was Sie erleben, Intuition oder Telepathie oder einfach Einbildung? Was es auch sei, es sind ganz wichtige Informationen, über die Sie sonst erst nach längerer Bekanntschaft mit diesem Bewerber verfügen würden. Wenn Sie glauben, daß Sie nichts anderes tun als raten, macht das nichts. Sie werden sich noch wundern, wieviel von dem, was Sie so geraten haben, stimmt. Daß Sie Ihr so gewonnenes Wissen überprüfen müssen, wiederhole ich nur sicherheitshalber.

Sehr günstig ist es, wenn Sie diese Form des Intuitionstrainings vorher in einem Seminar üben können. Das kann dann so vor sich gehen: Zwei Menschen, die sich vorher nicht kannten, sitzen sich gegenüber. Der eine sagt laut, was er an Informationen über seinen Partner bekommt. Dieser antwortet nur mit *ja,* wenn es stimmt, oder mit *nein,* wenn es falsch ist. Keiner hat es nötig, etwas zu verbergen, denn diese Übung ist ja auch eine wunderbare Gelegenheit, sich selbst besser kennenzulernen. Anschließend wird gewechselt.

Das meiste von dem, was Ihnen so zufließt, ist das Ergebnis aus Beobachtung *und* Intuition. Angenommen, Sie registrieren, daß jemand eine gute Beobachtungsgabe hat. Dann kann Ihnen aufgefallen sein, daß derjenige sich aufmerksam umschaute, als er hereinkam. Sie können aber auch seinen spitzen Zeigefinger gesehen haben, und Sie wissen, daß das eine gute Beobachtungsgabe anzeigen kann. Hin und wieder weiß man aber bei dieser Methode plötzlich Einzelheiten, die durch nichts rational zu erklären sind. »Sie haben vor kurzem Ihren alten Beruf aufgegeben und etwas ganz Neues angefangen.« – »Sie wollten studieren, konnten dies aber aus finanziellen Gründen nicht tun.« Das sind Aussagen, die weit über das hinausgehen, was unser Verstand akzeptieren kann.

Vieles, was Sie erfahren, wird allerdings so unspezifisch sein, daß es auf jeden Menschen zutreffen könnte. Fehler werden immer wieder vorkommen. Das alles ist unwichtig. Je häufiger Sie diese Ebene Ihres Bewußtseins ansprechen, um so besser werden die Resultate werden. Besser jedenfalls, als die Ergebnisse mancher psychologischer Tests.

So gelingt die intuitive Farbdiagnose

In einem früheren Kapitel bin ich auf die Bedeutung der Farben für die Menschenkenntnis eingegangen. Sie haben erfahren, was Farben bedeuten können und wie man von ihnen auf den Charakter eines Menschen schließen kann. Im folgenden lernen Sie eine Methode kennen, mit der man dieses Wissen praktisch für die Intuition einsetzen kann.

Beginnen Sie damit, daß Sie für sich persönlich die Bedeutung der einzelnen Farben festlegen. Am besten malen Sie mit Farbstiften Muster der verschiedenen Farben auf ein Blatt Papier. Neben den Grundfarben kommen natürlich auch Farbmischungen und Farbschattierungen in Frage. Schreiben Sie an jedes Muster die Bedeutung dieser Farbe, was also die Farbe Ihrem persönlichen Gefühl nach symbolisieren kann. Rot kann zum Beispiel für Sie Aggression bedeuten, für einen anderen körperliche Energie oder Selbstbewußtsein. Vielleicht verbinden Sie auch mehrere Eigenschaften mit einer Farbe, wodurch die spätere Deutung allerdings schwieriger wird. Sie erhalten auf diese Weise eine Farbskala mit dazugehörigem Schlüssel der Charaktereigenschaften.

Nur zur Verdeutlichung beschreibe ich meinen eigenen Farbschlüssel. Nehmen Sie ihn bitte nicht als Anleitung. Jede Farbdeutung ist individuell; auch kann jede Farbschattierung den Sinn verändern.

Hier nun *mein persönlicher Farbschlüssel:*

Feuerrot	dynamisch, starker Wille, Dominanzstreben
Dunkelrot	leidenschaftlich, zornig, aggressiv
Rosa	empfindsam
Orange	starke Triebhaftigkeit, liebt das Leben und den Genuß
Gelb	wacher Verstand, vielseitig, kontaktfreudig, guter Bezug zum Geld
Grün, dunkles	konservativ, liebt Ruhe und Geborgenheit, phlegmatisch, aber auch kaltblütig
Grün, helles	aufgeschlossen, reiche Gefühle für andere
Blau, Eisblau	zurückhaltend, verschlossen, ordnungsliebend, pflichttreu
Blau, dunkles	harmonisch, ruhig, ausgeprägte Nächstenliebe, religiöse oder soziale Einstellung
Violett	sensibel, empfindsam, weltfremd, häufiger Stimmungswechsel
Braun	erdverbunden, beständig, starke seelische Widerstandskraft
Weiß	spirituelles Streben
Schwarz	innere Konflikte
Grau	passiv, im Extremfall stumpf und geistig träge, will nicht auffallen und nicht durchschaut werden

Zeichnen Sie anschließend auf ein Blatt Papier die Umrisse eines menschlichen Körpers. Es muß kein Meisterwerk sein. Wenn Sie mit dieser Vorbereitung fertig sind, können Sie mit der eigentlichen Diagnose beginnen. Auch intuitives Farbensehen geht am besten, wenn Sie einen Menschen unbemerkt beobachten können. Gehen Sie wieder auf Ihre Bewußtseinsebene. Schauen Sie die betreffende Person mit weichem Blick an, ohne sich anzustrengen. Warten Sie einfach ab. Nach einiger Zeit werden Sie um den Körper herum oder auch am Körper Farben sehen. Es können nur Farben sein oder auch Strahlen, nebelartige Gebilde, Wellen, Punkte, Kreise oder andere Figuren in unterschiedlichen Farbtönen.

Was können Sie aber tun, wenn Sie überhaupt nichts sehen, trotz allem Bemühen? Vielleicht liegt es wirklich am zu starken Bemühen. Diese Fähigkeiten kann man nicht erzwingen. Versu-

So gelingt die intuitive Farbdiagnose

chen Sie, ganz gelassen an Ihren Versuch heranzugehen, es einfach geschehen zu lassen. Ohne Anstrengung, ohne es unbedingt schaffen zu wollen. Spielerisch leicht erreicht man am meisten.

Sollten Sie aber auch nach einigen Versuchen nichts sehen können, dann heißt das noch lange nicht, daß Sie keinen Erfolg haben. Viele intuitive Menschen haben nicht die Fähigkeit des bildlichen Sehens. Sie wissen einfach, daß etwas so ist. Vielleicht ist das auch bei Ihnen der Fall. Sie können ein eigenartiges Gefühl haben, daß an bestimmte Stellen der anderen Person spezifische Farben hinpassen würden. Sie spüren zum Beispiel, daß ein dunkles Braun an die Beine gehört. Oder Sie *wissen* eben, welche Farbe einem bestimmten Körperteil entspricht.

Es ist absolut belanglos, wie Sie zu Ihrer Farberkenntnis kommen. Malen Sie, ohne über die Bedeutung nachzudenken, die jeweiligen Farben in das Schema des menschlichen Körpers ein. Erst wenn Sie mit dem Farbensehen und -malen fertig sind, sollten Sie an die Entschlüsselung gehen. Am besten schreiben Sie an jede Farbe im Bild deren Bedeutung entsprechend Ihrem persönlichen Farbschlüssel.

Machen wir uns das an einem Beispiel klar. Nehmen wir an, die beobachtete Person sei ein junger Mann. Sie sehen um seinen Kopf ein dunkles Rot und dazwischen dunkelblaue Farbflecken. Dunkles Rot bedeutet für Sie Aggression und dunkles Blau Ruhe und Harmonie. Nachdem Sie die Farben eingezeichnet haben, könnten Sie zu dem Ergebnis kommen, daß dieser Mann von starken aggressiven Gefühlen beherrscht wird, aber sich bemüht, diese negativen Gefühle unter Kontrolle zu bekommen und zu innerer Ruhe und Harmonie zu finden. Vermutlich sehen Sie noch weitere Farben, und daraus können sich dann weitere Erkenntnisse ergeben.

Jede Farbdiagnose ist absolut subjektiv. Sowohl die Farbe, die Sie sehen, als auch die Deutung werden von Ihrem eigenen intuitiven Erleben bestimmt. Wenn aber zwei Beobachter die gleiche Versuchsperson unabhängig, jeder für sich, anschauen, können sie trotzdem zum gleichen Ergebnis kommen. Bei praktischen Versuchen hat es sich gezeigt, daß die Beobachter zwar ganz verschiedene Farben sahen. Da jede Farbe aber für sie wiederum unterschiedliche Bedeutungen hatte, stimmte die Aussage über die betreffende Person dann doch überein.

Symbole als Schlüssel zur Intuition

Vielleicht liegt Ihnen das Farbensehen nicht. Versuchen Sie es dann mit Symbolen. Es gibt konventionelle und universale Symbole. Konventionelle Symbole spielen in unserem täglichen Leben eine große Rolle. Die Zeichen der Straßenverkehrsordnung zum Beispiel sind solche Symbole. Sie entstehen durch Übereinkunft und vereinfachen den Umgang mit komplizierten Zusammenhängen.

Eine andere Art von Symbolen sind die universalen Symbole, die zu allen Zeiten in allen Kulturen angewandt und verstanden wurden. Durch sie werden innere Erfahrungen und Gefühle ausgedrückt; diese kann man nur unzulänglich in Worten, dagegen viel verständlicher in Symbolen deutlich machen – zumindest für den verständlich, der diese Sprache nicht verlernt hat. Eine besonders große Rolle spielen Symbole in Märchen, Mythen und Träumen.

Viele dieser universalen Symbole, wie das Feuer, die Sonne, das Wasser, ein Berg, ein Kreuz, sind in allen Kulturen anzutreffen, können aber je nach Kulturkreis und von Mensch zu Mensch etwas anderes bedeuten. Während zum Beispiel die Sonne in unseren Breiten von den meisten Menschen als Symbol des Lebens oder der Wärme empfunden werden mag, wird sie im Nahen Osten viel eher ein Symbol für Bedrohung und Gefahr sein.

Auch wenn wir Symbole als Sprache der Intuition verwenden, ist die Bedeutung individuell. Angenommen, für mich ist ein Schlüssel ein Symbol für Offenheit. Ein anderer Mensch wurde als Kind von seinen Eltern eingeschlossen, wenn sie weggingen. Für ihn ist ein Schlüssel dadurch ein Symbol für Enge, Eingesperrtsein, Unfreiheit, vielleicht sogar Angst geworden. Wenn wir Symbole für Zwecke der Menschenkenntnis verwenden, müssen wir ihnen also unsere persönliche Deutung zugrunde legen.

Schluß

Dieses Buch zeigt einen Weg zur Menschenkenntnis – nicht nur zu einer auf längerem Beobachten basierenden Beurteilung, sondern zu spontanem, intuitivem Erfassen Ihres Gegenübers. Es genügt aber nicht, einen Weg lediglich zu kennen. Ein Weg führt erst dann zum Ziel, wenn man entschlossen auf ihm voranschreitet.

Vielleicht erscheint Ihnen der beschriebene Weg zu unsicher. Ich habe ja immer wieder auf die Vieldeutigkeit von Merkmalen hinweisen müssen. Manche Aussagen können nicht so einfach bewiesen werden. Die Inspiration kann eine Täuschung sein, das eigene Gefühl kann trügen. Nichts ist leichter, als sich zu irren. Das liegt schon in der Natur der Sache – besser gesagt: des Menschen mit seinem komplexen Wesen.

Durch Intuition einen Menschen zu erkennen und zu beurteilen – ist das nicht so, als würde man mit der bloßen Hand ins Wasser greifen und versuchen, das flüssige Naß festzuhalten? Wasser ist weich, es zerrinnt zwischen den Fingern. Und doch: »Es gibt nichts Weicheres als Wasser, aber nichts ist ihm in der Überwindung des Harten überlegen«, sagte LAOTSE. So ist es auch mit der Intuition. Sie erscheint weich wie Wasser, ist aber bei richtigem Einsatz ein unschätzbares Mittel zur Menschenkenntnis.

Allerdings: *Menschenkenntnis auf den ersten Blick* kann man sich nicht so schnell und einfach zu eigen machen, wie man etwa vor der Führerscheinprüfung die Zeichen der Straßenverkehrsordnung lernt! Man wird nicht von heute auf morgen ein guter Menschenkenner. Nur wenn Sie beständig an sich arbeiten und Ihre Fähigkeiten weiterentwickeln, werden Sie es zur Meisterschaft bringen. Und dann genügt Ihnen tatsächlich oft nur ein einziger Blick, um ein Gegenüber mitsamt seinen charakteristischen Eigenschaften zu erfassen, aufgrund typischer Züge zu beurteilen.

Ich habe versucht, mich auf das Wesentliche zu beschränken. Trotzdem macht die Fülle des Materials das praktische Vorgehen nicht gerade einfach. Nach meiner Erfahrung verspricht der Weg in kleinen Schritten den größten Erfolg.

Sie könnten zum Beispiel so vorgehen:

○ Beginnen Sie damit, daß Sie bewußt Ihre Beobachtungsfähigkeit üben und Ihre Wahrnehmungskraft stärken. Erst ganz allgemein, dann gezielt.
Studieren Sie den Körper anderer Menschen.
Ordnen Sie Menschen nach Typen ein.
Versuchen Sie, die Physiognomie zu entschlüsseln.
Betrachten Sie Hände.
Achten Sie auf Farben.

○ Bereiten Sie sich dann auf die Intuition vor.
Lernen Sie, gelassen zu sein und unwichtige Dinge loszulassen.
Durchbrechen Sie von Zeit zu Zeit Ihre alten Denkgewohnheiten, indem Sie die Dinge aus einem anderen Blickwinkel betrachten.
Schreiben Sie Ihre Träume auf.
Nutzen Sie die Kraft des inneren Lächelns verbunden mit dem Palmieren.
Leben Sie bewußt.
Versuchen Sie, in der Meditation wahre Stille zu entdecken.

○ Nutzen Sie jede Gelegenheit, Rapport zu einem Partner zu bekommen, sich gefühlsmäßig ganz auf ihn einzustellen und zu seinem Spiegel zu werden.
Üben Sie das ganzheitliche Wahrnehmen mit dem weichen Blick, eine der wichtigsten Fähigkeiten für intuitives Erfassen.
Lernen Sie, schnell in einen anderen Bewußtseinszustand überzuwechseln.

○ Probieren Sie dann die angegebenen Intuitionsmethoden aus:
  Intuition im Traum
  Körperintuition
  Imagination zukünftiger Verhaltensweisen
  Aufnahme intuitiver Eindrücke
  Farbdiagnose
  Intuition mit Symbolen.

Denken Sie aber immer daran: Wissen *und* Intuition machen den guten Menschenkenner aus. Bedenken Sie, was C. G. JUNG über die Therapie gesagt hat: »Lerne alles über die Therapie, aber wenn du beim Patienten sitzt, vergiß alles.«

Wenn Sie einen Menschen intuitiv erfassen wollen, sollten auch Sie in diesem Augenblick alles »vergessen«, was Sie an Wissen gespeichert haben. Gehen Sie einfach in einen anderen Bewußtseinszustand, und erlangen Sie mit Hilfe einer der beschriebenen Intuitionsmethoden Inspirationen auf Ihre gezielten Fragen. Verlieren Sie nicht zu schnell die Geduld. Die Mühe, die Sie aufwenden, wird nicht vergebens sein. Dies ist der Weg, den ich gegangen bin und gehe. Prüfen Sie sorgfältig, ob dies auch Ihr Weg ist. Intuition wirkt ganz sicher auch bei Ihnen, wenn Sie sich nicht selbst blockieren, sondern fest an Ihren Erfolg glauben und ganz gelassen und ohne irgendeinen Zwang ans Werk gehen. Entscheidend ist bei allem, was Sie tun, daß Sie ein gutes Gefühl haben und Ihre innere Stimme ja dazu sagt.

Literaturverzeichnis

1. ALLPORT, GORDON, W.: Gestalt und Wachstum in der Persönlichkeit. Verlag Anton Hain, Meisenheim am Glan 1970.
2. ANDERSON, MARY: Colour Healing. The Aquarian Press, Wellingborough, Northhamptonshire o. J.
3. BILD DER WISSENSCHAFT: Nr. 12, 1985. Deutsche Verlagsanstalt, Stuttgart.
4. BLAKESLEE, THOMAS R.: Das rechte Gehirn. Aurum Verlag, Freiburg im Breisgau 1982.
5. BONNAFONT, CLAUDE: Die Botschaft der Körpersprache. Ariston Verlag, Genf 1983.
6. BONO, EDWARD DE: Edward de Bono's Denkschule. moderne verlagsgesellschaft, Landsberg am Lech 1986.
7. BUTLER, RENÉ: Erfolg liegt auf der Hand. Econ Verlag, Düsseldorf/Wien 1981.
8. CARRINGTON, PATRICIA: Das große Buch der Meditation. Wilhelm Heyne Verlag, München 1983.
9. CHIA, MANTAK: Tao Yoga. Ansata-Verlag, Interlaken 1985.
10. CLARK, RONALD W.: Edison. Societäts-Verlag, Frankfurt 1981.
11. DIAMOND, JOHN: Der Körper lügt nicht. Verlag für Angewandte Kinesiologie, Freiburg im Breisgau 1983.
12. DOUCET, FRIEDRICH W.: Menschenkenntnis – Selbsterkenntnis in Partnerschaft und Beruf. Ariston Verlag, Genf 1986.
13. DYCHTWALD, KEN: Körperbewußtsein. Synthesis Verlag, Essen 1981.
14. EDWARDS, BETTY: Garantiert zeichnen lernen. Rowohlt Verlag, Reinbek bei Hamburg 1982.
15. FISHER, MILTON: Inuition. moderne verlagsgesellschaft, Landsberg am Lech 1986.

16. FRIELING, HEINRICH: Mensch und Farbe. Muster-Schmidt Verlag, Göttingen/Zürich 1981.
17. FÜLLGRABE, UWE: Menschenkenntnis. Richard Boorberg Verlag, Stuttgart/München/Hannover 1979.
18. GARFIELD, PATRICIA: Kreativ träumen. Ansata-Verlag, Schwarzenburg 1980.
19. GARRET, GARET: Rasende Räder. Das Phänomen Ford. Verlag Hermann Rinn, o. O. o. J.
20. GENOVÉS, SANTIAGO: Die Arche Acali. Scherz Verlag, Bern und München 1976.
21. GOLDBERG, PHILIP: Die Kraft der Intuition. Scherz Verlag, Bern/München/Wien 1983.
22. HÜRLIMANN, GERTRUD I.: Handlesen ist erlernbar. Novalis Verlag, Schaffhausen 1983.
23. JACKSON, CAROLE: Color Me Beautiful. Hallwag Verlag, Bern und Stuttgart 1985.
24. JOHANSON, TOM: Zuerst heile den Geist. Verlag Hermann Bauer, Freiburg im Breisgau 1985.
25. KLAGES, WOLFGANG: Der sensible Mensch. Ferdinand Enke Verlag, Stuttgart 1978.
26. KOCH, WALTER A.: Deine Farbe – Dein Charakter. Rohm Verlag, Bietigheim, 3. Aufl. o. J. (1. Aufl. 1953).
27. KUPFER, AMANDUS: Grundlagen der Menschenkenntnis. Carl Huter-Verlag, Schwaig bei Nürnberg 1976.
28a. KURTH, HANNS: Lexikon der Traumsymbole. Die Symbolsprache der Träume von A bis Z. Ariston Verlag, Genf 1980.
28b.–: Menschenkenntnis auf den ersten Blick. Ariston Verlag, Genf, 1978.
29. KURTZ, RON, und PRESTERA, HECTOR: Botschaften des Körpers. Kösel-Verlag, München 1981.
30. LAWRANCE, MYRAH: Handanalyse. Ariston Verlag, Genf 1982.
31. LEONARD, GEORGE: Der Rhythmus des Kosmos. Rowohlt Taschenbuch Verlag, Reinbek bei Hamburg 1986.
32. LESHAN, LAWRENCE: Meditation als Lebenshilfe. Gustav Lübbe Verlag, Bergisch Gladbach 1978.

33. LOWEN, ALEXANDER: Körperausdruck und Persönlichkeit. Kösel-Verlag, München 1981.
34. MÄRKER, FRIEDRICH: Die Kunst, aus dem Gesicht zu lesen. Wilhelm Goldmann Verlag, München 1984.
35. MAUR, KARIN VON (Hrsg.): Vom Klang der Bilder. Die Musik in der Kunst des 20. Jahrhunderts. Prestel-Verlag, München 1985.
36. MERTZ, BERND A.: Erkennen Sie Psyche und Charakter durch Handdeutung. Falken-Verlag, Niedernhausen/Taunus 1985.
37. MÜLLER-ROUSSEAU, BÄRBEL: Erkenne dein Kind. Rowohlt Verlag, Reinbek bei Hamburg 1984.
38. NETHERTON, MORRIS, und SHIFFRIN, NANCY: Bericht vom Leben vor dem Leben. Scherz Verlag, Bern und München 1979.
39. RIEDEL, INGRID: Farben in Religion, Gesellschaft, Kunst und Psychotherapie. Kreuz Verlag, Stuttgart 1983.
40. SABETTI, STEPHANO: Lebensenergie. Scherz Verlag, Bern/München/Wien 1985.
41. SCHIEGL, HEINZ: Color-Therapie. Hermann Bauer Verlag, Freiburg im Breisgau 1982.
42. SCHIRM, ROLF W.: Strukturen der Persönlichkeit. Verlag Organisator AG, Zürich 1985.
43. SCHWARZ, JACK: Voluntary Controls. E. P. Dutton, New York 1978.
44. SCHWIND, PETER: Alles im Lot. Wilhelm Goldmann Verlag, München 1985.
45. STEVENS, JOHN O.: Die Kunst der Wahrnehmung, Christian Kaiser Verlag, München 1975.
46. TEPPERWEIN, KURT: Kraftquelle Mentaltraining. Ariston Verlag, Genf 1987.
47. THIEL, ERHARD: Die Körpersprache verrät mehr als tausend Worte. Ariston Verlag, Genf 1986.
48a. TIETZE, HENRY G.: Botschaften aus dem Mutterleib. Ariston Verlag, Genf 1984.
48b. —: Imagination und Symboldeutung. Ariston Verlag, Genf 1983.

49. VERNY, THOMAS, und KELLY, JOHN: Das Seelenleben des Ungeborenen. Ullstein Verlag, Frankfurt am Main/Berlin/Wien 1983.
50. WALDEN, PETER: Die hohe Schule der Traumdeutung. Ariston Verlag, Genf 1983
51. WILKES, MALTE W.: Kreativität ist Kribbeln im Kopf. Wilhelm Goldmann Verlag, München 1984.
52. WILLIAMS, STREPHON K.: Durch Traumarbeit zum eigenen Selbst. Ansata-Verlag, Interlaken 1984.
53. WILSON, ANNIE, und BEK, LILLA: Farbtherapie. Scherz Verlag, Bern/München/Wien 1984.
54. WINDSOR, JOAN: Das innere Auge. Kreativ träumen und unbewußtes Wissen nutzen. Ariston Verlag, Genf 1987.
55. ZWINGMANN, CHARLES: Katastrophenreaktionen. Akademische Verlagsgesellschaft, Frankfurt/Main 1971.

DIE REIHE AKTUELLER SACHBÜCHER

in Balacron mit Goldprägung und cellophaniertem, farbigem Schutzumschlag

REDEN UND GEWINNEN – WIE IHNEN DAS GELINGT
Von Helmut Krusche

»Um Aufmerksamkeit und Sympathien zu gewinnen, muß man vor allem angstfrei sprechen«, erklärt Prof. H. Krusche, der Rhetorik und die über Sprechtechniken hinausgehenden mentalen Trainingsmethoden an der Hochschule lehrt. Dieses Sachbuch eines Experten vermittelt Ihnen nicht nur das Standardwissen eines guten Redners; es hilft Ihnen auch, die notwendigen Fähigkeiten für ein angstfreies, sicheres und überzeugendes Reden zu entwickeln. Der Verfasser zeigt, wie dieses Ziel durch richtiges Denken und konsequenten Einsatz geistiger Techniken und Methoden erreicht werden kann. Dieses Buch wendet sich erstmals auch an die wachsende Zahl der Frauen, die in der Öffentlichkeit reden und andere Techniken als die Männer anwenden müssen. Aufgrund der hier empfohlenen praktischen Übungen, die sich vielfach bewährt haben, können Sie zum Redner werden, der gewinnt. 210 Seiten, Kst., Best.-Nr. 1333.

DIE HOHE SCHULE DER TRAUMDEUTUNG
MÄNNERTRÄUME – UND WAS SIE BEDEUTEN
Von Peter Walden

Dieses unter der Mitarbeit von Traumforschern, Psychologen und Ärzten zustande gekommene Werk über unser Traumleben fördert erstaunliche Tatsachen und Möglichkeiten zutage, die jedermann kennen und verwerten sollte. Sie erfahren, wie ein Traum erinnert und kreativ genutzt werden kann. Mehr noch: Mit Hilfe einfacher Techniken kann man seine Träume auch steuern, das heißt lustvoll Erwünschtes provozieren oder Alptraumbelastungen abstellen. Im dritten Teil des Buches finden Sie Anleitungen, wie Sie Ihre Träume individuell deuten können. Das im Schlußteil enthaltene Lexikon gängiger Traumsymbole dient der Gegenüberstellung und Überprüfung der persönlich gefundenen Deutung. 264 Seiten, 26 Abb., Kst., Best.-Nr. 1259.

DAS SETH-MATERIAL –
EIN STANDARDWERK ESOTERISCHEN WISSENS
Von Jane Roberts

Das Seth-Material, das erste von Jane Roberts »Seth-Büchern«, zeigt den Weg auf, den eine Intellektuelle über Ärzte, Psychologen und Parapsychologen bis zur freien Entfaltung ihrer psychischen Gaben und deren Anerkennung ging. R. van Over, Professor für Parapsychologie an der New York University, erklärte: »Seth ist die Trancepersönlichkeit einer zuhöchst ASW-begabten Sensitiven.« Und das US »Library Journal« schrieb: »Seth vermittelt faszinierende Wissenserfahrung und philosophische Erkenntnis ... höchst lesenswert.« Dieses Buch ist eine Fundgrube esoterischen Wissens und innerer Erfahrung über Gesundheit und Krankheit, über Bewußtsein, Träume, die Seele, die multidimensionale Persönlichkeit und höherdimensionale Wirklichkeiten. 344 Seiten, Kst., Best.-Nr. 1339.

ARISTON VERLAG · GENF
CH-1211 GENF 6 · POSTFACH 176 · TEL. (0 22) 86 18 10 · TELEX 27983

Standardbücher des Persönlichkeitsaufbaus und der Erfolgsmotivation

Jeder Band um 300 Seiten in Großoktav mit Goldprägung und farbigem Schutzumschlag

Übersetzt in 64 Sprachen!

M. R. Kopmeyer, vormals Berater von 102 US-Firmen und Chef von acht namhaften Konzernunternehmen, heute Bestsellerautor, hat in seinem Schlüsselwerk mehr als tausend bewährte Erfolgsmethoden zusammengetragen. Jeder der vier Bände steht im Rahmen des Gesamtwerks für sich.

In diesen Büchern finden Sie Argumente, die überzeugen, Beweise, die motivieren, Anregungen und Beispiele, die begeistern, eine Fülle des Wissens – eine Fundgrube für den Interessierten. Wer Kopmeyers Schlüsselwerk liest, wird glauben, was der Autor behauptet, wird an sich selbst und seine Chancen glauben, wird motiviert sein, sich mit Elan an die Anwendung der bewährten Erfolgsmethoden zu machen.

M. R. Kopmeyers Werke:
● **Persönlichkeitsbildung**
So werden Sie, was Sie sein möchten
● **Wohlstandsbildung**
So werden Sie wohlhabend und reich
● **Lebenserfolg**
So gelangen Sie an Ihre Ziele
● **Wunscherfüllung**
So bekommen Sie, was Sie sich wünschen

 **Ariston**

Postfach 176 · CH-1211 Genf 6
Tel. 022/86 18 10 · Telex 27 983